TEORIA E TÉCNICA DE PSICOTERAPIAS

Héctor J. Fiorini

TEORIA E TÉCNICA DE PSICOTERAPIAS

Edição ampliada

Tradução MARIA STELA GONÇALVES
Revisão técnica CLAUDIA BERLINER

SÃO PAULO 2019

Esta obra foi publicada originalmente em espanhol com o título
TEORÍA Y TÉCNICA DE PSICOTERAPIAS por Ediciones Nueva Visión
Copyright © 1977 por Ediciones Nueva Visión SAIC, Buenos Aires.
Copyright © 2004, Livraria Martins Fontes Editora Ltda.,
São Paulo, para a presente edição.

1ª edição 2004
2ª edição 2013
3ª tiragem 2019

Tradução
MARIA STELA GONÇALVES

Revisão técnica e da tradução
Claudia Berliner
Acompanhamento editorial
Luzia Aparecida dos Santos
Revisões
Ana Maria de O. M. Barbosa
Renato da Rocha Carlos
Dinarte Zorzanelli da Silva
Produção gráfica
Geraldo Alves
Paginação
Moacir Katsumi Matsusaki

Dados Internacionais de Catalogação na Publicação (CIP)
(Câmara Brasileira do Livro, SP, Brasil)

Fiorini, Héctor Juan
  Teoria e técnica de psicoterapias/ Héctor Juan Fiorini ; tradução Maria Stela Gonçalves ; revisão técnica Claudia Berliner. – 2. ed. – São Paulo : Editora WMF Martins Fontes, 2013.
(Coleção textos de psicologia)

Título original: Teoría y técnica de psicoterapias.
Bibliografia.
ISBN 978-85-7827-766-6

1. Psicoterapia I. Título. II. Série.

13-11192   CDD-150.195

Índices para catálogo sistemático:
1. Psicoterapia : Teoria e técnicas : Sistemas psicanalíticos :
Psicologia   150.195

Todos os direitos desta edição reservados à
Editora WMF Martins Fontes Ltda.
Rua Prof. Laerte Ramos de Carvalho, 133 01325-030 São Paulo SP Brasil
Tel. (11) 3293-8150 e-mail: info@wmfmartinsfontes.com.br
http://www.wmfmartinsfontes.com.br

*Dedico este livro
a Leticia, Daniela e Verónica,
a meus pais,
a Susana e Arnoldo Liberman,
a Emilio Rodrigué,
que, de muitas maneiras – vinculadas à
inteligência e o amor – habitaram comigo
estas páginas.*

Índice

1. Introdução: o campo das psicoterapias e algumas de suas direções de desenvolvimento   1
2. Psicoterapia dinâmica breve. Contribuições para uma teoria da técnica   17
3. Delimitação técnica das psicoterapias   47
4. A primeira entrevista   63
5. Os eixos do processo terapêutico   85
6. O conceito de foco   89
7. A relação de trabalho   109
8. As funções egóicas no processo terapêutico   125
9. Dinamismos e níveis da mudança em psicoterapias   147
10. Tipos de intervenção verbal do terapeuta   159
11. Considerações teóricas e técnicas sobre material das sessões   187
12. O papel da ação nas psicoterapias   199
13. Estratégias e articulação de recursos terapêuticos   209
14. Psicoterapias e psicanálise   223
15. Linhas de trabalho e problemas abertos   237

Apêndice: Psicoterapias psicanalíticas: focalização em situações de crise   241
O foco na análise do caráter   246

Capítulo 1
Introdução: o campo das psicoterapias e algumas de suas direções de desenvolvimento

O campo das psicoterapias tem suscitado nos últimos anos problemáticas de uma complexidade crescente. Ele desafia nossos esforços em vários níveis: epistemológico (incluindo as reformulações da crítica ideológica), teórico, técnico, docente, de pesquisa (com suas complexas exigências de ordem metodológica). O avanço no desenvolvimento desses níveis, com vistas a uma elaboração científica do campo, é lento, o que deve necessariamente preocupar-nos: na mais simples das intervenções terapêuticas estão em jogo vidas, projetos, rumos de indivíduos e grupos. Toda carência científica nesse campo constitui um problema de urgência, de responsabilidade social humana.

As vias de abordagem para seu desenvolvimento científico são múltiplas, o que não impede o reconhecimento de prioridades. Três aspectos, a nosso ver, exigem com maior urgência um trabalho elaborativo que visasse aprofundá-los: um, a necessidade de aprimorar a descrição e a explicação de suas técnicas; outro, o trabalho sobre certos pilares teóricos nos quais possa se assentar a prática técnica e que possam, também, ser enriquecidos por ela; o terceiro, o questionamento ideológico das teorias e das práticas, que possa relacioná-las com determinações do contexto social mais amplo. Os capítulos deste livro refletirão, sem dúvida, com diferentes graus de acerto, essas prioridades. Tal enfoque procura constituir uma *teoria das técnicas de psicoterapia que inclua uma consideração crítica de algumas de suas bases ideológicas.* Isso equivale a dizer uma teoria das técnicas que não aceita limitar-se a dar conta de manejos concebidos com fins de mera utilidade, que não visa obter "resultados" isolados de um amplo quadro social, teórico e ideológico. Se as técnicas fossem concebidas como receitas sobre o que se deve fazer (acepção que parece prevalecer na recusa de autores lacanianos a falar das técnicas nesse nível), todo interesse pelas técnicas obedeceria por certo a fins espúrios. Trata-se, ao contrário, de estudar as técnicas como campo de uma prática que, cuidadosamente pesquisada, revisada, conceituada, remete inevitavelmente a uma teoria. Nessa orientação, opera-se um salto teórico importante no nível das técnicas quando se passa, das comunicações categorizadas de acordo com a teoria de cada escola, à tentativa de descrever as intervenções concretas do terapeuta por meio de uma linguagem não comprometida com aquelas superestruturas teóricas. Essa passagem leva a trabalhar num nível teórico mais elevado.

Muitos dos temas abordados neste volume surgiram do ensino do Dr. Mauricio Goldenberg e da prática clínica realizada sob sua direção no Serviço de Psicopatologia da Policlínica Gregorio Araoz Alfaro, de Lanus, Província de Buenos Aires. Esses temas foram objeto de discussão em grupos de médicos, psiquiatras, psicólogos, assistentes sociais, psicopedagogos e terapeutas ocupacionais, que constituíram grupos de trabalho, principalmente hospitalar, centrados na elaboração teórico-técnica do amplo campo das psicoterapias. De seu trabalho crítico advieram valiosas contribuições; grande parte do que aqui desenvolvemos foi forjado à luz desse incessante diálogo grupal. Fundamos em 1978 o Centro de Estudios en Psicoterapias [Centro de Estudos no Campo das Psicoterapias], instituição de assistência e formação em nível de pós-graduação, em cujas equipes de trabalho também discutimos e aprofundamos as linhas de investigação traçadas para o campo das psicoterapias psicanalíticas. Em 1986, fundamos a cátedra de "Clínica Psicológica e Psicoterapias" na Faculdade de Psicologia da Universidade de Buenos Aires, cátedra que até hoje dirigimos. Em suas aulas, abordamos sistematicamente os temas centrais desse campo de estudos, com 50 docentes, 300 alunos formados e 15.000 alunos do último ano da carreira de Psicologia. Na instituição Ágora de Montevidéu, na Esip de Porto Alegre e, em especial, na Accipia de Madri, vimos desenvolvendo anos de trabalho clínico, seminários e jornadas de elaboração teórica. Ao encerrar um ciclo de trabalhos, os membros de um desses grupos de discussão[1] avaliaram seus resultados, tendo chegado a conclusões que refletem, julgo, alguns alcances de nosso enfoque teórico-técnico do campo. Eis algumas dessas conclusões: "Consegui entender melhor o paciente-pessoa como ser social, com uma interação dialética do interno e do externo, e essa compreensão me forneceu instrumentos para trabalhar com ele de outro modo." "Abriu-se para mim um caminho mais amplo: relacionar-me com o paciente ou com o grupo de forma global, vinculando seus problemas a todos os aspectos de seu mundo circundante, distinguir nele fantasia de realidade e estudar essa relação." "Diante de um ser humano complexo, vi que não há uma única coisa a fazer, mas muitas." "Comecei a pensar mais livremente, a partir de uma perspectiva humana e a partir de mim." "Senti-me mais livre como terapeuta, vi que é útil perguntar, que não é proibido rir às vezes e que nem sempre é necessário interpretar." "A compreensão de um enfoque situacional me esclareceu como a ideologia entra." "Desvencilhei-me do fantasma da distância terapêutica e perdi o medo de errar a interpretação." "Aproximei-me de um psicodiagnóstico que dê uma visão mais concreta do paciente." "Vi que nem tudo está concluído e que também depende de mim o desenvolvimento da psicoterapia na Argentina."

Essas conclusões podem ser um estímulo que nos motive a indagar quais os alicerces de uma orientação teórico-técnica capazes de concorrer na direção daqueles resultados. Que nos conduza a caracterizar os aspectos fundamentais de conteúdos teóricos e ideológicos traçados pelas linhas diretrizes da-

....
1. Grupo de Discussão sobre Psicoterapias (1972-73), Cisam (Centro Interdisciplinar para a Saúde Mental), Buenos Aires.

quela orientação de trabalho. Ao menos, foi essa a tarefa a que me induziram. Mencionarei então as que pude reconhecer como direções-chave de uma atitude científico-técnica comprometida com o desenvolvimento desse campo.

1. Entendê-lo como um campo em pleno estado experimental, ocasião de uma diversidade de aberturas, antes abrigo de uma dispersão criadora do que lugar de ancoragem de sistemas acabados. Isso quer dizer terreno fértil para inovações e intuições, abordáveis progressivamente com o rigor de uma exploração científica. Sob esse aspecto, o campo se enriquece constantemente com o surgimento de novos enfoques técnicos. Para alguns, isso leva a ensaiar uma espécie de atitude liberal disposta a admitir sem preconceitos de escola, enquanto continuam adotando seu método próprio, que outros reivindiquem também um lugar. Mas, na realidade, dessa maneira negligencia-se um problema mais básico: o impacto necessariamente reconfigurador do campo que as novas técnicas podem chegar a produzir ao dar mostras de nova eficácia: obrigar a reformular as indicações específicas de cada uma das técnicas e, mais profundamente, os suportes teóricos de cada enfoque. Se novos recursos produzem efeitos originais (como ocorre com certos enfoques grupais, de casal, comunitários, intervenções breves, terapias pela música e pelo movimento), eles levam a rever as limitações dos anteriores e a construir uma teoria que explique essas limitações e aqueles efeitos. É assim que a emergência de uma extensa exploração empírica cria condições para um vasto movimento de transformações teóricas. Devemos assumir que a criatividade potencial do campo supera, até o momento, as elaborações capazes de efetuar seu resgate conceitual.

2. Identificar, então, como um dos pontos de urgência, a necessidade de construir teoria, de nos arriscarmos a inventar conceitos e modelos de processos: aventurar hipóteses que possamos modificar ao primeiro passo dado sob sua luz provisória. Se reconhecermos que sem teoria não há prática científica, poderemos entender por que, proporcionalmente à enorme massa de publicações que circulam nos EUA sobre psico-

terapias, é tão escasso o material resgatável, aquele que permita questionar a fundo os métodos e abrir novas trilhas conceituais. Passei em revista boa parte das investigações sobre psicoterapias realizadas nos últimos 20 anos. Seus resultados são pobres, ficam longe da riqueza da experiência clínica. Não que careçam de projetos rigorosos; em princípio, o déficit não é metodológico. As limitações estão nas categorias que operacionalizam, no restrito edifício teórico de que foram extraídas. Por exemplo, as investigações sobre processo em psicoterapias são raras e fragmentárias. Algumas caem no atomismo microscópico (computando "quantidade de palavras por unidade de tempo" ou "quocientes de silêncio"). Outras investigações, destinadas a explorar aspectos mais significativos da interação terapêutica (como as de Strupp sobre tipos de intervenção do terapeuta), permaneceram num primeiro nível descritivo, exploratório. Da mesma maneira, investigações sobre resultados permitiram objetivar aspectos da mudança em psicoterapias, mas não superaram o nível descritivo, na medida em que não propuseram teorias sobre a mudança. Por isso, entendemos que a tarefa de construir teoria é prioritária nesse campo. Somente se avançarmos nessa direção terá sentido, mais tarde, empreender investigações mais ambiciosas.

3. Partir da necessidade de inscrever toda teoria psicológica e psicopatológica e toda conceituação referente a métodos terapêuticos no quadro de uma teoria do homem, de uma concepção antropológica totalizadora. Sartre chegou a afirmar que a sociologia e a psicologia, inclusive a psicanálise, na medida em que carecem dessa concepção totalizadora do mundo humano, carecem de verdadeira teoria. À medida que me aprofundo no sentido desse questionamento, julgo cada vez mais acertada a afirmação de Sartre, pois o que me dizem porventura de uma pessoa o seu complexo de Édipo, as suas defesas hístero-fóbicas, as suas identificações projetivas, seus núcleos melancólicos? Pouco, e talvez me enganem, recortando elementos efetivamente "reais" dessa pessoa como se fossem coisas, não articulados, ignorando a estrutura da experiência, sua organização fundada nas tendências que nessa pessoa im-

pelem na direção de alguma totalização de si mesma, em cujo seio os dinamismos grupais (familiar, de trabalho, cultural), seus campos prospectivos reais e imaginários, suas práticas ideológicas, e suas condições materiais socioeconômicas e políticas convergem, se chocam e se acoplam para fazer emergir o homem em situação. Uma teoria antropológica que enquadre o incessante esforço de construção e reconstrução de totalidades singulares concretas é condição para que todo manejo corretivo possa aspirar a uma inserção no nível humano.

4. Aprofundar todo esforço de descrição dos fatos que emergem na experiência psicoterapêutica, exigir o máximo das palavras para obrigá-las a dar conta de toda a riqueza do acontecer na situação terapêutica, detectar suas múltiplas significações, suas seqüências, suas leis ainda obscuras. Esse trabalho de descrição rigorosa tem relevância científica e ideológica: é necessário dar um fim às elites profissionais que possam monopolizar suas fórmulas, como se se tratasse de secretas alquimias. O que se pretendeu que fosse, e interessadamente se preservou como sendo, uma arte intuitiva individual, deve transformar-se em saber transmissível, se possível mediante recursos docentes mais amplos do que os da contratação bipessoal privada. Se o que de fato se quis assegurar foi a função do contato empático, da intuição e da sensibilidade poética, nada impede que um ofício sólido baseado na objetivação das técnicas conserve também vivas aquelas dimensões da arte.

5. Na formação do terapeuta, atribuir especial importância à experiência de viver e estudar mais de uma técnica de psicoterapia. É no jogo de contrastes e semelhanças nesse campo diversificado que se adquire uma noção plena do sentido e dos alcances de cada uma das técnicas. É por meio do jogo de contradições e sobreposições entre diversas técnicas que se pode apreender a contribuição específica de cada uma delas. Certa tradição acadêmica propôs que o terapeuta se forme numa técnica e com uma teoria "para evitar confusões". Qualquer terapeuta de quociente intelectual médio tem sem dúvida condições de evitar essa temida confusão. Em contrapartida, o temí-

Introdução _____ 7

vel da mencionada postura é a restrição mental, o empobrecimento defensivo diante da palpitante riqueza do campo, a resignação a tanger uma única corda ante a exuberância da polifonia. O perigo está no fato de que todo especialista numa técnica se inclina a tentar abarcar o mundo com ela. E sabe-se que monocultura e subdesenvolvimento caminham juntos.

6. As psicoterapias individuais são por certo os métodos de conceituação e aplicação clínica mais consolidados, em virtude da herança da longa experiência psicanalítica e de muitas de suas elaborações teóricas. Nas últimas décadas, o caráter maciço da demanda, entre outros fatores, tem favorecido o desenvolvimento de técnicas grupais em acelerado ritmo de expansão devido a suas maiores possibilidades de alcance social. Cabe perguntar por que, não obstante, as técnicas individuais continuam atraindo nosso interesse e quais as suas relações com as técnicas grupais. Várias são as razões: aquela herança teórico-técnica, que sem dúvida favorece os desenvolvimentos dessa área; as freqüentes situações nas quais, por fatores diversos, o indivíduo necessita de instâncias de crescimento pessoal separáveis de suas participações em grupos; a própria vantagem de poder pensar um sistema que, com menor número de participantes, restringe algumas das variáveis em jogo e faz com que sobressaiam com maior nitidez. Pessoalmente, pude comparar a experiência das técnicas individuais (psicanálise, psicoterapias de *insight*, de apoio, entrevistas de orientação) com outras grupais (casais, famílias, laboratórios). Constatei que muitos dos conceitos teórico-técnicos advindos dos métodos individuais podem ser integralmente aplicados a contextos grupais (noções de foco, relação de trabalho, motivação para a tarefa, processo de contrato, tipos de intervenção do terapeuta, *timing*, estratégias e articulação de recursos, entre outros)[2]. Essa aplicabilidade da experiência bipessoal ao

....
2. Por essa razão, quando em diferentes desenvolvimentos teóricos e técnicos se faz, em diversos capítulos deste livro, referência ao "paciente", será conveniente entender que esse paciente pode ser um indivíduo ou um grupo de amplitude variável.

grupo não nega os dinamismos próprios do nível grupal multipessoal; muito pelo contrário, pode respeitá-los plenamente.

O que se depreende dessa experiência é que os métodos individuais, embora limitados (e não excessivamente) em seu alcance assistencial, continuam constituindo instâncias de investigação teórico-técnica capazes de nutrir, em certas dimensões, inclusive o trabalho com grandes grupos. Ao mesmo tempo, não há dúvida de que as aberturas grupais têm um profundo poder de questionar e de nos levar a reformular os enfoques individuais: a partir da experiência de um clube de socialização (2), por exemplo, é possível questionar a fundo os métodos de sujeição cultural ou de instauração de relações autoritárias no âmbito bipessoal, onde funcionam encobertos sob o signo do óbvio.

7. As psicoterapias mais profundamente arraigadas, as mais difundidas e estudadas são, por certo, as verbais, isto é, as que concentram suas expectativas de mudança no poder modificador, revelador, da palavra.

Já se indicou como problema o desgaste das palavras com o uso (ou o mau uso) da linguagem psicoterapêutica (3). Falou-se da existência de palavras (como "perseguição", "dependência", "castração", "negar" "uma parte de um, ou do outro") que cada vez têm menos significação, que costumam ser usadas, como dizia Bion, para não pensar. Que nos põem, como o denunciava Artaud, diante do "desconcertante desamparo da língua em suas relações com o pensamento" quando "nem uma só de nossas palavras vive em nossa boca, a não ser separada do céu".

O enfrentamento dessa problemática da linguagem é outra das direções importantes para o desenvolvimento de nosso campo. Surge nela todo o problema da linguagem em suas relações com o corpo e com a ação. E abre-se então à investigação a questão das possibilidades de uma linguagem ativa, viva, no quadro de uma interação corporal restrita, assim como no contexto mais amplo de um estilo de vida de paciente e terapeuta, marcado pelas restrições repressivas da ação. A tradição terapêutica alicerçou-se na premissa de não agir para

Introdução

poder pensar, de permanecer quietos para poder concentrar-nos. A ideologia dessas premissas ou seus derivados já foi destacada. A citada proposta, com o que tem de verdade parcial, não foi ao mesmo tempo a inadvertida adaptação a um contexto de imobilidade geral? O certo é que uma nova linha de experiências grupais, psicodramáticas, de trabalho corporal, sua convergência nos laboratórios de interação social vieram também questionar as premissas com base nas quais surgem os problemas da deterioração da palavra. O que se constata nessas experiências é a possibilidade de inverter parcialmente a premissa, acentuando a necessidade de agir, de comprometer também o corpo para poder sentir-pensar-verbalizar com uma intensidade e uma veracidade novas. Essas experiências facilitam um acesso pleno ao nível de sensibilização e contato consigo mesmo e com os outros em que a linguagem viva, pessoal, afetiva, com freqüência poética, emerge naturalmente do vivido. Esses novos contextos de experimentação grupal favorecem ademais a aprendizagem de novas linguagens, plásticas, corporais, dramáticas, que uma cultura repressiva mantém relegadas à época dos saudosos jogos infantis.

Por certo não se pode supor que sejam metas suficientes sentir o próprio corpo ou a pele do outro, ganhar intimidade e exprimir-se mais livremente. Além disso, é preciso poder abrir-se para palavras verdadeiras, para palavras vivas que habitam o mundo pessoal e o levam a ser habitado pela cultura, e abrir-se, além disso, para um processo de enfrentamento consigo mesmo e com a cultura através desse encontro com as palavras. Papel singular, decisivo, da linguagem verbal na experiência terapêutica.

Essa direção de desenvolvimento em psicoterapia visa recuperar todas as condições nas quais se torne possível à palavra atingir sua plenitude máxima. Problema terapêutico que foi desde sempre problema de poetas: encontrar palavras que consigam ser ação mais que contemplação, que ofereçam enigmas em lugar de resolvê-los, que tornem "corpo vivo o que está prisioneiro nas palavras". É em relação a essa tarefa que se deve entender o conselho de Laing aos novos terapeutas: ler e escrever poesia como atividade formadora essencial. Uma coerência com essa poesia lida e escrita exige além disso vivê-la, na sessão e fora dela.

8. Parte integrante do trabalho com a saúde, as psicoterapias compartilham a necessidade de uma revisão epistemológica e filosófica constante. Portadoras de premissas sobre saúde e doença das pessoas, as psicoterapias devem ser postas – todas – sob a lente de uma rigorosa crítica epistemológica. Se o terapeuta se pretender desvelador de enigmas de seu paciente, é eticamente forçado que comece por interrogar cuidadosamente o inconsciente de sua classe e de sua camada social, por questionar radicalmente suas próprias determinações, as que tingem sua ação e seu discurso. Este é outro nível da investigação no campo das psicoterapias. Não é por acaso que chega com atraso em relação aos níveis anteriores; as razões desse atraso se explicam por meio de uma sociologia do conhecimento; têm íntima ligação com as pressões da cultura oficial, que durante anos impôs como óbvias suas próprias definições de saúde e doença, bem como com as restrições intelectuais impostas às camadas profissionais mediante uma particular práxis de classe e mediante as distorções da colonização cultural. Nesse sentido, falamos no começo de procurar elaborar uma teoria das técnicas de psicoterapia reformulada em suas bases ideológicas. Como profissionais procedentes dessa prática social, talvez possamos reformular algumas dessas bases ideológicas; outras, possivelmente, tenderão a permanecer ocultas para nós nas raízes das técnicas que nos forjaram.

A problemática ideológica das psicoterapias se abre em várias frentes. Obriga a rever o fato de que as técnicas e suas teorias são elaboradas por uma camada social, isolada, em claustros acadêmicos, das lutas, vicissitudes e modelos culturais dos outros estratos sociais.

Essa problemática se tornou decisiva nos momentos de discutir seriamente programas de saúde mental no Chile. Ela vem unida ao fato de que as técnicas foram construídas nas metrópoles colonizadoras, tendo sido aplicadas sem respeito às condições de regionalização, isto é, à margem de hábitos, tradições, subculturas urbanas, suburbanas e rurais.

Introdução

Outro foco de interrogantes reside em questionar estilos terapêuticos, propostas de modalidades de vínculos entre paciente e terapeuta que podem estar fundados no modelo das diferenças de classes e das relações de poder estabelecidas por essas diferenças. Aspectos complementares dessa problemática se abrem com o estudo das instituições em que as psicoterapias são aplicadas e daquelas em que são ensinadas, instituições cujas funções ideológicas vão sendo progressivamente desveladas. Outros níveis de investigação da problemática ideológica surgem com o estudo do papel que desempenham na relação terapêutica a ideologia explícita, por um lado, e a ideologia não-explícita, por outro, veiculada através de interpretações orientadas numa determinada direção, assim como do emprego de noções psicológicas ou psicopatológicas de fachada "científica". Emergem igualmente os problemas criados pela concentração do esforço terapêutico em indivíduos ou em pequenos grupos, práticas das quais se devem destacar as noções setoriais de doença e de cura que enfatizam, assim como o significado que assume esse recorte contra o pano de fundo do sistema social em que se aplicam.

É possível que, como resultado dessas reformulações, as técnicas de psicoterapia que conhecemos devam ser parcial ou totalmente modificadas. Se isso ocorrer, todo esforço de descrição e conceituação poderá contribuir, ao lado de outros fatores, para que esse processo se acelere e conduza a níveis mais elevados da elaboração científica no âmbito da saúde mental. Sabemos, além disso, que o futuro das psicoterapias consistirá em se negarem dialeticamente como terapias, para orientar suas aquisições e desenvolvimentos na direção dos campos da prevenção e da educação.

As revisões a realizar nos levam a um trabalho interdisciplinar. O pensamento próprio de epistemologias da Complexidade (Edgar Morin, Gilles Deleuze, Félix Guattari, Ilya Prigogine) foi se constituindo no cruzamento de contribuições sociológicas, físicas, químicas, cibernéticas, climatológicas, de biologia celular, antropológicas, ecológicas. Esse pensamento nos conduz a revisões muito amplas sobre os comportamentos, as forças incidentes em micro e macrossistemas, suas condições de fechamento e de abertura.

No campo das psicoterapias, em aspectos mais delimitados de especialização, desenvolveram-se contribuições de enfoques vinculares, sistêmicos, cognitivistas, bioenergéticos, lingüísticos, assim como renovados subsídios da investigação psicanalítica. Todos esses enfoques mostraram perspectivas de uma crescente complexidade para nossas abordagens clínicas.

Dar conta dessa complexidade se transforma em outra das principais direções do trabalho teórico e das práticas que configuram esse campo.

Os problemas sociais gerados pela era do capitalismo global introduzem novos impactos para a saúde mental de indivíduos, grupos e comunidades. O desemprego e a instabilidade nas condições de trabalho nos introduzem no estudo de novas situações críticas e traumáticas. As problemáticas do poder globalizador, seus modos de constituição e seus efeitos, obrigam a realizar novas investigações sobre as condições que determinam os transtornos e as tarefas capazes de promover a saúde mental. Trata-se de compreender a rede de fatores sociais, econômicos, jurídicos, políticos e culturais que configuram a constituição da subjetividade nas sociedades atuais. O campo das psicoterapias deve abrir-se hoje para esses desafios.

Referências bibliográficas

1. Alexander, Franz; French, Thomas (1946), *Terapéutica psicoanalítica*, Buenos Aires, Paidós, 1956.
2. Balint, M.; Ornstein, P.; Balint, E. (1972), *Psicoterapia focal. Terapia breve para psicoanalistas. Modelo desarrollado en la Clínica Tavistock*, Buenos Aires, Gedisa, 1985.
3. Bernardi, Ricardo; Defey, Dense; Elizalde, Juan; Fiorini, Héctor; Fonagy, Peter; Rivera, Jorge; Kernberg, Otto; Kachele, Horst, *Psicoanálisis. Focos y aperturas*, Montevidéu, Psicolibros, 2000.
4. Bleichmar, Hugo, *Avances en Psicoterapia Psicoanalítica*, Barcelona, Paidós, 1997.
5. Calvo, M. C., *Del espejo al doble. Lenguajes del ser*, Buenos Aires, El Otro, 1997.
6. Deleuze, G., *Conversaciones*, Valencia, Pre-textos, 1995.

Introdução _____ **13**

7. Deleuze, G.; Guattari, F., *Mil mesetas,* Valencia, Pre-textos, 1994.
8. Fiorini, Héctor, *El campo teórico y clínico de las psicoterapias psicoanalíticas.* Buenos Aires, Tekné, 1987.
9. Fiorini, Héctor, *El psiquismo creador,* Buenos Aires, Paidós, 1995.
10. Fiorini, Héctor, *Estructuras y abordajes en psicoterapias psicoanalíticas.* Buenos Aires, Nueva Visión, 6ª ed., 1998.
11. Fiorini, Héctor, "Focalización y Psicoanálisis", in Bernardi, R.; Defey, D.; Kachele, H. Elizalde; H. Rivera, J. e outros, *Psicoterapia focal. Intervenciones psicoanalíticas de objetivos y tiempo definidos,* Montevidéu, Roca Viva, 1995.
12. Fiorini, Héctor, *Nuevas líneas en psicoterapias psicoanalíticas. Teoría, técnica y clínica.* Seminários em ACIPPIA. Madri, Psimática, 1999.
13. Fiorini, Héctor; Defey, Denise; Elizalde, Juan; Menéndez, Pedro; Rivera, Jorge y Rodríguez, Ana María, *Focalización y psicoanálisis,* Montevidéu, Roca Viva, 1992.
14. Fiorini, Héctor; Peyru, Graciela, *Aportes teórico-clínicos en psicoterapias,* Buenos Aires, Nueva Visión, 1978.
15. Feixas, G.; Miro, M. T., *Aproximaciones a la psicoterapia. Una introducción a los tratamientos psicológicos,* Barcelona, Paidós, 1993.
16. Freud, Sigmund (1910), "Las perspectivas futuras de la terapia psicoanalítica", in *Obras completas,* vol. 11, Buenos Aires, Amorrortu, 1992.
17. Freud, Sigmund (1918), "Nuevos caminos de la terapia psicoanalítica", *Obras completas,* vol. 17, Buenos Aires, Amorrortu, 1992.
18. Gedo, J., *Advances in Clinical Psychoanalysis,* Nova York, International University Press, 1981.
19. Goldenberg, Mauricio, *Cursos de psiquiatría dinámica,* Servicio de Psicopatología del Policlínico Araoz Alfaro, Lanús, Província de Buenos Aires, 1965-70.
20. Goldenberg, Mauricio, *Supervisiones clínicas. Ateneos y discusiones de estrategias. Servicio de psicopatología del Policlínica Araoz Alfaro,* Lanús, Província de Buenos Aires, 1962-70.
21. Gril, S.; Ibáñez, A.; Mosca, I.; Souza, P. (orgs.), *Investigación en psicoterapia. Procesos y resultados, investigaciones empíricas 1998,* Brasil, Pelotas, Educat, 2000.
22. Guattari, F., *Caosmosis,* Buenos Aires, Manantial, 1996.
23. Hardt, M.; Negri, A. (2000) *Imperio,* Buenos Aires, Paidós, 2002.
24. Horowitz, M. J., *Nuances of Technique in Dynamic Psychotherapy,* Northwvale, N. J., Jason Aronson Inc., 1989.
25. Jiménez, Juan Pablo, "El psicoanálisis en la construcción de una psicoterapia como tecnología apropiada", in Defey, D.; Elizalde, J.; Rivera, J. (orgs.), *Psicoterapia focal,* Montevidéu, Roca Viva, 1995.
26. Kaes, R. (org.), *Crisis, ruptura y superación.* Buenos Aires, Ediciones Cinco, 1990.

27. Kaes, R., *Sufrimiento y psicopatología de los vínculos institucionales,* Buenos Aires, Paidós, 1998.
28. Kernberg, Otto, "Psicoanálisis, psicoterapia psicoanalítica y psicoterapia de apoyo", in Kernberg, O.; Bernardi, R.; Kachele, H. Fiorini; H. Fonagy; P. Defey; D. Elizalde; H. Rivera; J. e outros, *Psicoanálisis. Focos y aperturas,* Montevidéu, Psicolibros, 2000.
29. Kernberg, Otto, *Severe Personality Disorders: Psychotherapeutic Strategies,* New Haven e Londres, Yale University Press, 1984.
30. Kernberg, Otto, "Convergences and Divergences in Contemporary Psychoanalytic Technique", *Int. J. Psychoanal.*, 74, 1993: 659-73.
31. Kernberg, O. *et al.*, "Psychotherapy and Psychoanalysis. Final Report of the Menninger Foundation's Psychotherapy Research Project", *Bull. Menn. Clinic,* 36, 1972: 1-275.
32. Killingmo, B., "Conflict and Déficit: implications for technique", *Internat. J. Psycho-Anal.*, 70 , 1989: 65-79.
33. Luborsky, L., *Principles of Psychoanalytic Psychotherapy. A Manual for Supportive-Expressive Treatment,* Nova York, Basic Books, Inc., 1984.
34. Marrone, M., "Las aplicaciones de la teoría del apego a la psicoterapia psicoanalítica", in *La teoría del apego. Un enfoque actual,* Madri, Psimática, 2001.
35. Morin, E., *Introducción al pensamiento complejo,* Barcelona, Gedisa, 1995.
36. Morin, E., *Mis demonios,* Barcelona, Kairós, 1995.
37. Morin, E., *El método. El conocimiento del conocimiento,* Madri, Cátedra, 1988.
38. Orlinsky, D.; Howard, K., "Process and Outcome in Psychotherapy", in Garfield, S. L. e Bergin, A. E. (orgs.), *Handbook of Psychotherapy and Behavior Change,* Nova York, Wiley, 1986.
39. Sennett, R. (1998), *La corrosión del carácter. Las consecuencias personales del trabajo en el nuevo capitalismo,* Barcelona, Anagrama, 2000.
40. Sifneos, P., *Short-term Anxiety-Provoking Psychotherapy,* Nova York, Basic Books, 1992.
41. Sluzki, C. E., "Terapia familiar como construcción de realidades alternativas...", in *Sistemas familiares* 1, 1985: 53-9.
42. Stolorow, R. D.; Lachmann, F. M., *Psychoanalysis of Developmental Arrests Theory and Treatment,* Nova York, International University Press, 1980.
43. Strupp, H. H.; Binder, J. L., *Psychotherapy in a New Key: a Guide to Time-Limited Dynamic Psychotherapy,* Nova York, Basic Books, 1984.
44. Thoma, H.; Kachele, H., *Teoría y práctica del psicoanálisis. I. Fundamentos,* Barcelona, Herder, 1989.
45. Thoma, H.; Kachele, H., *Teoría y práctica del psicoanálisis. II. Estudios clínicos,* Barcelona, Herder, 1990.
46. Wallerstein, Robert, *The Talking Cures. The Psychoanalyses and the Psychotherapies,* New Haven e Londres, Yale University Press, 1995.

47. Wallerstein, R. S., *Forty-two Lives in Treatment. A Study of Psychoanalysis and Psychotherapy*, Nova York, Guilford, 1986.
48. Widlocher, D.; Braconnier, A., *Traitement Psychanalytique. Psychanalyse et Psychotherapies*, Paris, Medecine-Sciences, Flammarion, 1996.
49. Winnicott, D. W., *Holding and Interpretation. Fragment of an Analysis*, Londres, Karnac Books, 1989.
50. Wolberg, L. R., *The Technique of Psychotherapy*, 3ª ed., Nova York, Grune & Stratton, 1977.

Capítulo 2
Psicoterapia dinâmica breve.
Contribuições para uma teoria da técnica[1]

1. Introdução

É notável em nosso meio o ritmo de crescimento da atividade psiquiátrica, tanto em âmbitos institucionais como na assistência privada. O processo de desenvolvimento tende a criar uma disparidade entre as demandas sempre crescentes e a organização de recursos teóricos e técnicos de que dispomos para dar conta delas. Avançamos na perspectiva de uma psiquiatria social, rumo a uma compreensão mais totalizante do paciente, com as limitações de uma experiência tradicionalmente baseada na prática privada e sua correlativa concepção "individualista" da doença. A prática hospitalar impõe-nos um salto de nível que põe em evidência hiatos teóricos, traduzidos em desajustes no plano técnico: os instrumentos desenvolvidos na etapa anterior apresentam limitações inevitáveis. "Os métodos tradicionais se mostram insuficientes para satisfazer as necessidades concretas" (16). Essa prática assistencial revela-se mobilizadora: leva a questionar os princípios da própria

....
1. Os trabalhos arrolados neste capítulo e nos dois próximos foram originalmente publicados em *Acta Psiquiátrica y Psicológica de América Latina* (anos 1968, 1970 e 1971, respectivamente). Agradeço à direção da Revista sua autorização para incluí-los neste volume.

"ideologia" terapêutica, a rever seus fundamentos. Basicamente, são os urgentes problemas práticos criados para as instituições que "forçam a uma reformulação dos métodos atuais de tratamento e à busca de novos métodos" (51). De fato, ante demandas já criadas, as instituições se vêem obrigadas a operacionalizar terapêuticas breves. Essas modalidades de assistência, que assumem com freqüência o caráter de tentativas, difundem-se sob o signo da desconfiança ou do descrédito (mesmo para quem as exerce) por tratar-se de instrumentos consideravelmente ambíguos em seus fundamentos e em sua técnica, e cuja brevidade de aplicação sugeriria, por si só, soluções precárias, mais aparentes que efetivas. O certo é que para essas psicoterapias, em larga medida "empíricas", é válida a acusação de que constituem procedimentos pouco definidos, altamente imprevisíveis e com efeitos dificilmente avaliáveis (71).

Não obstante, essas psicoterapias estão passando pelo teste da experiência (que já não é tão nova), apresentando resultados que permitem construir algumas hipóteses provisórias. Portanto, parece oportuno considerar ao menos a possibilidade de que essas práticas transcendam o quadro de um empirismo obscuro, encontrem uma racionalidade que as legitime, as torne coerentes e as constitua em técnicas individualizáveis, dotadas de sentido, indicadas cientificamente, e não meros recursos acidentais para uma emergência socioeconômica e sanitária. Para isso, essas terapias breves precisam alicerçar-se na experiência clínica, na concepção teórica e na sistematização técnica da psicanálise, bem como incluir contribuições de outras disciplinas sociais e de diferentes modalidades terapêuticas, mas orientando-se no sentido da elaboração de um esquema referencial próprio, visto que são exercidas num contexto original que não admite a extrapolação direta de conceitos e instrumentos advindos de outros campos assistenciais.

2. Alguns elementos para um esquema referencial próprio das psicoterapias breves

Uma terapêutica breve pode ser organizada tendo como referência determinados modelos sobre etiologia e funcionamento normal e doentio da personalidade. Desejamos apresentar aqui alguns conceitos básicos que, em nossa opinião, podem ser incluídos entre os fundamentos que dão apoio teórico à ideologia assistencial característica dessas modalidades terapêuticas:

a) *Modelo etiológico*. Uma terapêutica breve orienta-se fundamentalmente no sentido da compreensão psicodinâmica dos *determinantes atuais* da situação de doença, crise ou descompensação. Isso não significa omitir a consideração dos fatores disposicionais históricos que intervêm na equação etiológica, mas sim estar voltado *essencialmente para apreender a estrutura da situação transversal* em que se atualizam os determinantes patogênicos; isso obriga com freqüência a *dar destaque ao papel desempenhado pelas condições de vida do paciente*, a voltar-se para a experiência atual da "realidade" do paciente (60). Um critério básico consiste em considerar que, em larga medida, "o homem depende diretamente de seu ambiente diário comum para seu funcionamento normal" (64).

Por conseguinte, na psicoterapia breve busca-se *uma compreensão psicodinâmica da vida cotidiana* do paciente, que se operacionaliza nas interpretações, no planejamento de sua vida cotidiana, em orientação familiar ou de trabalho. Isso significa ocupar-se do "fora" do tratamento, esquema operacional próprio dessa técnica que contrasta com as regras técnicas da psicanálise estrita. [O aberto antagonismo que existe, neste aspecto, entre os dois esquemas referenciais explica as dificuldades com que tropeçam terapeutas com formação preponderantemente analítica quando enfrentam condições assistenciais que exigem esse outro enquadre (17, 49).]

Por "condições de vida" entende-se aqui não apenas a constelação de vínculos interpessoais que constituem o grupo primário do paciente, mas, além disso, suas condições de moradia, trabalho, perspectivas de futuro, as tensões de seu grupo social, sua cultura particular, preconceitos, mitos e outras formas de consciência alienada.

Tende-se assim a atribuir eficácia causal etiológica a um conjunto de fatores que atuam, para além da etapa de neurose infantil, num campo dinâmico que ultrapassa o nível de fenômenos ligados à situação edípica (56) (apesar de toda a importância que se concede a esses fatores básicos).

Melanie Klein destacou especialmente as limitações de um enfoque centrado exclusivamente nos primeiros impulsos e fantasias infantis:

> Isso leva necessariamente a uma apresentação um tanto unilateral e esquemática, pois não me permite fazer justiça aos múltiplos fatores que durante toda a vida estabelecem uma interação entre as influências do mundo externo e as forças internas do indivíduo, e que atuam conjuntamente para elaborar uma relação adulta (43).

Uma compreensão social adequada do paciente, que não se oponha como alternativa excludente de sua compreensão psicodinâmica, mas se destine a complementá-la e enriquecê-la, pode elucidar a interação variável entre os dois mundos, interno e externo: uma complexa organização dinâmica de relações objetais, estruturadas ao longo de experiências básicas precoces, diante de um mundo atual de objetos reais, grupos, instituições, profundamente permeados por determinações econômicas, culturais, ideológicas. Hartmann enfatizou o papel seletivo que determinadas estruturas sociais desempenham no aparecimento de transtornos psíquicos, atualizando ou inibindo a emergência de atitudes adaptativas (36). A investigação sociológica no campo da psiquiatria confirma essa perspectiva:

> A personalidade não pode adaptar-se porque está doente e ao mesmo tempo porque a situação social é por demais traumatizante; a distância entre as duas (que é um fato social) decorre

da implicação mútua num conjunto dinâmico que se orienta para a ruptura em lugar de voltar-se para a acumulação (12).

Nesse campo interacional complexo, a estrutura da personalidade, relativamente autônoma, deve ser compreendida como subestrutura, não suficiente na medida em que não encerra em si a totalidade de suas determinações. Uma constelação de múltiplos fatores correspondentes a diferentes níveis, mutuamente potencializados por "encaixe recíproco", configura a estrutura "doença". Embora haja pacientes nos quais a relação com objetos internos é dominante funcional na emergência de sintomas – o mundo externo é para eles mero depositário de suas projeções –, esta não parece ser a lei universal de toda situação de doença, desajustamento ou descompensação: as crises derivam, em ampla escala, do choque do indivíduo com fatores ambientais capazes, por suas condições objetivas, de desarticular os frágeis mecanismos homeostáticos de uma personalidade predisposta (18, 33, 70).

A preponderância relativa de cada uma das séries complementares é variável, mas detectar a configuração particular com que se articulam em cada situação concreta abre possibilidades de operação específicas. Se se compreende o momento de crise como uma estrutura original que as contradições essenciais do sujeito assumem em circunstâncias específicas, é possível destacar os pontos nodais, "estratégicos", dessa estrutura, seus elos permeáveis, vias de acesso pelas quais atuar para produzir reestruturações efetivas (6). Nessa perspectiva, assumem legitimidade as múltiplas tentativas de abordagem, em diferentes níveis simultâneos, da estrutura complexa, heterogênea, da existência enferma (enfoque multidimensional das terapias breves) e, em particular, as medidas orientadas para o ambiente, para uma organização mais favorável da vida cotidiana do paciente.

b) *Relações entre psicopatologia e comportamentos potencialmente adaptativos*. A psicopatologia dinâmica esclareceu fundamentalmente o campo dos fenômenos de "doença" do paciente. Mas todo um conjunto de dados da experiência clínica, assim como da psicologia geral e social (8), levou a questionar a possibilidade de que modelos de comportamento patológico possam explicar todo o comportamento do paciente, a totalidade de sua existência. Freud apresentava nestes termos os limites da área "doente" em pacientes psicóticos:

> O problema das psicoses seria simples e inteligível se o desligamento do ego em relação à realidade pudesse efetuar-se integralmente. Mas isso parece só ocorrer raramente ou, talvez, nunca. Mesmo em estados que se afastaram tanto da realidade do mundo exterior, como os de confusão alucinatória (amência), aprendemos, pelas informações que nos oferecem os doentes quando curados, que ainda então se manteve oculta num canto de sua mente – como eles costumam dizer – uma pessoa normal que deixava passar diante de si a fantamasgoria patológica, como se fosse um observador imparcial. [...] Talvez possamos presumir, de modo geral, que o fenômeno apresentado por todos os casos semelhantes é uma cisão psíquica. Formaram-se duas atitudes psíquicas, em lugar de uma só: a primeira, que leva em conta a realidade e é normal; e a outra, que afasta o ego da realidade sob a influência das pulsões. As duas atitudes subsistem lado a lado. O resultado final dependerá de sua força relativa (23).

Mostrou-se igualmente inesperada a experiência de comunidades terapêuticas nas quais os pacientes podem desempenhar atividades sociais e assumir responsabilidades com uma participação ativa, construtiva e altamente adaptada (64).

Hartmann, detalhando as conseqüências de descobertas clínicas desse tipo, chega a reformular a concepção psicodinâmica da doença, afirmando que não é possível entendê-la sem considerar a todo momento sua interação com o funcionamento normal. "Sem considerar tanto o funcionamento não-conflitivo como os conflitos centrais do paciente, não é possível compreender o comportamento" (37). Se o paciente é capaz de conservar em grau variável certo comportamento realista adaptativo, se em seu comportamento interagem fenômenos patológicos e adaptativos, podem-se localizar áreas de doença e

distinguir graus ou níveis desta. Uma terapêutica breve organiza seus recursos de forma maleável – "princípio de flexibilidade", que contrasta com a estruturação única e constante de uma técnica regulada por um enquadre estrito, como é o caso da psicanálise – e os organiza em função de uma avaliação total da situação do paciente, de seu grau de enfermidade e do potencial adaptativo de sua personalidade: elabora sua estratégia levando em conta quais capacidades se acham invadidas por conflitos e quais se acham livres deles (26).
Ela se orienta para o fortalecimento das "áreas do ego livres de conflito". (Isso leva a caracterizar a psicoterapia breve como psicoterapia "do ego", aspecto particularmente relevante para a compreensão do processo terapêutico que discutiremos detidamente no capítulo 8.)

c) *Modelos motivacionais e cognitivos da personalidade.* A exemplo da concepção do ego que estabelece uma dualidade funcional da personalidade, uma polaridade entre aspectos sadios e doentes, essa dualidade é encontrada em nível motivacional na coexistência no sujeito de motivações de tipo infantil e adulto. A possibilidade de que comportamentos primitivamente ligados a motivações infantis se autonomizem – adquirindo no desenvolvimento funções cujos fins estão nelas mesmas – sugere a necessidade de entender o indivíduo como um sistema de múltiplas motivações organizadas numa relação de estratificação funcional complexa, na qual um nível dinâmico não consiste na mera aparência do outro, embora não atue isoladamente (5, 34). Nesse modelo, a hierarquia motivacional se caracteriza por uma combinação de autonomia, dependência e interpenetração (61).

Nessa concepção pluralista, atribui-se importância motivacional à orientação do sujeito na direção do futuro, sua organização em projetos de alcance diverso, que incluem uma relação com certa imagem de si e com um mundo de valores ou metas ideais (56).

Em harmonia com essa orientação, uma terapia breve precisa instrumentalizar uma ampla gama de recursos, suscetíveis, em princípio, de abarcar os diversos níveis motivacionais no que cada um tem de específico. Considera-se que essa multipotência motivacional é uma das condições de eficácia da psicoterapia breve (59). Isso significa dirigir-se não apenas às motivações primárias ("egoístas", regidas pelo princípio do prazer), mas também a suas motivações secundárias e ao que se convencionou chamar de motivações de valor (7). Certas experiências de grupos terapêuticos – por exemplo, de alcoólicos – operam abarcando ao mesmo tempo vários desses níveis motivacionais.

Da perspectiva dos processos de pensamento, a mencionada dualidade funcional da personalidade se exprime pela coexistência contraditória de um pensamento derivado de impulsos (vinculado ao processo primário) e, em grau variável, de um pensamento realista com capacidade instrumental de adaptação, capaz de intervir na organização do comportamento, favorecendo seu ajuste às condições da realidade objetiva. Capacidade de pensamento que em determinadas condições assume o caráter de dominante funcional (6). Hartmann enfatizou a importância dessa capacidade adaptativa do pensamento e seu papel organizador do comportamento, criticando certa tendência unilateral do pensamento psicodinâmico a compreender todo comportamento intelectual em termos de defesa contra impulsos [reduzindo-se, por exemplo, toda razão a racionalização (34, 35)].

Uma psicoterapia breve pode conseguir, por meio do esclarecimento de aspectos básicos da situação do paciente, um fortalecimento de sua capacidade de adaptação realista, de discernimento e retificação, em grau variável, de significações vividas. Freud afirmou sobre isso:

> Nossos esforços no sentido de fortalecer o ego debilitado partem da ampliação de seu autoconhecimento. Sabemos que isso não é tudo, mas é o primeiro passo.

E Rapaport observa expressivamente:

> A vida psíquica não é uma avenida de mão única na qual as defesas limitam as comunicações: as comunicações podem também combater os efeitos deletérios das defesas (61).

Em conclusão:

Das considerações anteriores, o indivíduo doente surge como um objeto complexo, multideterminado por fatores suscetíveis de integrar estruturas diversas, diferenciadas pela dominância variável exercida por alguns de seus componentes. Em virtude da existência dessas alternâncias funcionais, torna-se necessária a flexibilidade na escolha da técnica, em função de cada situação concreta. Essa flexibilidade é um traço distintivo da psicoterapia breve.

Da mesma maneira, a pluralidade causal torna conveniente o emprego de técnicas de diferentes níveis e pontos de aplicação. Só se pode aspirar a totalizar o sujeito por sua inclusão simultânea em múltiplas redes referenciais entrecruzadas (30), do que decorre a necessária adoção de *um arsenal terapêutico multidimensional*. Rickman acentuou essa necessidade de integrar ao trabalho assistencial psiquiátrico instrumentos provenientes de diferentes níveis de investigação (62). Nessa ampliação de perspectivas se fundamenta a atual busca, em terapias breves, *da mais completa utilização de todo recurso que demonstre ser de alguma eficácia* (51, 73).

Esses critérios respaldam uma das características básicas das terapêuticas breves[2]: a de operar com uma estratégia multidimensional.

3. A terapêutica breve em instituições

Partindo de uma avaliação exaustiva do paciente, que abarque tanto sua história dinâmica como suas condições de vida atuais, podem ser recursos da ação terapêutica:

....
2. Empregamos neste livro o termo "breve" pela difusão que alcançou e na falta de outro mais adequado. Mas é um termo equívoco, visto que há razões para entender que o essencial dessa psicoterapia não está em sua brevidade, mas talvez em seu caráter multidimensional: pode-se pensar que é só por essa capacidade de ação múltipla que se pode atingir certos objetivos em prazos limitados. "Breve" alude à limitação temporal, mas à custa de sugerir pobreza, escassez e omitir aspectos quantitativos próprios dessa psicoterapia que lhe conferem certa riqueza de matizes não-desprezível. Além disso, encobre o fato de que é possível trabalhar eficazmente com essa modalidade terapêutica em períodos de tempo não tão breves.

a) Oferecer ao paciente um clima de tolerância, vínculos interpessoais novos, regulados, que favoreçam a catarse de suas fantasias, temores, desejos, censurados em seu ambiente habitual.

b) Nesse quadro, adequado para uma experiência "emocional corretiva", favorecer a aprendizagem da auto-avaliação, objetivação e crítica de seus comportamentos habituais, tanto em sua interação familiar como institucional.

c) Estimular o paciente a assumir papéis que fortaleçam, pelo exercício, sua capacidade de discernimento e ajuste realista.

d) Ajudá-lo na elaboração de um projeto pessoal, com metas que impliquem a aquisição de certo bem-estar e autoestima. (Isso significa dirigir o esforço não só para o incremento da *consciência da doença*, como também para uma *consciência de perspectivas* pessoais mais clara.)

e) Exercer alguma influência sobre os modelos de interação familiar, favorecendo a compreensão, pelo paciente, do sentido da doença, dos sintomas, orientando-o para um manejo mais controlado de suas ansiedades e para a elaboração grupal de novos modos de ajuste interpessoal.

Em função desses diversos parâmetros sobre os quais se procuram exercer influências terapêuticas, podem ser instrumentos técnicos úteis na instituição:

1. A psicoterapia, individual e/ou grupal.
2. A terapia ocupacional, que, orientada de acordo com a compreensão dinâmica do paciente, constitui-se num novo campo significativo de aprendizagens, de expressão motora e de atividades grupais (32, 40).
3. A ação terapêutica sobre o grupo familiar, com modalidades variáveis que vão da informação ao esclarecimento, à orientação, à assistência social, até a psicoterapia familiar (1, 29, 54).
4. Atividades grupais de tipo comunitário (assembléias, grupos de discussão, grupos de atividade cultural).

A eficácia máxima de uma terapêutica breve depende da elaboração, por parte de uma equipe assistencial, de um programa uni-

tário de tratamento que coordene essas diversas técnicas numa ação total, alinhavada segundo uma linha psicodinâmica coerente (39).

Além disso, é importante compreender o alcance de um fato: a simples admissão do paciente por uma instituição. Trata-se de um fator relevante pelo papel de depositário que assume para o paciente, assim como por constituir na vida deste uma realidade nova, diferente de suas experiências habituais. Esse aspecto merece ser especialmente destacado no paciente que é internado, fato que o faz entrar num novo campo de experiências, normas, vínculos, cuidados, recreações, que rompem as limitações e os estereótipos de seu mundo cotidiano. Ele passa a ter um grupo de convivência que o estimula a uma participação ativa (em grupos de discussão, atividades culturais, esportivas etc.), situação nova de importantes conseqüências dinâmicas (68).

Dessa variedade de recursos passamos a considerar aspectos particulares da psicoterapia individual.

4. Planejamento e instrumentos técnicos específicos de uma psicoterapia dinâmica breve

No âmbito da assistência institucional em equipe, o terapeuta é não apenas o agente da psicoterapia, mas também o supervisor e coordenador do conjunto de atividades terapêuticas. Sua relação com o paciente se torna mais complexa pelo fato de manter, ao mesmo tempo, contatos com o paciente e com seus familiares, bem como outra série de vínculos indiretos, através de outros pacientes, do pessoal, e em outros contextos fora das sessões (por exemplo, em assembléias, reuniões culturais etc. dentro da instituição). Essas conexões permitem ao terapeuta conhecer uma gama mais ampla de comportamentos do que os revelados na psicoterapia, assim como destacam mais, para o paciente, características da personalidade do terapeuta (em contraste com a impessoalidade necessária no enquadro analítico). Essa diferença de contextos entre uma técnica e outra é significativa de um ponto de vista dinâmico: estabelece condições diferenciais para o desenvolvimento de reações transferenciais e contratransferenciais, o que gera importantes diferenças quanto ao tipo e ao nível de interpretações prevalentes indicadas numa e em outra técnicas. *O terapeuta deve desempenhar na terapia breve um papel essencialmente ativo.* Exige-se dele uma ampla gama de intervenções: não se limita ao material fornecido pelo paciente; além disso, explora, interroga (começando pela minuciosa coleta de dados com a qual elabora desde o começo a história clínica); eventualmente inclui nas sessões aspectos do comportamento "extraterapêutico" do paciente, no âmbito da instituição, em seu grupo familiar etc. Sua participação orienta a entrevista de modo mais direto do que a do analista na técnica *standard,* cujo papel é mais passivo no sentido de limitar-se a interpretar segundo o material que o paciente vai trazendo espontaneamente (19, 71, 74). Um terapeuta que introduz na sessão suas iniciativas para a confrontação, que promove o diálogo, é um dos componentes originais dessa técnica, talvez o mais específico para sua caracterização. Sem essa intervenção abertamente participante do terapeuta, o curso de uma terapia breve, entregue à espontaneidade do paciente, passa por sérias dificuldades. A falta de uma compreensão adequada desse fato fundamental por parte do terapeuta parece ser detectada com freqüência como um dos determinantes fundamentais de fracassos em tratamentos breves (39).

A participação ativa do terapeuta assume nessa técnica aspectos particulares específicos: a partir da avaliação da situação total do paciente, *compreendendo a estrutura dinâmica essencial de sua problemática* (42, 69), *ele elabora um plano de abordagem individualizado* (4, 74).

Esse projeto terapêutico estabelece determinadas metas fundamentais, por certo limitadas, a serem atingidas em prazos aproximadamente previsíveis. Para alcançar esses objetivos parciais, *esboça uma estratégia geral,* que compreende por sua vez objetivos táticos escalonados. A direção que a interação médico-paciente assume, suas características dinâmicas peculiares, determinantes por sua vez das limitações de um tratamento breve e de seu alcance potencial, dependem da estrutura conferida ao processo terapêutico por esse planejamento estratégico deliberado (4, 71, 75).

Esse planejamento se baseia na avaliação de certos aspectos dinâmicos básicos do quadro: por exemplo, a que áreas de conflitos parecem ligar-se mais diretamente os sintomas? Quais das defesas se mostra conveniente atacar e quais outras deve-se tender a fortalecer? (26). Orientação estratégica das sessões significa *focalização do esforço terapêutico*. O terapeuta atua mantendo *in mente* um "foco", termo que pode ser traduzido como *a interpretação central sobre a qual se baseia todo o tratamento*. Leva-se o paciente a esse foco por meio de interpretações parciais e atenção seletiva, o que significa omissões deliberadas: o terapeuta precisa exercitar-se no esforço de "deixar passar" material atraente, até "tentador", sempre que este se mostre irrelevante ou afastado do foco (47). Um primeiro objetivo dessa focalização consiste geralmente em dirigir a atenção do paciente para a função e o significado interpessoais de seus sintomas (21). *A focalização da terapia breve é sua condição essencial de eficácia*. Esse critério pode ser incluído no âmbito da noção geral de que a eficácia dinâmica de uma interpretação depende de seu "valor posicional": o ponto nodal a que se dirige dentro do conflito nuclear ou mais imediato do paciente (44). A habilidade e o "tato" terapêuticos medem-se pela capacidade do terapeuta de selecionar a cada momento as interpretações (de muitas intervenções possíveis, referentes a múltiplos níveis de análise) *que possuam maior valor posicional*.

O chamado "princípio de flexibilidade" se aplica, numa terapia breve, não só à individualização desta, baseada no critério de que "pacientes diferentes requerem tratamentos diferentes", mas também à remodelação periódica da estratégia e das táticas em função da evolução do tratamento: uma avaliação dinâmica continuamente atualizada leva a fazer reajustes, por tentativa e erro, até conseguir o máximo rendimento do "arsenal" terapêutico disponível.

Recapitulando: *iniciativa pessoal do terapeuta, individualização, planejamento, focalização, flexibilidade definem parâmetros específicos da psicoterapia breve* e conferem a essa técnica uma estrutura própria, diferente da técnica psicanalítica. Essas características peculiares da psicoterapia breve tornam essa técnica suscetível de objetivação; permitem pretender para ela algum grau aproximativo de formalização, o que se revela importante do ponto de vista da supervisão e ensino dessa técnica. A casuística existente na literatura mostra a possibilidade de aplicar aqueles critérios distintivos com certo rigor, fato que pode impulsionar essa psicoterapia a um nível científico mais elevado do que aquele que tradicionalmente lhe foi atribuído: o de "arte intuitiva não-transmissível".

As intervenções do terapeuta compreendem uma ampla diversidade de tipos e alcances:

a) Pedidos de informações e emissão de informações ao paciente com características que podem aproximar-se do diálogo.

b) Operações de enquadre, propondo tempo de tratamento, condições deste, direitos e obrigações do paciente, relação ulterior com a instituição.

c) Intervenções de esclarecimento, assinalamentos e confrontações, nas quais se explicitam aspectos significativos do comportamento do paciente, dirige-se sua atenção para pontos nodais de sua comunicação, reformulam-se suas mensagens esclarecendo-as, destacam-se as contradições entre o verbalizado e o comportamento atuado (72).

d) Interpretações de tipo, alcances e profundidade diferentes, desde as que revelam o significado de comportamentos microscópicos até as formulações totalizadoras que elucidam as relações estruturais entre experiências significativas, condições atuais de descompensação, sintomas e conflitos subjacentes.

Essas formulações psicodinâmicas globais (interpretações "panorâmicas", sintéticas ou reconstrutivas) têm nessa técnica uma posição hierárquica primordial (4, 39, 71). Exigem do terapeuta o esforço de transformar sua compreensão do que ocorre num nível regressivo, de processo primário, em formulações que se referem à problemática atual, ao nível mais manifesto "em superfície". Kris observou que, num paciente tratado durante anos com interpretações de nível regressivo, as interpretações dirigidas com essa outra orientação, a um nível atual de problemática produziam uma notável ampliação e enriquecimento de perspectivas (44).

As interpretações transferenciais, instrumentos próprios de toda psicoterapia dinâmica, não intervêm, em psicoterapia breve, com o sentido e o caráter sistemático que assumem na técnica psicanalítica. Esse critério diferencial se funda em várias considerações dinâmicas:

1. As condições de enquadre da terapia breve limitam as possibilidades de regressão transferencial, por sua menor freqüência de sessões, pela intervenção mais pessoal e ativa do terapeuta (manejo diferente dos silêncios, por exemplo), e por ser feita "frente a frente". O controle visual coloca muito mais o paciente em "situação de realidade", permite-lhe maior discriminação do terapeuta em sua pessoa e papel objetivos, ao passo que as condições do enquadre analítico induzem muito mais a ligação com um objeto virtual, a projeção transferencial (45).

2. Numa instituição, reduz-se a possibilidade de concentrar a transferência na relação com o médico. As projeções do paciente se diversificam no contexto multipessoal, distribuem-se em múltiplos vínculos, com outros membros da equipe terapêutica, com outros pacientes etc., tornando mais complexas as relações no aqui e agora da sessão (63). As condições para a instrumentalização eficaz da interpretação transferencial (relativa delimitação da interação bipessoal) sofrem aqui algumas interferências.

3. O tempo limitado de tratamento torna indesejável o desenvolvimento de uma intensa neurose transferencial, cuja elaboração exige claramente outro enquadre. Dado que a reiteração, por parte do terapeuta, de interpretações transferenciais (sua focalização seletiva nos aspectos do comportamento ligados ao campo bipessoal presente) induz o desenvolvimento da regressão transferencial (27), surge, como condição técnica primordial em psicoterapia breve, a necessidade de autocontrole por parte do terapeuta, que deve regular as interpretações transferenciais em função da manutenção da relação médico-paciente num nível ótimo (4); esse nível parece consistir num grau moderado de transferência positiva estável (3, 33).

Partindo desses elementos de avaliação, houve quem considerasse que uma ênfase excessiva por parte do terapeuta em interpretar os aspectos transferenciais do comportamento (por extrapolação do esquema operacional analítico) pode configurar, na psicoterapia breve, um erro técnico, prejudicial ao tipo de processo terapêutico que envolve essa modalidade de tratamento (71). Entretanto, esse é um ponto particularmente controvertido. Para alguns autores, o emprego de interpretações transferenciais só é indicado quando surgem resistências que impedem a manutenção de uma relação de aceitação, confiança e respeito para com o médico (42). Para outros, em contrapartida, é necessário atuar mediante interpretações transferenciais desde o princípio, sob a condição de mostrar em cada caso o comportamento como repetição de atitudes elaboradas nos vínculos parentais (47). Costuma-se entender que, nessa técnica, a interpretação transferencial é eficaz quando fica imediatamente evidente sua conexão com a problemática nuclear atual do paciente (4). Nesse caso, destina-se *antes a favorecer a compreensão de uma situação global a partir da vivência presente do que a aprofundar esse aqui e agora.*

É em harmonia com essas considerações que a psicoterapia breve se orienta para o comportamento do paciente no "fora" da sessão (em seus vínculos familiares, em seu trabalho etc.), com o claro objetivo de centrar a atenção do paciente em si mesmo e em seu mundo habitual, mais do que em sua transitória relação terapêutica (15, 69)[3]. Aqui é de fato sugerida uma orientação divergente da técnica analítica: enquanto nesta a unidade de indagação é a sessão e não se procura inferir pelo que se observa nessa hora o que acontece nas "outras vinte e três" (65), na psicoterapia breve procura-se dar peso preponderadamente "às outras vinte e três horas". *A recomendação geral aqui é "orientação constante para a realidade"* (4, 33, 54).

....
3. Nesse aspecto, embora a terapia breve de fato confronte o paciente com a perda decorrente da limitação temporal do tratamento, caberia questionar a validade de uma linha interpretativa focalizada nas vivências transferenciais perante o luto pela alta.

Procura-se fortalecer no paciente sua capacidade de discriminação, objetivo para o qual, nesta técnica, que não busca a regressão, será preciso distinguir entre comportamentos transferenciais e comportamentos adequados à realidade (às condições objetivas do paciente, da instituição e do médico em seu papel social). Essa distinção indica uma importante diferença de esquema referencial em relação à orientação kleiniana, que trabalha com base em hipóteses deste tipo:

[...] todas as dificuldades do analisado, todos os seus sofrimentos e angústias, têm sua base, durante o tratamento, na transferência. "Os conflitos do analisado com outros objetos" (extratransferenciais) são com freqüência interpretados como conflitos entre partes do próprio ego (e do id), ou então como conflitos com o analista. Mas os conflitos entre partes do próprio ego também estão sempre relacionados com a transferência, visto que simultaneamente uma dessas partes é sempre projetada (manifesta ou latentemente) sobre o analista (58).

Em psicoterapia breve, a preponderância da orientação para a realidade atual extratransferencial funda-se na necessidade de ajudar o paciente a efetuar certas tarefas integrativas imediatas, a recuperar o mais cedo possível sua capacidade de remover os obstáculos que o impedem de conseguir uma homeostase mais satisfatória (72). Por conseguinte, ela atua confrontando sistematicamente o paciente com sua realidade social, ambiental e com suas perspectivas diante dela. Isso implica, ademais, outro tipo de intervenção do terapeuta.

e) O esclarecimento e a elaboração, com o paciente, de perspectivas pessoais, de certas "saídas" ou projetos aos quais se aplicam de maneira concreta aspectos da compreensão dinâmica que ele vai obtendo de sua situação (24, 54, 75). Postula-se aqui o critério de que toda melhora do paciente deverá vir acompanhada de mudanças em suas condições de vida (e de que ele precisa, além disso, apoiar-se nessas mudanças); o que justifica que o terapeuta possa tentar, diante de possibilidades imediatas de modificação dessas condições que o paciente não chega a vislumbrar, algum tipo de "sugestão interpretativa" confrontando o paciente com situações hipotéticas de mudança (consideradas acessíveis nesse momento de sua evolução dinâmica) e interpretando suas respostas a essas formulações. Existe o risco de um forçamento autoritário por parte do terapeuta, que de fato ponha a terapia numa linha expressamente diretiva, tal como deliberadamente se orientam algumas terapias breves (24), mas uma cuidadosa avaliação individual dinâmica da situação total do paciente talvez possa atenuar o efeito de direcionamento (inevitável em toda terapia) (27), favorecendo a descoberta, a captação num momento preciso, "fértil" do tratamento, de alternativas diferentes para sua existência futura (46). Outro critério para indicar, ao menos com as devidas precauções, esse tipo de intervenções é o fato de que as dificuldades do paciente para elaborar saídas pessoais não correspondem apenas a fatores dinâmicos (por exemplo, defesas que criam escotomas), mas também a limitações culturais, educacionais e de informação.

Esclarecidos alguns aspectos técnicos, cabe perguntar qual o critério de eficácia para a psicoterapia breve e que indicadores dessa eficácia existem.

5. Avaliação e discussão de resultados de psicoterapias breves

Se toda psicoterapia enfrenta significativas dificuldades metodológicas para avaliar resultados por métodos objetivos inquestionáveis (28, 66), essas dificuldades se multiplicam quando, a partir da avaliação dos *efeitos* de uma ação múltipla na qual interferem numerosos parâmetros, tenta-se fazer inferências sobre o ocorrido no nível do *processo* terapêutico.

Objetou-se com razão que as comunicações sobre casos clínicos tratados com terapias breves registram praticamente sempre sucessos terapêuticos, sendo raras as comunicações e o exame detalhado dos fracassos (71).

Mesmo considerando a margem de subjetividade compreendida nos instrumentos habitualmente empregados nessas avaliações, não se deve descartar, a esta altura do desenvolvimento das investigações no campo da psicoterapia, avaliações parciais.

Estas costumam basear-se no julgamento clínico de entrevistadores (16, 33, 38), em auto-avaliações do paciente efetuadas a partir de listas de sintomas, testes (51), escalas de eficácia social (interação grupal) (11), avaliações por parte do grupo familiar do paciente (9). Podem ser particularmente significativas aquelas que, combinando vários métodos, mostram concordância nos resultados (10, 11).

Esses trabalhos registram uma elevada porcentagem de melhoras estáveis, em pacientes avaliados antes do tratamento, na alta e depois desta (dois, três, cinco ou mais anos de "acompanhamento").

A limitação básica de muitos desses estudos reside no fato de trabalharem com categorias ambíguas, insuficientemente definidas em termos operacionais, como é o caso de "melhora". A polêmica entre céticos e defensores das terapias breves se refere ao tipo, aos níveis, aos alcances e à estabilidade das mudanças que podem ser englobadas sob aquele amplo rótulo. Enquanto em psicanálise melhora significa maior *insight*, em terapia breve pode aludir tão-somente à supressão sintomática.

Se se parte do critério de melhora empregado na técnica analítica, a psicoterapia breve, na medida em que não se centra na elaboração da neurose de transferência, não pode produzir senão modificações superficiais, através do apoio, da sugestão, da supressão de sintomas e do reforço defensivo.

Dessa perspectiva, brevidade equivale a ineficácia, como se observa nos motivos apresentados por numerosos analistas de Nova York ao recusarem o convite para participar de um programa assistencial de prazos limitados (10).

Mas na discussão sobre resultados é importante reconhecer as sérias limitações epistemológicas da crítica a uma técnica específica que se formou em larga medida por simples dedução, a partir dos quadros conceituais de uma teoria constituída com base em outra técnica. Stone destacou os riscos desse tipo de extrapolação para um campo que inclui variáveis novas de grande importância dinâmica.

Não são poucos os autores que discordam do mencionado ceticismo, apoiando-se em resultados concretos e em considerações teóricas mais amplas sobre a natureza do processo terapêutico dessa técnica. Partem do critério de que os conceitos de transferência e contratransferência não abarcam todos os momentos da interpretação terapêutica (4, 21, 53); alegam, ainda, que "não se pode afirmar com tanta ênfase que o *insight* através da transferência seja o único tipo de *insight* propiciador da reorganização e reintegração do ego" (41).

Em primeiro lugar, *questiona-se seriamente a hipótese de uma equivalência direta entre duração de uma psicoterapia e profundidade de seus efeitos* (2, 4, 20).

Defende-se a idéia de que essa técnica pode produzir modificações dinâmicas de maior alcance que a mera supressão sintomática.

Isso se baseia, em primeiro lugar, na observação clínica e na avaliação mediante outros instrumentos, indicados anteriormente, das modificações suscitadas por essa terapia; essas modificações compreendem:

a) Alívio ou desaparecimento de sintomas.

b) Modificações correlativas no uso das defesas, com a substituição de técnicas mais regressivas por outras mais adaptativas.

c) Maior ajustamento nas relações com o meio (comunicação, trabalho etc.).

d) Incremento da auto-estima e do bem-estar pessoal.

e) Incremento da autoconsciência do paciente, com maior compreensão de suas dificuldades fundamentais e do significado destas (o que pode ser considerado, ao menos, um primeiro grau de aproximação com relação ao *insight*, comparado com aquele que se pode obter com um tratamento intensivo e prolongado).

f) Ampliação das perspectivas pessoais, esboço inicial de algum tipo de "projeto" individual.

É importante observar que *as modificações iniciais postas em andamento durante o tratamento não se detêm com a alta*; em muitos casos, o paciente continua aplicando a novas experiências o critério, a atitude diante de seus problemas aprendida no tratamento (75). Além disso, existem considerações teóricas que apóiam a hipótese de que *essa técnica pode gerar modificações mais significativas do que a mera mudança nos sintomas.* Elas se referem ao caráter do processo terapêutico, a seus prováveis mecanismos de influência, exercidos em vários níveis:

1. A experiência "emocional corretiva" representada pelo tipo original de relação com um terapeuta visto com objeto efetivamente "bom", tolerante, que ajuda. A influência do vínculo com a pessoa real, com seu papel social objetivamente positivo e novo para o paciente (6). Fairbairn acentuou a importância terapêutica dessa relação realmente benéfica independentemente do papel desempenhado pelas interpretações (citado por Gunthrip) (31). No mesmo sentido, Alexander destaca que a importância emocional[4] dessas diferenças é igualmente modificadora (2).

Também desempenha um papel integrador a participação em novos vínculos com os profissionais e outros pacientes no âmbito da instituição, a inclusão em grupos e em novas tarefas (68).

Nesse aspecto, deve-se incluir o papel exercido pela projeção no terapeuta e na instituição de papéis reparadores, protetores, idealizados. A melhora do paciente pode dever-se à criação de um vínculo regressivo simbiótico, com depositação na relação terapêutica, em seu próprio enquadre, da "parte psicótica" da personalidade (14). Esse dinamismo fundamental subjaz às "curas transferenciais" devidas a um efeito placebo. Entretanto, não se pode supor que seja este o mecanismo universal que age em toda melhora devida a terapias breves, pois, do contrário, a alta traria um retrocesso à situação prévia à admissão, ou uma piora considerável, o que, via de regra, não se observa nos estudos de acompanhamento. Mais ainda, a brevidade e a baixa freqüência de sessões costumam inibir o desenvolvimento intenso desse mecanismo regressivo.

....
4. Enfatizamos a experiência emocional corretiva, de retificação através do vivido, como processo distinto da elaboração verbal consciente (que também inclui no *insight* componentes "intelectuais").

2. Ao dirigir a atenção do paciente para tudo o que este vive e tudo em que atua, inaugura-se nele um processo de aprendizagem no auto-exame na avaliação e distanciamento crítico ante seu próprio comportamento.

3. O papel dinâmico que pode exercer no paciente o fortalecimento de sua capacidade de compreensão e discriminação quanto a seus impulsos. A experiência original de objetivar na palavra todo o seu mundo emocional tem já, em si mesma, conseqüências dinâmicas positivas (35). Isso assume mais importância se se leva em conta que o paciente chega ao tratamento com um estreitamento geral de seu campo de "consciência possível", podendo ser esta a primeira experiência educativa que o ajude a ampliá-lo.

4. As interpretações dinâmicas de diversos tipos empregadas podem criar no paciente ao menos "núcleos iniciais de *insight*", de grau limitado, mas suscetíveis de um crescimento ulterior através da elaboração de novas experiências (42, 67).

5. A influência das mudanças positivas que, paralelamente ao tratamento, o paciente vai introduzindo na organização de sua vida diária – atividade, vínculos, passatempos, abertura de novos campos de interesse –, que agem por efeito de retroalimentação, favorecendo a passagem ao funcionamento em níveis motivacionais mais "maduros" (59).

6. O papel que exercem sobre o presente a elaboração de uma imagem construtiva de futuro e a experiência de alguns passos dados rumo à sua realização.

7. A influência de modificações dinâmicas na constelação familiar mediante ações diretas (orientação ou terapia familiar) ou indiretas (resposta da família ao ingresso do paciente no tratamento ou às mudanças manifestadas pelo paciente).

Para essa série de mecanismos de ação terapêutica postulam-se influências em diferentes níveis de "profundidade dinâmica", exercidas em especial no fortalecimento de funções "egóicas", influências capazes de suscitar mudanças em certa medida "reconstrutivas" da personalidade (39, 67, 74). Com base nessas considerações, pode-se distinguir esta técnica do que em sentido estrito se denomina "psicoterapia superficial": "aproximação inspirada no senso comum, que consiste em bondade, tolerância ou indulgência; num desejo de mitigar a angústia por quaisquer meios disponíveis, à base de tentativas e erros, amizade e demonstrações de segurança" [...] em que se procura obter mudanças, de modo puramente intuitivo, sem a busca deliberada da compreensão e crítica do paciente sobre seus transtornos (48).

A avaliação de resultados de psicoterapia breve efetuada pela equipe da Tavistock Clinic mostrou que transtornos graves, e até alguns de longa evolução, podem receber ajuda importante. Desse ponto de vista, sugere que a linha "conservadora", que considera a psicoterapia breve um mero paliativo, eficaz apenas em transtornos leves e recentes, apóia-se mais num preconceito do que numa investigação rigorosa de fatos clínicos (47).

6. Limitações de uma terapia breve

Um panorama dessa técnica não pode por certo furtar-se a apontar suas significativas limitações. Tem-se feito objeções a certa tendência na literatura sobre o tema a criar um clima de exagerado otimismo terapêutico, transmitindo uma imagem de facilidade no manejo das áreas doentes da personalidade (alguns comentários clínicos da escola de Chicago, por exemplo, parecem-nos efetivamente enquadráveis nessa ilusão de curas relativamente fáceis). Com tal abordagem, será possível ou não obter melhoras mais que transitórias, dependendo o resultado do quadro clínico, da estrutura básica da personalidade, do nível evolutivo para o qual se regrida na crise, assim como de diversas condições grupais e situacionais.

A terapia breve pode fracassar por completo (por exemplo, em psicopatias) ou produzir unicamente variações superficiais (fenomenológicas), atuando apenas por efeito de cura transferencial, com o desaparecimento de sintomas e a instalação de uma pseudo-adaptação num nível regressivo.

Não pode, em prazos limitados, suscitar mudanças na estrutura nuclear da personalidade, embora possa produzir modificações dinâmicas não-desprezíveis, tal como se expôs anteriormente. Uma ênfase excessiva na compreensão racional, assim como interpretações prematuras, podem reforçar resistências, incrementando a intelectualização (45).

A ação por meio de sugestão pode impulsionar a "fuga para a saúde" e induzir o paciente ao *acting-out* (54). Esses riscos tornam aconselhável o exercício dessa técnica por terapeutas com formação dinâmica e experiência clínica já consolidada.

Embora seja importante ter clara consciência dessas limitações e riscos, *as considerações formuladas na discussão de resultados questionam o direito a uma generalização tal dessas insuficiências que justifique a rejeição ou a negação da eficácia de outros alcances dessa técnica.*

7. Indicações

De um ponto de vista social, existe uma situação de fato: para uma grande massa da população, dada a atual organização assistencial, a opção que existe é ou tratamentos limitados ou nenhum tratamento, independentemente de quais sejam os transtornos. Diante dessa falta de opção assistencial, uma terapia breve pode, em grau variável, beneficiar praticamente todos os pacientes (33, 51). Com vistas a discernir, para uma melhor organização de recursos terapêuticos, que pacientes se beneficiam mais com esse tipo de tratamento, podem-se distinguir:

a) Pacientes que obtêm menor benefício: em geral, transtornos psiquiátricos crônicos, fora de fases agudas. Por exemplo, quadros paranóides, obsessivo-compulsivos, psicossomáticos crônicos, perversões sexuais, dependências químicas, caracteropatias graves e sociopatias. Só a tentativa de uma terapia intensiva a longo prazo pode produzir algumas mudanças estáveis nesses quadros.

b) Com expectativas de melhoras importantes, são indicados para terapêutica breve: quadros agudos, em particular situações de crises ou descompensações (39). Situações de mudanças, por exemplo, em transição de etapas evolutivas (adolescência, casamento, conclusão de curso superior, menopausa, aposentadoria). Transtornos reativos em pacientes que mantinham antes um nível de adaptação aceitável. Transtornos de intensidade leve ou moderada que não justificariam tratamentos de anos (problemática neurótica incipiente ou psicossomática de começo recente). A terapia breve pode beneficiar, como tratamento preparatório pré-analítico, *borderlines* e psicóticos (71).

Além disso, deve-se notar que a conclusão da terapia breve de "final aberto" admite qualquer tratamento intensivo ulterior, se a evolução do paciente o exigir.

Esse panorama de indicações diferenciais levou Menninger a afirmar:

> Em suma, cremos que há doenças para as quais a psicanálise é o tratamento mais eficaz [...] não obstante, há outras doenças para as quais não estamos certos de que a psicanálise seja o melhor tratamento, e há outras, ainda, para as quais estamos de fato convencidos de que não é o melhor tratamento (50).

No mesmo sentido, Stone recorda que, originalmente, a psicanálise era fundamentalmente indicada no tratamento das neuroses; mais tarde, foi estendida a outros quadros dos mais diversos tipos. "É possível que esse grau de otimismo terapêutico deva ser revisto, levando a psicanálise a suas indicações originárias, e deixando certos grupos de pacientes receber um melhor tratamento por meio da 'terapia breve', 'psiquiatria psicanalítica' ou 'psicanálise modificada'..."

Destaquemos que essa perspectiva pode ser válida não só no âmbito institucional, mas também na assistência privada. À margem de razões socioeconômicas, *para determinados pacientes uma terapia breve pode ser o tratamento preferível.*

Conclusão

Se já são possíveis algumas generalizações sobre psicoterapia breve, esta pode ser uma das mais significativas: trata-se de uma orientação técnica específica, que opera em condições originais com um complexo *set* de variáveis próprias. Por conseguinte, não se pode abordá-la por simples extrapolação de dados de outras técnicas: ela constitui um campo a investigar em sua estrutura dinâmica particular.

Nesse processo, o que acabamos de expor representa a busca de uma andaimaria provisória, um conjunto de hipóteses e critérios operacionais a verificar, em todas as ocasiões, na experiência clínica.

Referências bibliográficas

1. Ackerman, N., "Family Psichoterapy. Theory and Practice", *Am. J. Psychoter.*, 1966, 20, p. 405.
2. Alexander, F., "Psychoanalitic Contributions to Short Time Psichoterapy", *op. cit.*, ref. 39, 84, 1965, p. 189.
3. Alexander, F., "The Dynamics of Psychoterapy in the Light of Learning Theory", *Int. J. Psychiat.*, 1, 1965, p. 189.
4. Alexander, F.; French, T., *Terapéutica psicoanalítica*, Buenos Aires, Paidós, 2ª ed., 1965.
5. Allport, G., *La personalidad, su configuración y desarrollo*, Barcelona, Herder, 1965.
6. Althusser, L., "Contradicción y sobredeterminación", in *La revolución teórica de Marx*, México, Siglo XXI, 1967.
7. Ancona, L., "La motivación desde el punto de vista clínico", in *La motivación*, Buenos Aires, Proteo, 1965.
8. Asch, S., *Psicología social*, Eudeba, Buenos Aires, 1964.
9. Avnet, H., "Short-term Treatment Under Auspices of a Medical Insurance Plan", *Am. J. Psychiatr.*, 122, 1965, p. 143.
10. Avnet, H., "How Effective is Short-term Therapy", *op. cit.*, ref. 39, 1965, 7, p. 22.
11. Battle, C. et al, "Target Complaints as Criteria of Improvement", *Am. J. Psychother.*, 1966, nº 20, p. 84.
12. Bastide, R., *Sociología de las enfermedades mentales*, México, Siglo XXI, 1967.
13. Berliner, B., "Short Psychoanalitic Psychotherapy: its Possibilities and its Limitations", *Bull. Menning Clin.*, 1941, 5, p. 204.

14. Bleger, J., "Psicoanálisis del encuadre psicoanalítico", *Rev. Psicoanál.*, 1967, 24, p. 241.
15. Browne, E., "Short Psychotherapy with Passive Patients. An Experiment in General Practice", *Brit. J. Psychiat.*, 1964, 110, p. 233.
16. Campbell, R., "Psychotherapy in a Community Mental Health Center", *Am. J. Psychiatr.*, 1965, 122, p. 2.
17. Campbell, R., "Modificaciones de la psicoterapia", *Cuad. Psicoter.*, Buenos Aires, 1967, 2, p. 13.
18. Fenichel, O., *Teoría psicoanalítica de las neurosis*. Buenos Aires, Paidós, 1964.
19. Ferenczi, S., "Perfeccionamiento de la 'técnica activa' en el psicoanálisis", *Rev. Psicoanál.*, Buenos Aires, 1945-46, 3, 4.
20. Frank, J., "The Dynamics of the Psychotherapeutic Relationship. Determinants and Effects of the Therapist's Influence", *Psychiat.*, 1959, n° 32, p. 17.
21. Frank, J., "Discussion on Short-term Psychotherapy" (Symposium of the American Psychological Association), *Am. J. Psychiat.*, 1965, p. 122.
22. Freud, S., *Introducción al psicoanálisis*, t. 2, Madri, Biblioteca Nueva, 1948.
23. Freud, S., "Esquema del psicoanálisis", *Obras póstumas*, t. XI, Buenos Aires, Santiago Rueda, 1955.
24. Garner, H., "Interventions in Psychotherapy and Confrontation Technique", *Am. J. Psychother.*, 1966, 20, p. 291.
25. Gill, M., "El estado actual de la teoría psicoanalítica", in *Aportaciones a la teoría y técnica psicoanalítica, op. cit.*, ref. 60.
26. Gill, M., "Psicología del yo y psicoterapia", in Knight, R., *Psiquiatría psicoanalítica, op. cit.*, ref. 42.
27. Glad, D., "An Operational Conception of Psychotherapy", *Psychiatry*, 4, p. 371.
28. Gottschalk, L.; Auerbach, A., *Methods of Research in Psychotherapy*, Nova York, Appleton-Century-Crofts, 1966.
29. Gralnik, A., "Conjoint Family Therapy: its Role in the Rehabilitation of the In-patient and Family", *J. Nerv. Ment. Dis.*, 1963, 136, p. 500.
30. Granger, G., "Información y conocimiento de lo individual", in *El concepto de información en la ciencia contemporánea*, México, Siglo XXI, Colóquios de Royaumont, 1966.
31. Gunthrip, H., *Estructura de la personalidad e interacción humana*, Buenos Aires, Paidós, 1965.
32. Hamilton, V., "Psychological Changes in Chronic Schizophrenics Following Differential Activity Programes: a Repeat Study", *Brit. J. Psychiatr.*, 1964, 110, p. 283.
33. Harris, R.; Kalis, B.; Freeman, E., "Precipitating Stress: an Approach to Brief Therapy", *Am. J. Psychother.*, 1963, 17, p. 465.
34. Hartmann, H., *La psicología del yo y el problema de la adaptación*, México, Pax, 1961.

35. Hartmann, H., "On Rational and Irrational Action", in *Essays, op. cit.*, ref. 36.
36. Hartmann, H., "Psychoanalysis and Sociology", in *Essays on Ego Psychology*, Londres, The Hogarth press, 1964.
37. Hartmann, H., "Technical Implications of Ego Psychology", in *Essays, op. cit.*, ref. 36.
38. Heilbrunn, G., "Results with Psychoanalitic Therapy and Professional Commitment", *Am. J. Psychother.*, 1966, 20, p. 89.
39. Hoch, P., "Short-Term versus Long-Term Therapy", in Lewis R. Wolberg (org.), *Short-Term Psychoterapy*, Nova York-Londres, Gruñe and Stratton, 1965, pp. 51, 66.
40. Hutt, S.; Crookes, T.; Glancy, L., "The Behaviour of Chronic Psychotic Patients During Three Types of Occupation", *Brit. J. Psychiatr.*, 1964, 110, p. 270.
41. Karno, M., "Communication, Reinforcement and Insight. The Problem of Psychotherapy Effect", *Am. J. Psychother.*, 1965, 19, p. 467.
42. Knight, R., "Una crítica de la situación actual de las psicoterapias", in *Psiquiatría psicoanalítica, psicoterapia y psicología médica*, Buenos Aires, Hormé, 1960.
43. Klein, M., "Amor, culpa y reparación", in *Las emociones básicas del hombre*, Buenos Aires, Nova, 1960.
44. Kris, E., "Ego Psychology and Interpretation in Psychoanalitic Therapy", *Psychoanal. Quart.*, 1951, 20, p. 15.
45. Lowenstein, R., "The Problem of Interpretation", *Psychoanal. Quart.*, 1951, nº 20, p. 15.
46. López, R., "La psicoterapia dinámica breve", *Acta Psiquiátr. Psicol. Amér. Lat.*, 1967, 13, p. 260.
47. Malan, D. H., *A Study of Brief Psychotherapy*, Sprinfield-Illinois, C. Tomas, 1963.
48. Marcolin, S., "Principios psicoterapéuticos en la práctica psicosomática", in Wittoker, E.; Cleghorn, R. A. e cols., *Progresos en medicina psicosomática*, Buenos Aires, Eudeba, 1966.
49. Masterson, J.; Reagan, P., "Teaching Psychiatric Residents the Therapeutic Value of the Environment", *Psychiatry*, 1959, 22, p. 51.
50. Menninger, K., *Teoría de la técnica psicoanalítica*, México, Pax, 1960.
51. Mental Health Institute, "Brief Therapy Center" (Projeto de assistência e investigação em terapias breves), Palo Alto, Califórnia, monografia, 1966.
52. Morton, R., "An Experiment in Brief Psychotherapy", *Psychological Monographs General and Applied, of the American Psychological Assoc.*, 1965, 69, p. 386.
53. Muldworf, B., *Psychanalyse et Psychothérapie*, Paris, CERM, 1964.
54. Natterson, J. e Grotjahm, M., "Responsive Action in Psychotherapy", *Am. J. Psychiatry*, 122, p. 140.

55. Norton, N.; Detre, T.; Jarecki, H., "Psychiatric Services in General Hospitals: a Family-Oriented redefinition", *J. Nerv. Ment. Dis.*, 1963, 136, p. 475.
56. Nuttin, J., "Origen y desarrollo de los motivos", in *La motivación*, Buenos Aires, Proteo, 1965.
57. Pichon-Riviére, E., "Introducción a una nueva problemática de la psiquiatría", *Acta Psiquiát. Psicol. Amér. Lat.*, 1967, 13, p. 355.
58. Racker, H., *Estudios sobre técnica psicoanalítica*, Buenos Aires, Paidós, 1960.
59. Rado, S., "Relationship of Short-term Psychotherapy to Developmental Stages of Maturation and Stages of Treatment Behavior", *op. cit.*, ref. 67-85.
60. Rapaport, D., "Un examen histórico de la psicología psicoanalítica del yo", in Rapaport, D.; Gill, M., *Aportaciones a la teoría y técnicas psicoanalítica*, México, Pax, 1962.
61. Rapaport, D., *Hacia una teoría del pensamiento*, Buenos Aires, Escuela, 1964.
62. Rickman, J., "Methodology and Research in Psychopatology", in *Selected Contributions to Psycho-Analysis*, Londres, The Hogarth Press, 1957.
63. Rickman, J., "The Application of Psychoanalitical Principles to Hospital In-patients", in op. cit., ref. 62.
64. Rodrigué, E., *Biografía de una comunidad terapéutica*, Buenos Aires, Eudeba, 1965.
65. Rodrigué, E.; Rodrigué, G. T. de, *El contexto del proceso analítico*, Buenos Aires, Paidós, 1966.
66. Sargent, H., "Intrapsychic Change: Methodological Problems in Psychotherapy Research", *Psychiatry*, 1961, 24, p. 93.
67. Saul, L., "On the Value of One or Two Interviews", *Psychoanal. Quart.*, 1951, 20, p. 613.
68. Schwartz, D., "The Integrative Effect of Participation", *Psychiatry*, 1959, 22, p. 81.
69. Semrad, E.; Binstock, W.; White, B., "Brief Psychotherapy", *Am. J. Psychother.*, 1960, 20, p. 576.
70. Sifneos, P., "A Concept of Emotional Crisis", *Mental Hygiene*, 1960, 44, p. 169.
71. Stone, L., "Psychoanalisis and Brief Psychotherapy", *Psychoanal. Quart.*, 20, p. 215.
72. Ulloa, F., *La entrevista operativa*. Ficha Fac. Filos. y Letras, Buenos Aires, 1964.
73. Warren Dunham, H., "Community Psychiatry: the Newest Therapeutic Bandwagon", *Int. J. Psychait.*, 1965, 1, p. 553.
74. Wolberg, L., "The Technic of Short-term Psychotherapy", *op. cit.*, ref. 39, 1965, pp. 127-200.
75. Wolberg, L., "Methodology in Short-term Therapy", *Am. J. Psychiat.*, 1965, 122, p. 135.

Atualização bibliográfica

Araoz, D.; Carrese, M. (1996), *Solution-Oriented Brief Therapy for Adjustment Disorders*. Nova York, Brunner/Mazel.

Balint, M.; Ornstein, P. H.; Balint, E. (1986), *Psicoterapia focal. Terapia breve para psicoanalistas. Modelo desarrollado en la Clínica Tavistock*, Buenos Aires, Gedisa.

Braier, E. (1981), *Psicoterapia breve de orientación psicoanalítica*, Buenos Aires, Nueva Visión.

Garske, J. P.; Molteni, A. L. (1985), "Psicoterapia psicodinámica breve: un enfoque integrador", in Linn, S. J.; Garske, J. P. (orgs.), *Psicoterapias contemporáneas*. Bilbao, DDB, 1988.

Koss, M. P.; Butcher, J. N. (1986), "Research on Brief Psychotherapy", em Garfíeld, S. L.; Bergin, A. E. (orgs.), *Handbook of Psychotherapy and Behavior Change*, Nova York, Wiley.

Levenson, H.; Butler, S.; Beitman, B. (1997), *Brief Dynamic Psychotherapy*, Washington, American Psychiatric Press.

Marmor, J. (1979), "Short-term Dynamic Psychotherapy", *American J. Psychiat.*, 136, 149-56.

Montado, G. (1995), "Fundamentos de las terapias breves de orientación psicoanalítica", in Defey, D. Elizalde; J. H., Rivera Jorge (orgs.), *Psicoterapia focal. Intervenciones psicoanalíticas de objetivos y tiempo definidos*, Montevidéu, Roca Viva.

Sifneos, P. (1972), *Short-term Psychotherapy and Emotional Crisis*, Cambridge, Massachussets, Harvard University.

Strupp, H.; Binder, J. (1984), *Psychotherapy in a New Key. A Guide to Time Limited Dynamic Psychotherapy*, Nova York, Basic.

Weakland, J.; Fish, R.; Watzlawick, P.; Bodin, A. (1974), "Brief Therapy: Focused Problem Resolution", *Family Process*, 13, 141-68.

Wolberg, L. (1965), *Psicoterapia breve*, Madri, Gredos.

Capítulo 3
Delimitação técnica das psicoterapias

Introdução

Se considerarmos em seu estado atual as psicoterapias oferecidas pelas instituições assistenciais (serviços hospitalares, centros de saúde mental), surge com evidência um problema fundamental: a falta de uma conceituação clara de suas técnicas. Cremos que essa situação se origina, em parte, no desenvolvimento predominantemente empírico dessas terapias, fato que corresponde a condições assistenciais impostas por um montante de demandas pouco propício à elaboração teórica de seus fundamentos. Assim constituídas, nas diversas instituições assistenciais foi sendo moldado um estilo psicoterapêutico que combina, de maneira variável, instrumentos técnicos correspondentes originalmente a diferentes estratégias: de apoio, de esclarecimento e transferencial. O problema reside no seguinte fato: o modo como se articulam esses diferentes instrumentos não corresponde, em geral, a modelos estratégicos definidos e coerentes, motivo pelo qual essas psicoterapias assumem, em princípio, o caráter de um complexo técnico indiscriminado. Isso autoriza a supor que, em sua aplicação, elas permanecem expostas tanto à intuição individual dos terapeutas como às exigências do contexto institucional (da pressão de listas de espera à aceitação variável de diferentes quadros de acordo com seu grau de adequação aos esquemas referenciais ali hierarquizados). É claro, então, que essa situação de ambigüidade teórico-técnica constitui um ponto de urgência no âmbito da assistência, supervisão e docência ligadas a essas psicoterapias. Diante de tal panorama, consideramos útil empreender uma reconsideração do problema. Nosso método consistirá em identificar os instrumentos essenciais correspondentes a distintas estratégias psicoterapêuticas (de apoio, de esclarecimento e transferencial). Essa delimitação constituirá depois o quadro de referência para a discussão do sentido e das possibilidades de associação de instrumentos técnicos vinculados em sua origem a estratégias de mudança diferentes.

Embora nosso estudo se limite a psicoterapias individuais de adultos, é possível que várias das considerações que se seguem possam ser estendidas a terapias grupais e/ou de outras idades evolutivas.

Delimitação de técnicas de psicoterapia com base no critério da coerência entre objetivos, estratégia e instrumentos particulares

Se analisarmos de modo isolado cada uma das técnicas psicoterapêuticas já mencionadas, comprovamos que, em cada caso, seus recursos (enquadre, tipo de vínculo paciente-terapeuta, atitudes e intervenções do terapeuta) são convergentes, tendendo a potencializar-se com vistas à produção de determinados efeitos no paciente. No entanto, essa convergência não é tanto o resultado da aplicação de um modelo operacional explícito quanto uma organização esboçada, implícita, produto decantado de uma longa história de manejos intuitivos.

O que comprovamos é que qualquer uma das técnicas psicoterapêuticas tradicionais corresponde a um princípio de coerência interna. Essa coerência decorre em primeiro lugar da concordância entre os objetivos que se propõe alcançar e a estratégia de mudança adotada para atingir esses objetivos. Em segundo lugar, determinados recursos técnicos (procedimentos, manobras, que designamos aqui, de maneira genérica, como "instrumentos") mostram-se adequados ou não segundo sua congruência com a estratégia de mudança indicada. É, portanto, a estratégia psicoterapêutica global que vai definir como apropriadas certas atitudes do terapeuta (ativo numa técnica, passivo em outra), certas intervenções deste (ora sugestivo-diretivas, ora interpretativas), a delimitação de certo universo de discurso (seja o dos sintomas, seja o das motivações), determinado modo de entender as separações (como perdas num caso, como ocasiões de ser posto à prova em outro), a adoção de certo enquadre etc.

Procuraremos examinar a partir dessa perspectiva os instrumentos necessários e possíveis para cada técnica, destacando sua coerência com a estratégia básica.

Quanto à escolha de parâmetros adequados ao estudo de uma técnica, parece-nos enriquecedor fazê-lo a partir de *vários enfoques complementares*: *psicodinâmico* (em especial com referência à teoria das relações objetais, levando em conta particularmente aspectos transferenciais), *comunicacional* (estudando fenômenos de interação diádica, tais como controle da relação, definição de sua natureza etc.) e com base em conceitos da teoria da *aprendizagem* (enfatizando aspectos pedagógicos no vínculo, a influência do papel social de "especialista", assim como o papel corretivo da experiência do vínculo com o terapeuta).

Como é costumeiro em estudos de técnica, levaremos em conta tão-somente as operações do terapeuta, o tipo de relação por ele proposto e os efeitos que tendem a suscitar suas intervenções e atitudes, e não o repertório de respostas que a cada uma delas possam dar distintos pacientes. Esclarecemos por último que deveremos circunscrever-nos à consideração de três tipos de psicoterapia, em virtude de sua predominância em nosso meio e, de forma concomitante, porque são de técnicas com as quais o autor realiza sua experiência assistencial. Só por essas razões a discussão omitirá outras técnicas – hipnose, condicionamento etc. – que operam com estratégias diferentes.

Psicoterapia de apoio. A terapia de apoio tem como objetivos a atenuação ou supressão da ansiedade e de outros sintomas clínicos, como modo de favorecer um retorno à situação de homeostase anterior à descompensação ou crise. Eventualmente, procura modificar alguns padrões de comportamento, estimulando o ensaio de comportamentos novos durante a experiência terapêutica. A estratégia básica dessa técnica consiste em estabelecer um vínculo terapêutico tranqüilizador, protetor, orientador. Em termos psicodinâmicos, essa relação pode ser interpretada como tendendo a favorecer no paciente uma dissociação entre objetos "bons" e "maus" de uma maneira tal que projete no terapeuta o objeto bom e exclua de sua relação com este o objeto perseguidor (reforço da divalência) (5).

Porém, a função do terapeuta não é meramente a de "tela de projeção", mas a de assumir efetivamente um papel tranqüilizador diretivo. A eficácia dessa terapia depende em larga medida da influência corretiva do vínculo real com o terapeuta ("experiência emocional corretiva").

Derivam dessa estratégia fundamental várias prescrições acerca das atitudes e intervenções do terapeuta. A relação interpessoal deverá ser claramente definida, isto é, os papéis e a tarefa não devem estar sujeitos a ambigüidade (quanto menor a ambigüidade, maior a possibilidade de controle do paciente sobre o objeto perseguidor). Isso significa que se devem evitar os silêncios e o distanciamento afetivo por parte do terapeuta por meio de uma atitude ativa, de diálogo, deste último.

Esses componentes atendem à necessidade estratégica de que a relação seja definida, de maneira tácita ou explícita, como complementar: o paciente em papel subordinado, o terapeuta em posição superior[1].

....
1. Os conceitos de complementaridade e simetria são empregados aqui de acordo com o significado que lhes confere o enfoque comunicacional aplicado a relações diádicas (6). A *complementaridade* foi definida como o intercâmbio, entre os membros de um sistema diádico, de comportamentos estruturalmente diferentes: um dos membros (*one-up*) se encarrega da definição da natureza da relação e, habitualmente, das iniciativas referentes a essa relação. Com isso, exerce o controle da relação. O outro membro (*one-down*) aceita esse controle da relação por parte do outro, adequando-se a ele.
Quando a interação se estabelece com base em comportamentos estruturalmente similares (ambos os membros podem definir a natureza da rela-

Delimitação técnica das psicoterapias 51

Nesse contexto, as intervenções fundamentais do terapeuta são as de tipo sugestivo-diretivo. As interpretações voltadas para o esclarecimento das motivações do comportamento são opcionais, mas não inerentes à estratégia básica de apoio, visto que não é essencial para seus objetivos instalar no paciente uma compreensão do significado de seus transtornos. Nesse aspecto, o universo de discurso próprio dessa técnica carece de complexidade: abrange o plano dos sintomas e de outros comportamentos manifestos.

Interessa-nos chamar a atenção em especial para as incongruências que pode criar num contexto de apoio a inclusão de interpretações transferenciais, já que "denunciar" a transferência idealizadora pode precisamente criar obstáculos ao livre estabelecimento desse tipo de relação transferencial dotada de valor estratégico; da mesma maneira, interpretações sobre a hostilidade transferencial podem favorecer a reintrodução do objeto perseguidor na relação terapêutica. Não pretendemos afirmar que existe uma estrita incompatibilidade entre apoio e explicitação da transferência, mas queremos destacar as precauções a serem consideradas na aplicação dessa técnica.

No mesmo sentido, as separações (intervalos, alta) não devem ser elaboradas pelo paciente como situações persecutórias, de abandono, já que é condição de eficácia que o vínculo terapêutico tenha caráter persistente. Essa continuidade pode ser sublinhada, por exemplo, através da prescrição de drogas, capazes de "representar" o terapeuta mesmo nos intervalos.

Psicoterapia de esclarecimento. Como objetivos desta técnica incluem-se os já mencionados para uma terapia de apoio (recuperação do equilíbrio homeostático expressa em alívio de

....

ção, ou propor mudanças em sua definição, e ambos possuem a possibilidade de tomar a iniciativa), fala-se, então, de relação *simétrica*.

Embora toda relação terapeuta-paciente seja de fato complementar, julgamos que na aplicação de cada técnica a complementaridade assume matizes diferentes, que conferem a esse vínculo diádico, em cada caso, qualidades especiais (particularmente no que se refere a induzir fenômenos transferenciais de qualidade e intensidade diferentes com a aplicação de uma ou outra técnica).

sintomas), aos quais deve-se acrescentar o de desenvolver no paciente uma atitude de auto-observação e um modo de compreender suas dificuldades distinto do oferecido pelo senso comum, isto é, mais próximo do nível de suas motivações e conflitos; em comparação com a terapia de apoio, o universo discursivo se torna aqui mais complexo porque se opera ao mesmo tempo com o plano dos comportamentos manifestos e o das motivações latentes.

A estratégia fundamental consiste em estabelecer uma relação de indagação, centrada no esclarecimento das conexões significativas entre a biografia, a transferência de vínculos básicos conflituosos nas relações atuais e os sintomas. Tem o objetivo de proporcionar uma imagem global dessas inter-relações, mas uma imagem centrada em focos de descompensação, voltada especialmente para o esclarecimento da situação de crise. Tem como objetivo, além disso, estimular a aprendizagem na autocompreensão.

A relação terapêutica assume em larga medida o caráter de uma relação de apoio, com a diferença de que pode funcionar com uma menor dissociação entre objetos bons e perseguidores ao introduzir, por exemplo, como parte dos comportamentos a esclarecer, a consideração de aspectos idealizados e hostis da transferência.

Como, com essa técnica, se tende a estabelecer um processo de aprendizagem que não se baseia no desenvolvimento estratégico da regressão transferencial, revela-se necessário operar aqui criando um *contexto de discriminação*, e não de ambigüidade, frustração ou privação sensorial. É coerente com essa estratégia que o terapeuta atue enfatizando seu *papel real de docente especialista* mais do que o de tela silenciosa para a projeção de papéis virtuais. A relação face a face reforça, por si só, a discriminação da pessoa real do terapeuta e de seu papel específico.

Nessa estratégia, faz-se necessário que o terapeuta adote um comportamento discretamente *caloroso, espontâneo*, no sentido de favorecer um diálogo de certa fluidez, e *ativo*, na medida em que o terapeuta oferece por iniciativa própria explicações "pedagógicas" sobre o método de tratamento, sobre características do funcionamento mental, sobre as expectativas acerca da evolução do paciente etc.[2]

A relação paciente-terapeuta é basicamente complementar, mas deve incluir aspectos simétricos, requerendo também do paciente o papel ativo de fornecer dados na direção que assume em cada momento a busca e de experimentar – identificado com o papel do terapeuta – a formulação de suas próprias interpretações. Como ambos os papéis devem ser ativos, nessa técnica só podem ser úteis os silêncios breves. O terapeuta deve manejá-los com interpretações, perguntas ou sugestões.

A transferência idealizadora deve ser tacitamente aceita, contanto que se mantenha num nível que não distorça a tarefa própria da relação terapêutica, isto é, na medida em que o paciente não adote atitudes passivas que ameacem deslocá-la para uma relação complementar de apoio. Mantida de modo "silencioso", a relação com um terapeuta idealizado pode agir nessa terapia com o mesmo sentido positivo assinalado para a terapia de apoio.

A hostilidade transferencial deve ser explicada imediatamente como atualização da biografia ou como deslocamento de outros vínculos atuais, graças a que uma parcela de sua carga persecutória pode atenuar-se (e isso é necessário para que se mantenha um clima de aprendizagem, que, para funcionar, requer um nível moderado ou baixo de ansiedade).

A nosso ver, a diferença entre essas interpretações transferenciais e as da terapia psicanalítica, centrada na transferência, consiste em que aqui as primeiras têm *uma função de diluir obstáculos* para permitir a manutenção de uma relação de caráter "docente", assim como *uma função esclarecedora* que pode enriquecer a compreensão de uma perspectiva cujo foco não é a própria relação transferencial, mas as relações interpessoais

....
2. Precisamente, um estudo experimental mostrou que, quando o terapeuta adota plenamente e sem reservas um comportamento com essas características, os resultados por ele obtidos são mais satisfatórios (21). Nossas observações sobre material de sessões de vários terapeutas tendem a confirmar esse critério, servindo igualmente de ilustração por sua contraparte: quando o terapeuta age de modo ambíguo, impessoal, controlado, distante ou passivo, o processo terapêutico se vê prejudicado.

do paciente em sua vida cotidiana e atual, bem como os processos intrapessoais envolvidos em tais relações. (Retomaremos este ponto mais adiante, à luz de um cotejo entre as condições em que se aplicam essas terapias e as que oferece o contexto do processo analítico.)

Nessa técnica, as separações devem com freqüência ser consideradas com um enfoque prospectivo, como ocasiões de prova que permitem avaliar como o paciente enfrenta novas tarefas adaptativas, e não necessariamente com um sentido regressivo, que poderia qualificá-las, por exemplo, como situações persecutórias de perda e abandono por parte do terapeuta.

Pode-se ver que o conjunto de aspectos aqui propostos como necessários e específicos dessa técnica de esclarecimento converge no sentido de limitar a regressão transferencial e fortalecer funções egóicas adaptativas.

Psicanálise e interpretação transferencial em psicoterapia. A estratégia psicanalítica, orientada para o desenvolvimento e a análise sistemática da regressão transferencial, ataca a habitual dissociação do paciente em objetos bons e objetos perseguidores ao favorecer a projeção de ambos no analista: tanto o objeto perseguidor como o idealizado são continuamente incluídos na relação médico-paciente (nesse aspecto, o contraste com uma terapia de apoio é total).

A situação terapêutica específica (longo prazo indefinido desde o começo, uso do divã, manejo particular dos silêncios) tem como componente essencial a ambigüidade temporal e espacial (2). O analista tende a mover-se com certa margem de indefinição pessoal. Essa ambigüidade ataca o controle que o paciente tende a exercer sobre seus objetos perseguidores dissociados.

O universo discursivo é complexo, dual, "todo acontecimento é sempre outra coisa". O instrumento terapêutico específico e essencial nesse contexto e para essa estratégia de mudança particular é a interpretação transferencial: "O analista não visa apenas ou fundamentalmente interpretar algo que ocorreu no passado, mas sim o que está ocorrendo neste momento" (10).

Nesse contexto, a regressão, o afrouxamento das defesas são necessários, permitidos, "sugeridos" como aceitáveis e úteis.

Essa técnica tende a criar, com todos esses elementos, uma relação terapêutica complementar complexa, capaz de mobilizar uma intensa ambivalência no paciente. Dizemos "complexa" no sentido de que configura um tipo particular de vínculo paradoxal em que o analista está sempre *one-up*, mas o nega em parte ao ceder ao paciente a iniciativa da verbalização e dos silêncios; e simultaneamente reforça a complementaridade com seu estilo interpretativo, estilo em que, no que se refere à transferência, é sempre ele que "tem a última palavra" (9).

Até aqui, apresentamos o contexto analítico em que a interpretação transferencial adquire um papel terapêutico privilegiado.

Mas, se nos voltarmos para outras psicoterapias e, em especial, para as de instituições assistenciais, quase sempre breves ou de prazo limitado, as dificuldades para se empregar uma estratégia transferencial surgem com toda a evidência em vários aspectos: há uma ausência de ambigüidade espacial e temporal; há uma maior definição pessoal do terapeuta, sobretudo pelo fato de que, estando ele inserido numa instituição, são-lhe atribuídos – e ele costuma assumir – traços definidos dela: existe, por exemplo, um reforço institucional da dissociação entre objetos bons e objetos perseguidores, na medida em que se tende a ver o hospital e o médico como essencialmente protetores e desinteressados – e eles efetivamente desempenham esse papel sob muitos aspectos.

Haveria, além disso, uma contradição entre um enquadre de tempo limitado e um processo no qual as intervenções do terapeuta "propusessem" a regressão e a concentração de afetos do paciente nessa relação bipessoal (a situação se expressaria nesta proposição: "Esta relação que você mantém comigo é muito importante para entender e tratar sua doença; deposite nela todas as suas emoções e expectativas. Mas prepare-se para encerrá-la logo").

É claro que essas dificuldades para trabalhar com a transferência não negam a necessidade iniludível de que, em qualquer psicoterapia, o terapeuta procure compreender em suas diversas facetas os fenômenos de transferência e contratransferência constantemente ativos. Uma clara compreensão dinâmica e certo grau de experiência analítica mostram-se essencialmente necessários mesmo a uma terapia de apoio. Nesse sentido, a *compreensão* da transferência cumpre em toda psicoterapia uma *função diagnóstica e prognóstica* insubstituível: nela se manifesta o saldo da história pessoal, sendo, portanto, um fiel indicador para entender mais profundamente o encadeamento dinâmico de experiências biográficas e atuais.

Outro aspecto do problema, contudo, reside em discutir o papel que corresponde à *interpretação transferencial* como instrumento *operacional* nas psicoterapias que estamos abordando. Essa distinção adverte para a sub-reptícia extrapolação de modelos etiopatogênicos – explicativos – para modelos terapêuticos – operativos –, fenômeno já apontado como fator de confusão freqüente no campo das psicoterapias (20).

Em primeiro lugar, pensamos que, enquanto em psicanálise a análise da transferência constitui o eixo da estratégia terapêutica, em outras psicoterapias essa explicitação da transferência é sempre *só um recurso tático no âmbito de outra estratégia,* que justamente não consiste em produzir mudanças por meio da regressão e da elaboração do vínculo transferencial. Com essa perspectiva, entendemos que assinalar ou interpretar a transferência podem cumprir, por exemplo, numa terapia de esclarecimento, uma *função ilustradora, de exemplificação vivencial – "didática" –,* integrados a uma interpretação mais ampla, que mostre esse comportamento como atualização de vínculos básicos do paciente, isto é, no quadro de uma interpretação que incorpore de maneira constante a história e o "fora".

Do mesmo modo, a interpretação transferencial pode cumprir nessa psicoterapia uma importante *função de "despejo" ou neutralização de obstáculos transferenciais* que entravem o funcionamento da relação de trabalho. Com essa função, a interpretação transferencial pode constituir, em certas psicoterapias de tempo limitado (por exemplo, com pacientes psicóticos ou portadores de graves desordens de caráter), um instrumento terapêutico fundamental, sobretudo numa primeira etapa do tratamento. Não obstante, mesmo assim conserva seu caráter de recurso tático destinado a ser progressivamente restringido à medida que a evolução do paciente (diminuição do nível de ansiedade, atenuação de sintomas) permita pôr em prática outras intervenções terapêuticas antes mencionadas.

O requisito de coerência interna para toda combinação de instrumentos técnicos

No exame das técnicas de psicoterapia, enfatizamos a necessidade de que, em cada uma, em sua manipulação concreta, os objetivos e a organização estratégica de seus instrumentos configurem uma *gestalt*. Dessa perspectiva, discutimos em particular as condições de inserção eficaz da interpretação transferencial em psicoterapias distintas da psicanálise. Julgamos que um emprego desse tipo de intervenções, extrapolado sem modificações do contexto analítico, pode funcionar como uma incongruência, com efeitos que tanto podem ser irrelevantes como prejudiciais para o processo terapêutico. Um questionamento semelhante é válido no que tange à inclusão nessas terapias de atitudes do terapeuta em princípio inerentes ao "papel de analista": distanciamento, passividade, manutenção do silêncio. (Referimo-nos a atitudes prevalentes, isto é, ao estilo psicoterapêutico, o que não elimina a possibilidade de que, com certos pacientes e/ou em determinados momentos de uma psicoterapia, possa ser conveniente em termos táticos que o terapeuta adote alguma dessas atitudes.)

Numa terapia de apoio poderão mostrar-se contraproducentes intervenções sobre a transferência ou voltadas para o nível motivacional do comportamento. Em algumas terapias de esclarecimento, pode ser contraditório dar diretivas. Em lugar de fazer uma enumeração exaustiva das incompatibilidades técnicas, procuramos destacar o problema, que por certo requer um exame particular em cada situação de tratamento. Pensamos que a ausência de uma definição estratégica clara, assim como uma incoerência no manejo de intervenções e atitudes do terapeuta, pode produzir efeitos confusionais, indutores de fracassos e desistências que de modo algum poderiam ser atribuídos a dificuldades resistenciais do paciente.

Por último, retornamos ao critério geral proposto no começo e aplicado no decorrer desta exposição, procurando agora dar-lhe maior alcance em termos de generalização e explicitando melhor seus parâmetros. Sugerimos a necessidade de avaliar a coerência interna de diferentes psicoterapias e propusemos um critério para verificá-la – critério que consiste na análise da convergência ou divergência entre objetivos, estratégia de mudança, e mensagens e metamensagens compreendidas numa série de parâmetros: enquadre, tipo de vínculo que se tende a instalar, universo discursivo, sentido atribuído às separações, controle da relação e definição desta, definição do papel do terapeuta e atitudes deste em seu desempenho, intervenções terapêuticas fundamentais. O que foi apresentado até aqui pode ser resumido num esquema, que pode ser visto nas páginas 59-60, o qual tem as limitações de todo esquema na medida em que obriga a evitar superposições; deve-se entender que seus termos carecem de sentido se considerados isoladamente das conotações que adquiriram no texto. Embora os parâmetros utilizados não esgotem a análise das técnicas mencionadas, cremos que constituem ao menos uma abertura para que estas ou outras técnicas possam ser conceituadas, cotejadas e avaliadas.

Observações de atualização

As delimitações acima surgiram numa época em que, em nosso meio, traçavam-se divisões estritas entre uma psicanálise kleiniana, concebida como rigorosa segundo parâmetros técnicos especificados para essa corrente (elevada freqüência de sessões, ausência de limites de tempo, modalidade silenciosa passivo-receptiva e apenas interpretativa, concentrada seletivamente numa concepção da transferência, entre outros) e psicoterapias de orientação psicanalítica que empregavam outros parâmetros técnicos. Anos depois, os cortes então formulados se relativizaram. Em trabalhos ulteriores, distingui-

	Psicanálise	Esclarecimento	Apoio
Objetivos.	Reestruturação, a mais ampla possível, da personalidade.	Melhora dos sintomas. Manejo um tanto mais discriminado de conflitos, e aprendizagem de auto-observação. (Fortalecimento de defesas úteis, modificação parcial de atitudes.)	Recuperação do equilíbrio homeostático, alívio da ansiedade, atenuação ou supressão de sintomas.
Estratégia básica.	Desenvolvimento e elaboração sistemática da regressão transferencial.	Desenvolvimento de auto-objetivação: compreensão de atitudes e conflitos mais diretamente ligados a sintomas e áreas de descompensação.	Tranqüilização através do vínculo e da experimentação de comportamentos diferentes.
Enquadre: temporal.	Término não estabelecido no começo.	Com freqüência, limitação temporal fixada desde o começo.	Com freqüência, limitação temporal fixada desde o começo.
	Intensivo.	Variável, em geral menos intensivo.	Variável, em geral menos intensivo.
Espacial.	Uso de divã.	Face a face.	Face a face.
Vínculo objetal que tende a instalar.	Transferencial ambivalente alternado com o papel real discriminador. (O primeiro estimulado pelo *setting* e por interpretações, o segundo presente através da atividade interpretativa.)	Reforço da relação real com papel social de "especialista", e correlativa inibição do vínculo transferencial (divalente, com potenciais flutuações para ambivalente), (*setting* e tipo de interpretações convergem para a criação desse tipo de relação).	Transferencial divalente e papel real diretivo (oferecido também como modelo para eventual aprendizagem).

	Psicanálise	Esclarecimento	Apoio
Universo discursivo.	Complexo, ambíguo (múltiplos níveis de significação).	Duplo.	Simples.
Sentido atribuído a separações.	Regressivo.	Prospectivo, adaptativo.	Negadas como tais.
Controle da relação.	Complementar complexa.	Complementar com aspectos simétricos (fluida).	Complementar aceita (estável).
Definição da relação.	Ambígua.	Definida.	Definida.
Definição do papel do terapeuta.	Ambíguo (depositário potencial de múltiplos papéis).	Definido (principalmente como docente).	Definido (fundamentalmente como protetor).
Atitudes básicas do terapeuta.	Passivo-silencioso, interpretativo, distante (quanto ao contato pessoal).	Ativo-participante. Com iniciativas numa relação de diálogo. Discretamente próximo.	Ativo-participante. Com iniciativas diretivas. Muito próximo.
Intervenções essenciais (ferramentas estratégicas).	Interpretações transferenciais.	Interpretações atuais e históricas de vínculos básicos conflituosos (complementadas com interpretações transferenciais).	Intervenções sugestivo-diretivas.

mos terapias de *insight* (elaborativas, reconstrutivas da personalidade), cujas modalidades técnicas empregam um amplo espectro de recursos e parâmetros, de outras teorias de continência e orientação (de suporte) (Fiorini, 1987). Kernberg (2001) propôs ultimamente novas revisões no que se refere a essas delimitações técnicas. Em seu trabalho "Psicoanálisis, psicoterapia psicoanalítica e psicoterapia de apoyo: controversias contemporáneas" [Psicanálise, psicoterapia psicanalítica e psicoterapia de apoio: controvérsias contemporâneas], destaca que em várias escolas desapareceu a distinção tradicional entre psicanálise e psicoterapias psicanalíticas, reconhecendo-se a eficácia terapêutica destes métodos para o atendimento de variadíssimas formas clínicas, assim como a das terapias de casal, de família e de grupo efetuadas com uma menor freqüência de sessões. O autor entende que continua ocorrendo um amplo debate em diferentes escolas sobre as indicações para cada uma dessas modalidades terapêuticas.

Os conceitos de relação empática, vínculo e apego introduziram outros critérios de importância clínica para toda delimitação de modalidades psicoterapêuticas e suas indicações (Kachele, 2001).

Referências bibliográficas

1. Alexander, F.; French, T., *Terapéutica psicoanalítica*, Buenos Aires, Paidós, 1965.
2. Baranger, M. e W., "La situación analítica como campo dinámico", *Rev. Urug. Pisicoan.*, 1, 1961-62, p. 4.
3. Blatt, S., "The Differential Effect of Psychotherapy and Psychoanalysis with Analytic and Introjective Patients: The Menninger Psychotherapy Research Project Revisited", *J. Am. Psychoanal. Assoc.* 40, 1992: 691-724.
4. Bowlby, J., *Attachment and Loss.1. Attachment*, Nova York, Basic, 1969.
5. Bowlby, J. *Attachment and Loss. 2. Separation, Anxiety and Anger*, Nova York, Basic, 1973.
6. Bowlby, J., *A Secure Base: Parent-child Attachment and Healthy Human Development*, Londres, Basic, 1988.
7. Fiorini, H., "Una delimitación amplia de modalidades de psicoterapias", in *El campo teórico y clínico de las psicoterapias psicoanalíticas*, Buenos Aires, Tekné, 1987.

8. Fonagy, P., "El uso de múltiples métodos para hacer al psicoanálisis relevante en el nuevo milenio", in *Psicoanálisis, focos y aperturas,* Montevidéu, Psicolibros, 2001.
9. Haley, J., *Estrategias en psicoterapia,* Barcelona, Toray, 1966.
10. Heimann, P., "Dinámica de las interpretaciones transferenciales", *Psycho-Anal.,* vol. XXXVII, 303.
11. Kachele, H.; Schmucker, G.; Buchheim, A., "Desarrollo. Apego y vínculo. Nuevos conceptos psicoanalíticos", em *Psicoanálisis, focos y aperturas,* Montevidéu, Psicolibros, 2001.
12. Kernberg, O., *Severe Personality Disorders. Psychotherapeutic Strategies,* New Haven, Yale University Press, 1984.
13. Kernberg, O., "Psicoanálisis, psicoterapia psicoanalítica y psicoterapia de apoyo: controversias contemporáneas", em *Psicoanálisis, focos y aperturas,* Montevidéu, Psicolibros, 2001.
14. Marrone, M., *La teoría del apego. Un enfoque actual,* Madri, Psimática, 2001.
15. Rangell, L., "Psychoanalysis and dynamic psychotherapy. Similarities and differences twenty-five years later", *Psychoanal. Quarterly,* 50, 1981: 665-93.
16. Rockland, L. H., *Supportive Therapy. A Psychodynamic Approach,* Nova York, Basic Books, 1989.
17. Sandell, R. *et al.,* "Y el tiempo pasa… investigación de los resultados a largo plazo en psicoanálisis y psicoterapias psicoanalíticas", in *Psicoanálisis. Focos y aperturas,* Montevidéu, Psicolibros, 2001.
18. Sluzki, C.; Kesselman, H., "Efecto placebo y psicoterapia de apoyo en la relación médico-paciente", *Acta Psiquiat. Psicol. Arg.,* 8, 1962, p. 325.
19. Sluzki, C.; Beavin, J., "Simetría y complementariedad. Definición operacional y una tipología de parejas", *Acta Psiquiat. Psicol. Amer. Lat., 3,* 1965.
20. Sluzki, C., "Síntomas e interacción familiar", *Rev. Interamer. de Psicol.,* 2, 1968.
21. Truax, Ch. B. e outros, "Therapists Emphaty: Genuineness and Warmth, and Patient Outcome", *J. Consult. Psychology,* 30, 1966, p. 395.
22. Widlocher, D.; Braconnier, A., *Traitement psychanalytique. Psychanalyse et psychotherapies,* Paris, Flammarion, 1996.

Capítulo 4
A primeira entrevista

Em nossos estudos sobre psicoterapias destaca-se progressivamente com maior evidência o papel crucial que desempenha o primeiro contato com o paciente. Com base em nossa experiência assistencial, coincidente com as conclusões de diversos autores (3, 4, 11), pensamos que a maneira pela qual o terapeuta maneja essa primeira entrevista pode ter uma influência decisiva na continuidade ou abandono do tratamento e, caso este seja mantido, na eficácia que o processo terapêutico[1] possa vir a alcançar.

A partir de materiais estudados em supervisões e grupos de trabalho sobre psicoterapias, verifica-se que não está suficientemente explicitado como deve ser uma primeira entrevista para essas terapias, quais suas necessidades específicas e suas condições de eficácia; tampouco se explicita se essa entrevista pode ter uma estrutura definida. Com freqüência, na prática assistencial, essa entrevista aparece confundida com o

....
1. O problema do abandono da terapia é de uma magnitude inquietante. Vários estudos mostram que, de cada 100 pacientes que comparecem às primeiras entrevistas de diversas instituições, entre 30 e 65 abandonam de imediato o processo (4, 17). Não há dúvida de que esse fenômeno é multideterminado e, entre as variáveis a considerar, estão: tipo de paciente, grupo familiar, condições culturais e socioeconômicas, características da instituição e do terapeuta. Destacaremos aqui o papel particular que pode desempenhar outra das variáveis intervenientes: o tipo de primeira entrevista.

esquema tradicional de história clínica, ou então com certo estilo de primeira entrevista psicanalítica. No primeiro caso, atua-se com um modelo que definiria a entrevista sobretudo como fonte de informação – e quanto mais minuciosa, melhor –, o que leva a investir várias horas na coleta enciclopédica de dados sobre a vida do paciente (modelo de história clínica).

No segundo, tende-se a dar a esse primeiro contato o caráter de fonte primordial de dados para o terapeuta, dados "que no momento oportuno serão devolvidos ao paciente", bem como de ocasião de um acordo formal (aceitação do enquadre e convocação para a primeira sessão), com a idéia de que "o material virá depois, e só o avanço do processo permitirá ver com mais clareza". Nesses casos, o que não aparece (e cremos que em parte por hipertrofia e transferência mecânica da necessária dose de ambigüidade e comedimento do analista no contexto de sua técnica) é, por exemplo, tudo o que o paciente, para iniciar uma psicoterapia, precisa saber do terapeuta e aprender dele justamente nesse encontro inicial.

Em primeiro lugar, é importante destacar o fato de que essa entrevista tem como objetivo cumprir não só funções diagnósticas e de fixação de um contrato, mas que, em psicoterapias, desempenhará sempre, além disso, um papel terapêutico, como o evidenciam investigações destinadas a avaliar efeitos da primeira entrevista (6, 16). Portanto, é preciso que sua ação terapêutica não se exerça meramente pelo efeito placebo do contato inicial, mas que o terapeuta possa também fazer intervenções adequadas, potencializadoras desse efeito.

Quanto a nós, vimos experimentando um estilo de entrevista, seja para iniciar a psicoterapia, seja de orientação e encaminhamento, que é o que exporemos neste trabalho. Múltiplas observações clínicas nos permitiram comprovar que esse enfoque significou criar, logo de início, uma aliança sólida para pôr em andamento o processo terapêutico. Com esse estilo de trabalho, constatamos uma marcada redução no índice de abandonos, inclusive nos casos encaminhados ao final dessas entrevistas.

Com base nessa experiência, julgamos que uma primeira entrevista para psicoterapia deve e pode estruturar-se de modo definido, com traços próprios que a distinguem dos outros tipos de contato inicial.

A partir de nossa perspectiva, essa entrevista, para ser eficaz, deve *cumprir, em fases sucessivas, várias tarefas*:

1. Diagnóstico aproximativo inicial a partir dos dados fornecidos pelo paciente.
2. Esclarecimento inicial do terapeuta acerca da problemática formulada e da orientação terapêutica que decorre do diagnóstico dessa problemática.
3. Elaboração conjunta desse panorama por meio de reajustes progressivos.
4. Obtenção de acordos gerais sobre o sentido e os objetivos que se atribuiriam à relação terapêutica que se proponha instalar entre os dois.
5. Acordos específicos sobre as condições de funcionamento dessa relação (contrato).
6. Antecipações mínimas sobre o modo de conduzir a interação na tarefa.

Consideramos necessários alguns esclarecimentos sobre esse esquema da primeira entrevista:

– A ordem em que propomos as fases segue uma progressão lógica; esta, porém, não pode ser rígida, unidirecional, visto que a discussão de cada ponto leva a reajustar os anteriores, dando-lhes maior precisão.

– O tempo a ser dispendido pelo terapeuta para realizar o processo implicado nesse conjunto de tarefas pode variar segundo sua experiência, grau de formação e o tipo de paciente. *O essencial não é o tempo, mas o processo* que deve instalar-se entre os dois através dessas etapas, *os objetivos a atingir antes de pôr em andamento o tratamento.* (Sem dúvida, se for possível condensar esse processo, maiores serão suas possibilidades de eficácia, dada a estreita solidariedade que existe entre suas fases e porque é preferível consolidar a aliança terapêutica sem delongas.)

– Nossa discussão se baseia principalmente em experiências de psicoterapia individual de esclarecimento. Mas nós a consideramos em larga medida extensiva a outras psicoterapias de tempo limitado, como as de grupos e famílias.

– O que expomos não é *o* esquema, e sim *um* esquema de entrevista que procura organizar dados de nossa experiência pessoal e de várias investigações sobre o tema. O grau de generalização a que este esquema possa aspirar deverá ser verificado mediante investigações mais rigorosas do que as do método clínico com o qual registramos nossas observações[2].

Passamos a comentar as diferentes fases ou momentos da primeira entrevista antes delineados.

1. O diagnóstico. A informação que o paciente fornece

Cremos ser função de uma primeira entrevista estabelecer o diagnóstico do paciente em três planos fundamentais:

a) *Clínico e psicodinâmico*. A busca inicial voltada para uma primeira síntese diagnóstica pode localizar-se na coleta seletiva de dados referentes a:

1. *Sintomas principais* que motivam a consulta, tempo de evolução e circunstâncias de variação, supressão ou agravamento.

2. *Grupo familiar* do paciente, estrutura, marcos em sua evolução, doenças importantes, clima emocional, papéis.

3. *Relação sucesso-fracasso* no comportamento do paciente com relação a diversas áreas adaptativas e com perspectiva evolutiva: amadurecimento, jogos, estudo ou trabalho, sexualidade, sociabilidade, auto-estima. (Isso equivale à avaliação do ego.)

4. *Aspectos interacionais* do comportamento do paciente *na entrevista* (modalidades da comunicação, dados transferenciais

....

2. Essas investigações deverão mostrar-nos, por exemplo, se o que agora pode ser proposto como um esquema geral de entrevista deverá desembocar numa diversidade de tipos de entrevista ajustados segundo variações na díade tipo de paciente–tipo de terapeuta.

A primeira entrevista 67

e contratransferenciais, identificação de estruturas de comportamento predominantes).

A busca de dados sobre cada um desses planos deve ser necessariamente seletiva, guiada por uma constante atividade de análise e síntese do terapeuta que se oriente para a construção de um modelo compreensivo preliminar global, etiopatogênico, clínico e psicodinâmico[3]. Esse modelo se condensaria numa interpretação panorâmica inicial [exemplo I]. Nesse processo de quebra-cabeças progressivo, cada peça sugere o caráter do dado imediatamente necessário. O paciente registra sempre a presença ou ausência dessa atividade orientadora do terapeuta com uma clara alternativa: experimentar a segurança de que está com um especialista que "sabe para onde vai", ou a sensação oposta de mal-estar, incerteza e confusão, que pode fazê-lo duvidar da idoneidade do terapeuta. [Nesse sentido, as declarações de pacientes que desistem depois da primeira entrevista são altamente ilustrativas (11).]

Uma intervenção útil do terapeuta, destinada a evitar a incerteza inicial e seus riscos, consiste em começar dando um enquadre para essa primeira entrevista, em esclarecer o seu sentido e os passos que deverão ser dados para atingir seus objetivos[4].

b) *O diagnóstico da motivação e das aptidões do paciente para a psicoterapia.* Cremos que o conceito de motivação para o tratamento ainda não recebeu, em nosso meio, toda a atenção que merece. Com esse termo, abrangem-se comumente diversos aspectos do comportamento do paciente, suas expectativas de

....
3. Trata-se, sem dúvida, de uma primeira aproximação, suscetível de ulterior enriquecimento e reajustes por meio dos dados que venham a ser fornecidos por outros métodos (psicodiagnóstico, entrevista familiar), assim como pelas entrevistas posteriores.
4. A entrevista tem uma tarefa: o diagnóstico e a orientação terapêutica. Mas requerem-se também *tarefas* destinadas a *criar as condições* adequadas ao cumprimento daquela função principal. Todas as explicitações porventura feitas pelo terapeuta sobre o método e os fins da entrevista são essenciais para criar essas condições. *A luta contra a ambigüidade* deve ser, desde o começo, um princípio diretor em psicoterapia breve.

cura, sua disposição para aceitar a psicoterapia, suas aptidões para participar desta de modo ativo. Alguns autores insistiram especialmente nos *componentes inconscientes* do comportamento para com o terapeuta, destacando em particular a importância da transferência inicial e das fantasias de doença e cura com as quais o paciente chega à consulta (7, 13). Outros autores enfatizam o papel das aptidões ou capacidades egóicas do paciente, reforçáveis em seus *aspectos conscientes*. Com esse enfoque (12, 13), um paciente apresenta boa motivação para iniciar uma *psicoterapia de esclarecimento* se nele se podem identificar:

1. O reconhecimento do caráter psicológico de seus transtornos.
2. A capacidade de introspecção e sua disposição para transmitir com honestidade o que possa reconhecer de si mesmo.
3. O desejo de compreender-se, a atitude de participação ativa na busca.
4. A disposição para experimentar, para tentar mudanças.
5. A esperança de que o tratamento obtenha resultados positivos.
6. A disposição para realizar certos sacrifícios para chegar a esses resultados.

Se o paciente carece dessas condições, dever-se-á descartar a indicação de técnica de esclarecimento. Em contrapartida, ele poderá beneficiar-se com uma psicoterapia de apoio, diretiva, supressiva de sintomas.

Em conjunto, o que se requer é avaliar a aptidão do paciente para estabelecer um compromisso de trabalho e para tirar proveito da experiência terapêutica. Como indicadores prognósticos da resposta ao tratamento, com base nos quais seja possível selecionar adequadamente os pacientes, *ambas as séries de parâmetros (conscientes e inconscientes) devem ser levadas em consideração*. O que acontece, segundo cremos, é que os critérios arrolados no enfoque "egóico" da motivação são suficientes para prognosticar o paciente apto, porque a presença de tais comportamentos traz consigo implicitamente fenômenos transferenciais e fantasias de doença e cura compatíveis com o aproveitamento da experiência terapêutica. Contudo, essa série de aspectos manifestos, útil para traçar o perfil do paciente ideal, é insuficiente para compreender todos os planos de dificuldades potenciais a avaliar em numerosos pacientes *problemáticos*. É com esses pacientes – *problemáticos* do ponto de vista de sua motivação para o tratamento – que mais devemos recordar que o diagnóstico dessa motivação não pode ser estático, fundado no que o paciente *traz* para a entrevista, ou seja, individual ou intrapessoal, mas que deve ser posto à prova como fenômeno interacional, com tudo o que o terapeuta possa fazer para estimular sua motivação[5] (exemplo II).

A motivação é um dado importante para a escolha final do tratamento, mas deve ser considerada em relação com outros planos do diagnóstico e com dados que emergem no processo interacional da entrevista.

c) O diagnóstico das *condições de vida do paciente*. Referimo-nos, por um lado, às condições que se vinculam diretamente à possibilidade de que o paciente inicie e possa manter com regularidade um tratamento que costuma exigir esforços maiores do que os tratamentos tradicionais na prática médica. Requer avaliar estabilidade geográfica, horários, situação econômica, lugar de residência, obrigações familiares, e todos esses pontos devem ser considerados, não isoladamente, mas em relação com os outros planos do diagnóstico. Mas, além disso, esse diagnóstico visa identificar fatores patogênicos nessas condições de vida (que contribuem para a doença), assim como os recursos do meio que possam contribuir para a cura (potencial *terapêutico* utilizável das condições de vida).

....

5. O estudo de procedimentos que permitem fazer, desses pacientes "difíceis", sujeitos mais aptos para a tarefa psicoterapêutica abre, por certo, um capítulo de enorme importância assistencial. Nessa linha, vale a pena mencionar Arnold P. Goldstein e sua equipe da Universidade de Siracusa, que vêm desenvolvendo amplas investigações sobre o tema (6). Esses estudos destacam que o contato inicial condensa fenômenos interacionais complexos, que fazem da situação-primeira-entrevista um campo dinâmico muito rico, digno de uma dedicação especial.

2. A informação que o terapeuta devolve inicialmente. Esclarecimento do problema e reforço da motivação

Assim como para o terapeuta é essencial no primeiro contato conhecer dados da doença, saber o que o paciente pensa de seus transtornos e quais são suas expectativas no que tange ao tratamento, *também é essencial para o paciente saber o que pensa o terapeuta* de todos esses pontos. A tarefa da primeira entrevista (decidir se é factível constituir um vínculo terapêutico com base em certa informação compartilhada) encontra sua matéria-prima, numa primeira fase, na informação que o paciente fornece, orientado pelo terapeuta. Num segundo momento, a tarefa passa pela informação que o terapeuta possa fornecer, por sua capacidade de resposta às perguntas do paciente. Essa reciprocidade de direitos à mútua informação nos parece uma regra interacional característica dessa primeira entrevista. Considerando-se o inevitável desnível de papéis, essa entrevista precisa funcionar com a maior simetria possível (nas sessões subseqüentes, a assimetria do vínculo está fadada a acentuar-se, entre outros aspectos, pela combinação seletiva que o terapeuta poderá fazer entre respostas no manifesto e interpretações sobre o latente ou entre interpretações de conteúdo e interpretações de forma). Nessa fase da entrevista, cabe ao terapeuta oferecer ao paciente uma imagem global, introdutória, porém a mais precisa possível, sobre o diagnóstico, em primeiro lugar, e sobre o prognóstico ligado a uma perspectiva de tratamento. Ao dizer *diagnóstico*, referimo-nos primeiramente ao dinâmico, que se expressa na formulação interpretativa de um conflito nuclear, unificador dos problemas relatados pelo paciente. Mas, em conexão com essa formulação global, exige-se o delineamento de uma perspectiva terapêutica que sugira o tipo de tratamento, tempo aproximado de duração e objetivos que se proporiam para ele.

3. Confrontação entre as expectativas do paciente e a perspectiva do terapeuta. Reajustes e buscas de acordos

Julgamos que um momento prévio essencial a qualquer proposta concreta de tratamento consiste na instalação deliberada, por parte do terapeuta, de um diálogo aberto entre os dois acerca de suas expectativas mútuas. Duas pessoas que chegam a essa relação com uma cosmovisão (11, 15), experiências e informações (3) muito diferentes sobre psicopatologia e psicoterapia precisam chegar, antes por aproximações sucessivas do que por rápidos acordos, a uma zona de encontro das diferenças de perspectiva entre as duas, localizar as discrepâncias e enfrentá-las. Trata-se de desocupar o campo de confusões, ambigüidades e desacordos implícitos, todos eles fatores de interferência para um eficaz cumprimento do contrato e para o funcionamento do processo terapêutico. O papel do terapeuta é, nesse contexto, incentivar o paciente a questionar, formular dúvidas e objeções a tudo o que foi exposto. Porque o problema não consiste apenas em ver *o que* o paciente *precisa* fazer, mas em considerar, além disso, *o que ele está disposto a fazer*, quais suas disposições e suas dificuldades para se tratar (exemplo II). A importância desse momento de intercâmbio é crucial; nele se decide a consolidação de uma aliança terapêutica. Enquanto o tratamento proposto não satisfizer certas expectativas do paciente, o risco de abandono é iminente (10). (Ver exemplo clínico IV.) Um estudo de abandonos em 100 pacientes ambulatoriais (3) mostrou que os terapeutas com maior índice de desistência (46%) tiveram com os pacientes uma atitude rígida, pouco comunicativa, comparada com os de índices mais baixos (16%). Destacamos a existência de vários níveis de ação sobre o paciente envolvidos na abertura de um diálogo sobre suas expectativas de tratamento. Esse diálogo cumpre uma função de elucidação, capaz de reforçar a motivação inicial para aceitar uma psicoterapia. A busca ativa, por parte do terapeuta, das dúvidas do paciente tem também uma função de apoio, de continência dirigida a partes infantis do paciente; há alguém que recebe, com seus conhecimentos e com sua tolerância, *uma criança* que duvida, que até nutre desconfiança com relação a ele e seu tratamento. A elucidação das expectativas não apenas permite consolidar o vínculo; cumpre além disso uma função terapêutica específica: uma determinada imagem de futuro passa a ser ativamente incluída no presente da tarefa (5). Há evidências experimentais de que a explicitação dos resultados que se espera alcançar com o tratamento vincula-se significativamente a melhores resultados. (Ver exemplo clínico V).

Em todo esse processo de intercâmbio, é importante *que a abertura do terapeuta às objeções do paciente seja real e sincera*: que a liberdade de decisão do paciente seja tangível e não meramente formal. Para isso, suas dúvidas conscientes deverão ser consideradas, antes de mais nada, em seus aspectos adultos e conscientes, e deverão receber, antes de mais nada, informação. Qualquer precipitação interpretativa do terapeuta poderá ser vivida como uma intrusão ainda *não autorizada* pelo paciente, como um desconhecimento de suas partes adultas. Isso é decisivo, na medida em que um aspecto importante da aliança terapêutica se estabelece com as partes adultas do paciente. Em nossa experiência das primeiras entrevistas, essa fase girou em torno de problemas como: "Doutor, temo que no tratamento o senhor me obrigue a me divorciar como única solução para minhas angústias" ou "Escutei num programa quando a gente se mete nesses tratamentos, depois não consegue mais deixá-los, de modo que eu também não sei..." *Algumas dessas reservas teriam atuado sub-repticiamente, como resistências mais obscuras, se não tivessem sido ativamente indagadas no primeiro contato.* Só por meio desse processo que consiga instalar um vínculo e torná-lo confiável mediante a elucidação de seus sentidos e alcances é possível para o paciente aceitar a proposta concreta de um contrato terapêutico de um modo mais sólido (exemplo VI).

4. Proposta de um contrato terapêutico.

Antecipações sobre a tarefa

Se se chega a propor um contrato terapêutico através do processo descrito de explicitações e acordos gerais, os aspectos referentes a detalhes sobre o tratamento a iniciar podem ocupar um breve período de tempo. Compreendem especificações sobre horários (freqüência e duração das entrevistas), eventualmente honorários e duração do tratamento.

Já se assinalou a utilidade de oferecer ao paciente uma preparação mínima para facilitar o começo de sua psicoterapia. Aceitando-se esse critério, o momento final da entrevista consiste em indagar que informações o paciente tem sobre o funcionamento da relação terapêutica. Para o paciente não informado, o terapeuta poderá antecipar sumariamente o caráter da tarefa e os respectivos papéis de um e outro nesta. Pode-se avaliar o sentido desse tipo de preparação no método desenvolvido por uma equipe que trabalha com psicoterapias breves em Baltimore, EUA (4, 5, 7). Trata-se de uma entrevista denominada "entrevista indutora do papel do paciente", na qual um membro experiente do *staff* instrui os pacientes, imediatamente depois de sua admissão para a psicoterapia, sobre os seguintes aspectos:

a) Visão geral da psicoterapia como método de aprendizagem.

b) Caracterização dos respectivos papéis, paciente e terapeuta, elucidando que comportamento se espera de cada um.

c) Antecipação do surgimento de fenômenos resistenciais, a propósito dos quais se esclarece que são universais, e que, longe de indicar um mau curso do tratamento, são um reflexo do grau de compromisso com ele.

d) Formulação realista das expectativas sobre resultados a obter em poucos meses de psicoterapia. Quando da alta, o paciente não terá eliminado seus problemas, mas o processo de aprendizagem vivido o ajudará a enfrentá-los melhor.

Uma investigação avaliou os resultados da psicoterapia num grupo de pacientes que teve a entrevista *indutora* e os comparou com os de outro grupo (controle) que não teve essa entrevista. Ambos os grupos eram comparáveis no que se refere à patologia, à classe social, ao sexo, à idade etc., e a psicoterapia empregada foi a mesma. O grupo experimental (motivado ou *induzido*) extraiu do tratamento maiores benefícios: mostrou maior facilidade para funcionar na relação terapêutica, compareceu às sessões com maior regularidade e apresentou uma melhora mais acentuada quanto a alívio de sintomas e a reajustamento social.

Papel da interpretação na primeira entrevista. Ao longo de nossos comentários, indicamos o papel desempenhado na entrevista por reformulações, perguntas, sugestões, informações oferecidas pelo terapeuta. Segundo cremos, as condições e possibilidades da interpretação merecem uma atenção particular. Em primeiro lugar, *a possibilidade* de manejar a entrevista com um enfoque interpretativo enfrenta o risco de uma reação negativa do paciente, que pode sentir-se invadido em excesso, ou desqualificado em suas idéias sobre sua própria situação, antes de ter conhecido e aceitado as regras do jogo de uma relação terapêutica (1). Alertamos para o caráter desqualificador que o manejo interpretativo pode assumir num contexto que não é o de uma sessão de psicoterapia, mas o de uma consulta orientadora. Porém, levando em conta as características desse outro contexto, que exige um cuidadoso manejo da interpretação, a *necessidade* de que o terapeuta interprete se mostra inevitável em dois aspectos:

a) No que diz respeito ao diagnóstico, é fundamental que o terapeuta possa já oferecer, mesmo com as limitações dos dados que extrai num breve período de tempo, uma visão panorâmica do sentido da doença, do conflito central ligado ao motivo da consulta. Essa interpretação proporciona uma imagem nova dos transtornos (função esclarecedora), ao mesmo tempo que oferece um exemplo do que pode ser o processo terapêutico (função didática e reforçadora da motivação). Constrói, além disso, o quadro global compreensivo do qual decorrem os objetivos e a estratégia terapêutica (função diagnóstica das aptidões do paciente, importante indicador sobre o tipo de técnica a escolher).

b) Diante de alguns dos obstáculos que interferem na possibilidade de o paciente aceitar um tratamento e comprometer-se com o contrato terapêutico, a interpretação transferencial pode com freqüência desempenhar um papel decisivo. Sua função é neutralizar ansiedades ligadas a fantasias transferenciais intensas que podem precipitar a desistência a curto prazo. Destina-se a reforçar a motivação para o tratamento e, só num plano secundário, a esclarecer em si aspectos do comportamento do paciente, tarefa que requer um *timing* mínimo. O essencial na primeira entrevista é instalar o vínculo e esclarecê-lo em seu significado e alcance. Compreender em conjunto o comportamento do paciente é tarefa do restante do processo terapêutico.

Comentários e exemplos clínicos

I. Um exemplo de interpretação panorâmica inicial numa primeira entrevista. Trata-se de uma paciente solteira, de 20 anos, proveniente de uma família do interior mal constituída, que deixou sua casa aos 10 anos e foi viver com um casal de idade, sem filhos, que a adotou como afilhada. Os sintomas que motivaram a consulta são angústia e depressão vinculadas ao fato de ter tido relações sexuais com um rapaz que depois a abandonou. A paciente pensa que o que a afeta é a culpa por suas relações sexuais. Na entrevista, fornece informações mais detalhadas sobre sua infância e sua vida atual. A interpretação do terapeuta expressa: "Sem dúvida, a culpa que você sente por essa experiência de iniciação sexual é importante. Mas isso está ligado não só ao fato de que o sexual tenha sido para você sempre algo mau, proibido, mas a outros aspectos seus: por um lado, à moral duvidosa que observou em sua mãe, junto com todas as críticas que você deve ter feito a ela. Por outro, ao fato de que passar a ter vida sexual é em certo sentido deixar de ser menina, é como um passo de crescimento, e isso deve angustiá-la porque lhe anuncia a possibilidade de ter de deixar seus pais adotivos, mas já não'por ter pecado', mas'por ter crescido'."

Nesse exemplo, pode-se ver que a interpretação panorâmica interpreta os sintomas como expressão de um conflito nuclear, vincula componentes arcaicos e atuais do conflito, inclui a luta de elementos regressivos e adaptativos no comportamento. Devolve ao paciente, logo de início, uma imagem global retraduzida de sua situação. O aspecto decisivo de seu efeito não está tanto na profundidade, com precisão de matizes, de seus diversos componentes, mas no fato de que visa, desde o princípio, pensar na situação como uma totalidade que inclui numerosos parâmetros; isto é, que já organiza – mesmo que apenas "rascunhada" – uma estrutura.

II. Trata-se de uma paciente "difícil" do ponto de vista de sua motivação e aptidões para a psicoterapia. Uma mulher de 40 anos que comparece à consulta particular em virtude de angústia e depressão intensas, ligadas a um recente recrudescimento de conflitos conjugais existentes há muito tempo. Não pode iniciar um tratamento longo porque 9 meses depois partirá numa viagem (já organizada) que lhe ocupará todo o ano seguinte. Tampouco pode aceitar um contrato terapêutico de tempo limitado: a simples idéia de fixar dias e horas regulares de sessão produz nela uma angústia intolerável. Por essa razão, consultara vários médicos sem poder iniciar um tratamento. A paciente mostrava na sessão comportamentos fóbicos e histéricos. O terapeuta entendeu que a dificuldade mais imediata residia numa severa claustrofobia ante o enquadre. Teve então de atender a vários planos de problemas formulados. A paciente pedia ajuda e esclarecia que a ajuda oferecida até aquele momento – com enquadres – não podia ser aceita por ela. Sua fobia ao vínculo terapêutico costumava levá-la a negar que de fato precisara dele. E ao mesmo tempo ia a consultas porque como estava não podia continuar. O terapeuta trabalhou então, primeiro, na direção de dar-lhe maior consciência da doença e da necessidade de tratamento. Depois precisou oferecer-lhe um vínculo *aberto*, isto é, sem compromissos: não haveria entrevistas com horários preestabelecidos. Elas ocorreriam quando as possibilidades dos dois coincidissem e sempre em face de um novo chamado da paciente.

O trabalho em cima desses problemas, analisando as resistências da paciente ao tratamento, suas ansiedades fóbicas transferenciais, discriminando com ela diferentes aspectos do problema "aceitar o tratamento", tomou ao todo oito entrevistas, realizadas do modo irregular que fora combinado durante dois meses. Simultaneamente a paciente foi medicada. Ao final desse período de trabalho, a paciente pôde aceitar uma psicoterapia de tempo limitado com sessões regulares em horários fixos. Os resultados foram considerados, ao término desse período, moderadamente satisfatórios: alívio dos sintomas, maior compreensão (não resolução) de sua problemática conjugal, retomada de atividades que tinham sido abandonadas. Num acompanhamento realizado quando a paciente voltou de viagem, e à luz de sua experiência posterior, a psicoterapia foi considerada muito produtiva.

III. Este é um exemplo de psicoterapia abreviada por decisão do paciente, na qual, até a última sessão, ambos os participantes mantiveram diferentes expectativas sobre o tratamento sem explicitação prévia de suas discrepâncias.

Uma paciente de 22 anos comparece à consulta hospitalar por causa de um estado de angústia que a vem afetando nos últimos meses (nervosismo, insônia, cefaléias) a partir do momento em que teve de abandonar um trabalho bem remunerado porque lhe pareceu que a empresa estava metida em negócios *escusos*. Seu salário representava a maior receita da casa, visto que seus pais e irmãos mais novos têm ocupações irregulares, mal pagas. Ela é a responsável pela casa, em quem todos se apóiam. Planeja casar-se nos próximos meses. O terapeuta pede uma série de dados *standard* para elaborar a história clínica, depois maiores especificações sobre os problemas atuais, e marca uma segunda entrevista para a paciente, "a fim de continuar vendo sua situação". Medica-a com um ansiolítico. Não propõe um contrato terapêutico nem especifica ainda objetivos. Mas sua expectativa é poder esclarecer a paciente sobre o significado oculto de seus sintomas. Quando a paciente comparece à segunda entrevista "muito melhor", isto o desgosta, pois nota que ela vai querer ir embora em breve. Sucedem-se quatro sessões, nas quais o foco se centra no problema de seu casamento e na culpa que pode sentir por deixar a família. Na sexta e última entrevista, a paciente informa que sua melhora se acentuou, que conseguiu um novo trabalho com melhor remuneração e que viu com o namorado uma casa adequada às suas necessidades. Está se desligando de seus familiares e comprova que eles conseguem se virar sozinhos. Pensa que o tratamento "cumpriu sua missão". O terapeuta se inquieta, não pode deixá-la ir assim, "tão rápido, sem terminar de ver suas coisas". A paciente esclarece que tem de interromper o tratamento porque seu trabalho a ocupa no horário da consulta e porque conseguir o que conseguiu era tudo o que esperava. O terapeuta aceita (não tem alternativa) e fica entre intrigado e frustrado; não considera que o tratamento tenha sido completado, mas também não tem certeza de que haverá recaídas e de que por isso deveria tentar reter a paciente. É evidente que o terapeuta baseia suas expectativas num esquema de mudanças por *insight*, inadequado para compreender outros fenômenos que concorreram para a melhora e que possam ter sido mobilizados naquele breve período de tempo.

IV. As desistências costumam ser muito ilustrativas da problemática da primeira entrevista.

Um paciente de trinta anos pede uma consulta por causa da angústia e da depressão que o acometem há seis meses e que foram aumentando até prejudicar seu rendimento, razão pela qual decide finalmente consultar-se. Separou-se há um ano da esposa e de um filho de dois anos. A separação ocorreu depois de três anos de casamento com dificuldades de comunicação e desacordos quanto ao modo de viver de cada um. Por fim, houve infidelidade da mulher, que precipitou a separação, embora o relato seja pouco preciso no que se refere aos fatos que desembocaram no rompimento. No princípio, o paciente aferrou-se ao trabalho e a uma vida social intensa, fato que não impediu a progressiva redução de suas forças e o aparecimento de sintomatologia depressiva, que ele relaciona sobretudo com o fato de sentir falta do filho, que vê uma vez por semana. Sua história pessoal impressiona. A mãe era prostituta, com uma vida muito irregular: não conheceu o pai. Foi criado passando de uma família a outra com intervalos de alguns meses. As mudanças foram constantes. Finalmente, viveu dos oito aos dez anos com a avó, com esporádicos reaparecimentos da mãe, até que deixou de vê-la por ter ela ido viver no exterior, faz cinco anos. Sua avó morreu pouco depois. Não tem parentes. O paciente é muito eficiente em seu trabalho e líder respeitado no grupo social em que atua, que é "tudo para ele". Recorre ao hospital para que lhe dêem algum medicamento que lhe alivie os sintomas, sobretudo suas crises de angústia. Não sabe a que se devem essas crises, nem sequer imagina. Durante o processo de contato inicial (três primeiras entrevistas), são-lhe prescritos ansiolíticos, e o paciente se sente consideravelmente aliviado. Depois de poucas sessões, dá a entender que já está melhor, que o tratamento atingiu seus objetivos. O terapeuta julga que aceitar apenas a mudança nos sintomas como fim do tratamento não é bom, que o paciente em questão tem problemas importantes a elaborar. Procura esclarecer o significado dos sintomas e orienta a relação para uma terapia de esclarecimento (*insight*). O paciente falta às sessões seguintes. O terapeuta marca novas consultas, ele comparece a uma, depois volta a faltar. O paciente diz que já "se sente bastante bem", que é melhor parar por ali. O terapeuta tende a considerar essa desistência um fracasso do tratamento. A esta altura e com estes dados, devemos nos perguntar onde está o "fracasso".

Queremos enfatizar a ausência de acordos preliminares, necessários para que um tratamento determinado, com objetivos explícitos aceitos por ambos, realmente se ponha em andamento. Através dessas poucas entrevistas, paciente e terapeuta mantiveram expectativas diferentes sobre a tarefa que têm em comum. Não é possível passar por cima deste desacordo básico: mais necessário que dirigir a atenção do paciente para os conteúdos da doença com maior especificação é estabelecer acordos sobre a natureza e os fins do vínculo terapêutico[6].

....

6. Uma consideração adicional sobre esse caso e o problema dos objetivos limitados ao alívio dos sintomas. Consideramos que o comportamento desse paciente transmitia uma mensagem: ele não estava em condições de suportar uma ruptura de suas defesas maníacas e obsessivas instaladas para lidar com sua separação. Talvez a mensagem refletisse o grau de tolerância à ansiedade que a economia psíquica do paciente podia agüentar.
Podemos supor que só perante um alívio de sua ferida narcísica (ter ficado sozinho "outra vez na vida"), como aquele que lhe poderia proporcio-

V. Uma paciente solteira, de 34 anos, é internada no hospital por grave tentativa de suicídio com barbitúricos; foi levada a isso pelo fracasso de uma relação amorosa e por lhe parecer insuportável a convivência com a mãe (melancólica grave que descarregava na filha toda a sua depressão).

Havia quatro meses que queria ir morar sozinha, mas a mãe insistiu que isso a deixaria doente, criando muita culpa na paciente e sensação de impotência para dar esse passo. Nas primeiras entrevistas, depois de estudar todos os elementos abarcados em sua história, seus médicos (plantonista e residente) lhe formularam explicitamente os objetivos: internação durante dois ou três meses para aliviar a depressão, elaborar a culpa sentida diante da mãe por ir morar sozinha, ver possibilidades futuras vinculadas à sua profissão (nunca exercida) e estudar de que maneira, com a alta, a paciente poderia efetivamente ir morar sozinha. (Entrevistas iniciais com o grupo familiar mostraram que a mãe tinha uma personalidade melancólica grave que tornava realmente muito difícil a convivência com a filha.)

A paciente aceitou os objetivos propostos. Sua evolução foi favorável, os objetivos foram atingidos. Continuou sua psicoterapia como paciente externa. Passados 15 meses, era notória a consolidação de suas mudanças adaptativas, familiares e intrapessoais (começou a trabalhar com sucesso, incrementou sua auto-estima, vivia de maneira independente). Nessa época, comentou com o terapeuta: "Creio que me ajudou muito encontrar no hospital algo bem concreto; o fato de que me formulassem metas definidas a atingir. Antes, consultara três ou quatro psiquiatras que me davam algum medicamento e me diziam coisas sobre mim, mas eu nunca soube aonde queriam chegar

....
nar o encontro de uma nova companheira, o paciente pudesse tolerar essa mobilização de ansiedades que significa ficar frente a frente com toda a sua vida de perdas e abandonos.

Ao falar de motivação para o tratamento, deveríamos incluir, como dimensão fundamental do que se denomina "disposição para indagar sobre si mesmo", um componente dinâmico particular dessa disposição que é a *tolerância à mobilização de ansiedades de determinada estrutura de personalidade numa situação vital específica*. Mudanças na situação vital podem acarretar variações no grau de tolerância à ansiedade e, por conseguinte, modificar a motivação para o tratamento.

com tudo isso. Lembro-me sempre da primeira conversa que tivemos quando me internei; ela me deu muita confiança porque vi que vocês sabiam que direção imprimir ao tratamento, que entendiam bem aquilo de que eu precisava."

VI. Em nossa experiência assistencial, hospitalar e privada, atendemos em primeiras entrevistas de caráter diagnóstico, de orientação ou destinadas a iniciar um tratamento um número considerável de pacientes (não menos que 600 em oito anos). Uma parcela deles, por volta de 50 pacientes entrevistados nos últimos três anos, merece atenção especial. Trata-se de pessoas que tinham procurado um ou mais profissionais (psiquiatras, psicólogos, psicanalistas) nas últimas semanas anteriores à consulta. Interrogados sobre as razões desse vagar por diferentes consultórios, com extraordinária freqüência as respostas foram: "O que ele me disse não me deixou satisfeita, não esclareceu minhas dúvidas, propôs-me que começasse o tratamento e que depois veria." "Não soube me explicar o que tenho, se é grave, quanto tempo levarei para curar-me." "Não soube convencer-me de que eu devia me comprometer com um tratamento assim por tanto tempo." "Não me esclareceu o que se pode obter de todo esse esforço, o que vou conseguir." "Não gostei do modo como me tratou, muito frio, muito distante, eu não sabia se ele entendia o que estava acontecendo comigo, nem se concordava ou não com o que eu lhe dizia." "Não vi muito sentido em ir lá com todo este problema que me angustia tanto e ele começar a perguntar se eu me masturbava quando menina ou se vi as relações sexuais de meus pais." "Saí muito mal dessa entrevista, fez-me interpretações que me angustiaram muito."

Não se trata por certo de negar, como freqüentemente o faz o paciente, o papel que podem desempenhar nesse desencontro suas próprias resistências. Mas o que importa é ver que, *além disso, determinadas omissões ou atitudes rígidas do terapeuta facilitam essas resistências.*

Cremos que essas atitudes do terapeuta, em lugar de voltar-se para a consolidação de uma boa *aliança terapêutica,* contribuem para criar nesses casos uma poderosa *aliança resistencial.* Um indício disso é que, na maioria desse conjunto de pacientes que menciono, as resistências não foram de uma magnitude tal que os impedisse de iniciar e conservar depois uma relação terapêutica. Neste trabalho, estamos discutindo aspectos técnicos da primeira entrevista. Por trás desses aspectos, escondem-se numerosos problemas contratransferenciais de instituições e terapeutas, cujo estudo abriria sem dúvida um capítulo importante para a compreensão de desistências e de outras dificuldades em psicoterapia. Em ampla proporção desses casos – com várias primeiras entrevistas malogradas –, pareceu-nos detectável no comportamento dos entrevistadores a atuação no papel de um superego rígido, exigente, mais disposto a pressionar do que a elaborar com o paciente seu ingresso no tratamento.

Nesse aspecto, por certo, poucas idéias nos parecem tão verdadeiras quanto a distinção de Ronald Laing: "O paciente, antes que um-objeto-a-mudar, é uma-pessoa-a-aceitar."

Referências bibliográficas

1. Arroyo, V.; Fischer, L.; Schwartz, N.; Wajssman, P., "Comienzo del vínculo terapéutico: el primer encuentro", in Kesselman, H., *Psicoterapia breve*, Buenos Aires, Kargieman, 1970.
2. Bernstein, B., "Social Class, Speech Systems, and Psycho-therapy", in Riessman, F.; Cohen, J.; Pearl, A., *Mental Health of the Poor*, Nova York, Free Press, 1964, pp. 387-416.
3. Dymond Cartwright, R., "Psychotherapeutic Process", *Ann. Rev. Psychol.*, 1968, n° 19, pp. 387-416.
4. Frank, J. e outros, "Why Patients Leave Psychotherapy", *Arch. Neurol. Psychiat.*, março de 1957, n° 77, pp. 283-99.
5. Frank, J., "The Role of Hope in Psychotherapy", *Inst. J. Psychiatr.*, v. 5, n° 5, 1968, pp. 383-95.
6. Goldstein, A., "Maximizing the Initial Psychotherapeutic Relationship", *Amer. J. Psychother.*, 1969, v. 23, n° 3, pp. 430-51.
7. Hoehn-Sarie, R. e outros, "Systematic Preparation of Patients for Psychotherapy. Effects on Therapy Behavior and Outcome", *J. Psychiat. Res.*, 1964, n° 2, pp. 267-81.
8. Hollender, M., "Selection of Patients for Definitive Forms of Psychotherapy", *Arch. Gen. Psychiat.*, 1964, n° 10, pp. 361-9.
9. Holt, W., "The Concept of Motivation for Treatment", *Amer. J. Psychiat.*, 1967, v. 133, n° 11, pp. 1388-94.

10. Nash, E. e outros, "Systematic Preparation of Patients for Short-term Psychotherapy. T. II: Relation to Characteristics of Patients, Therapist and the Psychotherapeutic Process", *J. Nerv. Ment. Dis.*, 1965, n° 5, pp. 374-83.
11. Overall e Aronson, H., "Expectations of Psychotherapy in Patients of Lower Socioeconomic Class", *Mental Health of the Poor*, pp. 76-87.
12. Sifneos, P., "Learning to Solve Emotional Problems: a Controlled Study of Short-term Anxiety Provoking Psychotherapy", *Ciba Foundation Symposium on the Role of Learning in Psychotherapy*, Londres, 1968, pp. 87-96.
13. Sifneos, P., "The Motivational Process. A Selection and Prognostic Criterion for Psychotherapy of Short Duration", *Psychiat. Quart.*, 1968, pp. 1-9.
14. Sluzki, C., "Las psicoterapias y el medio hospitalario". Instituto de Desarrollo Económico y Social, Coloquio Psicología y Sociología, Buenos Aires, 1964.
15. Spiegel, J., "Some Cultural Aspects of Transference and Countertransference", *Mental Health of the Poor*, pp. 303-20.
16. Ulenhut, E. H.; Covi, L., "Subjective Change with the Initial Interview", *Amer. J. Psychother.*, v. 23, n° 3, 1969, pp. 415-29.
17. Vera, L.; Thieberg, J., "Un estudio sobre deserción de pacientes. Experiencia de residentes en consultorios externos de un hospital psiquiátrico", *Acta Psiquiat. Psicol. Amer. Lat.*, 1970, n° 16, pp. 57-61.

Capítulo 5
Os eixos do processo terapêutico

Até o momento, diferentes trabalhos vêm sublinhando a existência de um conjunto de mecanismos de ação próprios das psicoterapias. Numerosas observações clínicas revelam sem dúvida a presença de um complexo entrecruzamento de influências de mudança (catarse, *insights*, programações, mudanças ambientais). Mas permanece a impressão de que saber que atuam nas psicoterapias múltiplos mecanismos de ação é apenas uma primeira abordagem, constitui um conhecimento vago, insuficiente; alude a uma conjunção sem dar idéia de sua organização. Podemos perguntar-nos então se não será possível ir um pouco além desse reconhecimento inicial (de que existe um conjunto de influências de mudança) e tentar *localizar certos eixos* no movimento impulsionado por essas influências. Isto é, identificar certos fenômenos básicos (pilares) que, também em movimento, constituam um quadro em cujo âmbito se organizem e desenvolvam as influências múltiplas e seus efeitos. Nesse caso, poder-se-iam ver os fenômenos-eixos desempenhando o papel de organizadores de um processo no qual se acoplam e se potencializam fenômenos de mudança de nível, ritmo, intensidade e amplitude distintos.

Dessa perspectiva, parece-me possível definir os eixos do processo em psicoterapia nestes termos: produzir no paciente *uma ativação de suas funções egóicas*, por meio das quais se torne possível *elaborar de modo focalizado* a problemática inserida numa situação vital específica, com base no direcionamento, no estímulo e nas realizações simbólicas do vínculo vivido numa relação de *trabalho personificada* com o terapeuta, com a *correlativa ativação das funções egóicas deste último.* Porei a relação entre esses eixos num diagrama:

FOCO ←————————————→ ATIVAÇÃO DE
                                          FUNÇÕES EGÓICAS
             PROCESSO TERAPÊUTICO (DO PACIENTE E DO
            (encadeamento de diversas   TERAPEUTA)
            influências de mudança e
            seus efeitos, com certa
            margem de desenvolvimento
            autônomo)

                  RELAÇÃO DE TRABALHO
                  PERSONIFICADA

Nossa definição advém de um atento estudo do desenvolvimento que assumem empiricamente numerosos processos terapêuticos nos quais aqueles elementos são considerados primordiais (inclusive em psicoterapias intuitivas ou espontâneas, cujo valor específico pode consistir no fato de que, sem o entrave de preconceitos teóricos, dão lugar a uma emergência mais livre dos fenômenos necessários, específicos desse campo técnico).

A definição enfatiza três pilares sobre os quais se constrói um sistema de influências de mudança: ativação egóica, elaboração de um foco, relação de trabalho. Esses pilares constituem uma espécie de tripé de sustentação do processo. Atuam instalando uma estrutura de tensões ativadoras recíproca: é necessário um ego ativado para focalizar a tarefa, caso contrário esta se difunde sem limites; por sua vez, o trabalho num

Os eixos do processo terapêutico

foco reforça o ego ao proporcionar-lhe uma área na qual concentrar suas funções; paralelamente, a relação de trabalho solicita a cooperação das capacidades egóicas e lhes oferece como guia o modelo da ativação egóica do terapeuta e, como sustentação, as satisfações simbólicas que o vínculo personificado vai produzindo.

Destaca-se de nossa proposta o fato de que, para avaliar o andamento do processo terapêutico (e isso é importante para a supervisão desse processo por outros ou pelo próprio terapeuta), é necessário avaliar inicialmente a eficácia com que se consiga alicerçar cada um desses eixos e, depois, o desenvolvimento de cada um e de sua relação com os outros. Essa avaliação deve permitir, em primeiro lugar, corroborar ou retificar a indicação terapêutica: se não se conta com um potencial de funções egóicas ativáveis, se não existe possibilidade de delimitar um foco, se a relação de trabalho sofre demasiada interferência de obstáculos transferenciais-contratransferenciais, será escassa a eficácia conseguida por uma psicoterapia de esclarecimento, tornando por isso aconselhável o emprego de outro tipo de recursos técnicos.

Por outro lado, se essa caracterização do processo terapêutico (entendê-lo engastado na estrutura assentada sobre os mencionados eixos) é correta, não se estabelecem, a princípio, diferenças qualitativas entre uma psicoterapia breve (3 a 6 meses), uma de prazo moderado (7 a 17 meses) ou uma prolongada (mais de 18 meses) na medida em que não surjam complicações transferenciais que produzam excessiva interferência na relação de trabalho, dado que, nesse caso, o foco poderá ir se ampliando, e diferentes focos poderão suceder-se ao longo do processo. Mas a estrutura básica montada será essencialmente a mesma. Talvez seja esta uma razão fundamental para que nossa indagação teórico-técnica, que começou centrada nos processos de psicoterapias breves, tenha paulatinamente estendido muitos dos princípios sustentáveis para aquelas técnicas ao campo mais amplo das psicoterapias.

Mencionamos antes que a caracterização daqueles eixos como organizadores do processo abre a possibilidade de uma tarefa de avaliação clínica mais rigorosa. Ao identificar esses eixos, recortamos parâmetros suscetíveis de referir-se a indicadores empíricos não-ambíguos, o que pode facilitar, além disso, a operacionalização de certas variáveis a fim de elaborar projetos de investigação do processo em psicoterapia. O significativo está no fato de que as condições criadas pela organização convergente daqueles eixos possuem uma especificidade suficiente para delimitar um campo dinâmico próprio. Esse campo, por seu turno, pode ser visto como o âmbito comum a um vasto conjunto de recursos técnicos. O movimento dos mencionados eixos tem, nas psicoterapias de esclarecimento, por exemplo, seu principal ponto de apoio na ativação egóica. Sobre os mesmos eixos, as medidas dirigidas ao ambiente (trabalho social) e as psicoterapias diretivas concentram sua ação, em contrapartida, na situação focal. Nesse caso, a relação de trabalho se organiza de acordo com características dessa situação, sendo as atividades egóicas obtidas conseqüência da experiência de modificações concretas introduzidas no foco. Talvez seja o compartilhamento dessa estrutura organizadora de suas diversas influências o que permite englobar uma vasta família de recursos técnicos no campo mais amplo das psicoterapias.

Nos próximos capítulos, discutiremos aspectos teóricos e técnicos vinculados a cada um dos eixos em questão. Será depois necessário enfocar o problema das mudanças no processo terapêutico para identificar mecanismos de ação, efeitos, encadeamentos de efeitos e retroações, um conjunto de dinamismos mobilizados no processo.

Capítulo 6
O conceito de foco

O conceito de foco, freqüentemente empregado em trabalhos técnicos, mantém até agora um *status* teórico impreciso, visto que nas referências a ele coexistem critérios sintomáticos ("os sintomas visíveis que motivam a consulta" ou "os pontos de urgência"), interacionais ("o conflito interpessoal que desencadeia a crise"), caracterológicos ("uma zona da problemática do paciente que admita sua delimitação em relação a outras zonas da personalidade"), próprios da díade paciente-terapeuta ("os pontos de interesse aceitáveis para ambos") ou técnicos ("a interpretação central na qual se funda todo o tratamento") (11, 19, 3). No campo das psicoterapias, esses critérios se justapõem sem estabelecer ligações entre si. O que essa pluralidade de conceitos permite entrever é que "foco" pode aludir a uma organização complexa da qual os mencionados critérios recortariam fragmentos. Discutiremos aqui a possibilidade de trabalhar com base em certo modelo teórico de foco que encontre para aqueles referentes uma ordem unificadora, assim como a possibilidade de propor uma estrutura que organize um campo comum diagnóstico e terapêutico.

Em primeiro lugar, deve-se acentuar a origem eminentemente empírica do conceito de foco. O trabalho psicoterapêutico se orienta sempre (e amiúde de modo intuitivo) para a delimitação de um eixo ou ponto nodal da problemática do paciente. Os primeiros registros sistemáticos de uma experiência clínica com psicoterapias breves, por exemplo, mostram que a modalidade assumida pela tarefa na sessão é a de uma "focalização", um ajuste de diafragma na ótica do terapeuta que induz a concentração seletiva do paciente em certos pontos de sua problemática (1). Mais ainda, os pacientes tendem naturalmente, desde o princípio, a manter uma focalização. A possibilidade de organizar o relato, seguir uma linha diretriz, selecionar recordações e imagens, depende de certa força nas funções egóicas adaptativas[1]. Só em pacientes com marcada debilidade egóica é possível encontrar espontaneamente um relato disperso, ramificado. Em termos empíricos, a focalização parece expressar necessidades de delimitar a busca para nela concentrar atenção, percepção, memorização, todo um conjunto de funções egóicas; essa concentração pode constituir condição de eficácia para o exercício dessas funções.

Dinamicamente, a focalização é guiada pela dominância de uma motivação que hierarquiza tarefas com vistas a resolver certos problemas vividos como prioritários. Em situações de crise, por exemplo, o motivo da consulta condensa sintomas, certos conflitos centrais ligados aos sintomas, obstáculos criados para a resolução da situação. Em virtude dessa capacidade de condensação, o motivo da consulta costuma transformar-se no eixo motivacional organizador da tarefa e, por conseguinte, facilitador desta. Ao mesmo tempo, o trabalho sobre o motivo da consulta reforça a aliança terapêutica. Alexander destacava particularmente sua importância:

> [...] é importante que o terapeuta descubra primeiro o que exatamente o paciente deseja. É este quem deve fornecer o incentivo para o que venha a ser obtido no tratamento, e, por maior que seja o zelo reformador do terapeuta, tudo será inútil, a menos que possa aproveitar para uso terapêutico algum forte

....
1. Passei em revista sessões de diferentes tratamentos observando nelas as vicissitudes da focalização. Uma paciente com grande debilidade egóica apresenta mais de 30% de intervenções dispersas, alheias a toda focalização, em contraste com uma média inferior a 10% para intervenções desse tipo num paciente cujas funções egóicas revelavam, através de indicadores diversos, um melhor rendimento.

motivo do paciente. Deduz-se daí que o terapeuta deve lidar com o paciente primeiro em seu próprio terreno, aceitando provisoriamente seus pontos de vista sobre o problema, e só mais tarde – depois de orientar-se acerca dos motivos reais do paciente – procurar utilizar esses motivos para fomentar os objetivos terapêuticos suscetíveis de possível realização (1).

Em termos operativos, a focalização leva a trabalhar mais sobre associações intencionalmente guiadas do que sobre associações livres. Se na técnica psicanalítica a dificuldade do paciente para associar livremente pode ser considerada indício de resistências, nas psicoterapias, pelo contrário, a evitação de uma atitude exploratória intencionalmente guiada pode ser tida como resistencial. (Trata-se de ênfases diferentes em função de tarefas distintas, já que, em outro nível, o resistencial se expressará, para ambas as técnicas, numa rigidez de pensamento que impede a combinação flexível dos dois estilos de associação, livre e guiada.)

1. A estrutura do foco

Na prática psicoterapêutica, o foco tem um eixo central. Na maioria das vezes, esse eixo é dado pelo *motivo de consulta* (sintomas mais perturbadores, situação de crise, ameaças de descompensação que alarmam o paciente ou o grupo familiar, fracassos adaptativos). Intimamente ligado ao motivo de consulta, subjacente a ele, localiza-se certo *conflito nuclear* exacerbado. Para Ernesto, paciente de 30 anos, com um filho de 3, que acaba de separar-se da mulher, o motivo da consulta é um estado de angústia e depressão que afeta sua vida cotidiana e seu rendimento profissional. As desavenças crônicas tornavam a separação necessária para ele, mas Ernesto sente que não pode tolerá-la, que não conseguiria substituir sua mulher nem admitir que ela se unisse a outro homem. Em Andrea, paciente solteira de 26 anos, profissional recém-formada, o motivo da consulta reside no medo paralisante que sente diante de um projeto, já iniciado em seus trâmites, de transferir-se por vários anos para o exterior com o objetivo de se especializar. Sua ambivalência diante desse projeto é muito intensa. Em cada um desses focos, o eixo dado pelo motivo de consulta e pelo conflito nuclear subjacente se insere *numa situação grupal específica*. Para Ernesto, a situação se agrava porque, desde sua separação, foi viver com a mãe, pessoa autoritária com quem ele sempre manteve um vínculo conflituoso, de intensa ambivalência mútua. Esse fato, em parte inevitável em virtude de suas dificuldades materiais para viver sozinho logo depois da separação, significa por sua vez deixar de conviver com o filho, o que acrescenta obstáculos a dificuldades prévias do paciente com a paternidade. A situação se complica no momento em que surge outro homem com possibilidades de se unir à sua mulher. A viagem de Andrea ao exterior significa deixar sozinha sua mãe viúva na mesma época do casamento de seu irmão mais novo, que até então vivia com ambas. A mãe teve no último ano sinais de uma leve insuficiência coronária.

Motivo de consulta, conflito nuclear subjacente e situação grupal são aspectos fundamentais de *uma situação* que condensa um conjunto de determinações. Nosso trabalho analítico sobre a situação procurará identificar zonas desse conjunto de determinantes. O essencial é respeitar o caráter de estrutura da situação tal como existe, totalizada, na experiência humana, de modo que todo o trabalho analítico se faça a partir da delimitação dessa totalidade da situação, em toda a sua amplitude. O estudo de diversos componentes da situação deverá ser realizado no sentido de destacar "níveis de análise", entendidos como estratos funcionais enraizados na situação, atualizados e totalizados por esta última.

Com esse enfoque, é possível deslindar uma zona de componentes da situação que podemos caracterizar como *aspectos caracterológicos do paciente* (dinamismos intrapessoais ativados nessa situação específica, modalidades defensivas pessoais seletivamente mobilizadas pela situação – não é possível experimentar uma ou outra de várias defesas; é preciso verificar quais delas o grupo torna viáveis –, etapas não-resolvidas do desenvolvimento infantil atualizadas pela estrutura da situação). Em Ernesto, sua dependência materna, não re-

O conceito de foco

solvida mas transplantada para sua mulher, exacerbada com a perda e com o retorno à convivência com a mãe; seus conflitos de intensa ambivalência diante da dependência (complementares à ambivalência de sua mulher e de sua mãe diante dessa dependência); além disso, seus conflitos decorrentes do choque entre sua dependência (com suas conseqüências: agressão, separação, angústia, depressão) e suas necessidades adultas (de autonomia, amadurecimento e eficácia em seus rendimentos). Localizam-se nessa zona suas defesas mobilizadas: dissociações, projeções, ataques ao objeto que abandona, idealizações. Em Andrea, registra-se igualmente nesse aspecto uma forte dependência materna, geradora de ambivalência, tanto diante de sua viagem como diante da possibilidade de permanecer e continuar seus estudos em Buenos Aires. Sente culpa por deixar a mãe e um grande medo de ficar desprotegida. Nela atuam defesas fóbicas (principalmente evitações, busca de objetos acompanhantes) e maníacas (reações contrafóbicas, negação de sua dependência e idealização de seus recursos fora do país). Também nessa zona de determinantes caracterológicos é possível incluir outras *funções* egóicas adaptativas. Em Andrea, mais visíveis do que em Ernesto, a capacidade de planejamento, a elaboração de certo projeto de saída de sua dependência através do desenvolvimento profissional. Andrea atua mediante defesas mais primitivas, mas contrabalança-as com outras funções adaptativas potencialmente eficientes. Ernesto apresenta um marcado enfraquecimento de suas funções egóicas, apenas mantidas na esfera do trabalho.

Também é possível reconhecer na situação *aspectos histórico-genéticos individuais e grupais reativados*. A agressão da mãe de Ernesto sempre se centrou em seus fracassos; a distância e o pouco-caso do pai fizeram com que esses juízos fossem os únicos a pretender objetivar para Ernesto uma imagem de si mesmo. A esposa encarnou depois, e mantém, uma atitude desvalorizadora similar, que define o clima da situação para o paciente. O que está em jogo não é só a separação, mas o fracasso, uma vez mais. Em Andrea, continua presente, no centro da situação, uma antiga relação simbiótica com a mãe, na qual esta desempenhou o papel de objeto acompanhante, e é esse papel que deve ser rompido por ambas nessa situação. Atua também, como figura de identificação precária, a presença do pai falecido há anos, na forma de exigência de um rendimento profissional brilhante que justifique essa separação, que se agrega como elemento fobígeno.

Outra zona integrante da situação compreende o *momento evolutivo* individual e grupal, as tarefas que decorrem de necessidades próprias desse momento evolutivo e a prospectiva global que essa etapa comporta. Grande parte dos conflitos exacerbados na situação deriva não apenas da reativação de conflitos infantis, mas também do choque entre as limitações geradas pela persistência desses conflitos e as necessidades próprias da etapa evolutiva aberta que exigem com urgência uma satisfação. Urgências ao mesmo tempo subjetivas (autoestima) e objetivas (pressões sociais para o amadurecimento e a eficiência). Ernesto tem de enfrentar suas dificuldades conjugais (com esta ou outra mulher), as exigências da paternidade e de seu trabalho profissional, necessidades de estudo e de sociabilidade que, quanto mais precariamente forem enfrentadas, tanto mais distante torna-se a possibilidade de recuperação. De modo semelhante, Andrea e sua mãe têm de separar-se, ela tem de crescer, a situação infantil e adolescente não é prorrogável, e, sem crescimento e resolução dessa simbiose, ficam dificultados outros rendimentos, eróticos, sociais e vocacionais. Para a mãe, a viagem de Andrea, o casamento do filho mais novo e seus problemas de saúde configuram uma etapa crítica, que acrescenta obstáculos à resolução da situação.

Além disso, essa série de componentes da situação tem de ser relacionada com um conjunto de determinações concorrentes, que originalmente podemos localizar numa zona de *determinantes do contexto social mais amplo*. Um conjunto de condições econômicas, de trabalho, culturais, ideológicas, que intervêm de muitas maneiras na situação.

Para Ernesto, não é a mesma coisa viver esse conflito conjugal em condições de trabalho seguro e de alívio econômico ou correr o risco de, em virtude de sua depressão, perder seus proventos. Uma cultura tradicional para a qual esse divórcio é um fracasso e nunca um sucesso, tal como a que sempre prevaleceu em sua família e nele mesmo, é concorrente de peso,

O conceito de foco 95

como o é toda a ideologia do orgulho masculino diante da presença do terceiro. Esses componentes reforçam a angústia e entravam as possibilidades de elaborar essa separação. Para Andrea, a situação de desocupação profissional e as difíceis condições de especialização em nosso meio reforçam sua ambivalência diante da possibilidade de permanecer aqui e do medo do fracasso no exterior que a obrigue a regressar. Sua falta de contato ideológico-político com essa situação faz com que todas as possibilidades sejam avaliadas de uma ótica estritamente individual, que agrega outra dimensão de isolamento a suas ansiedades vinculadas ao desmame. Toda a ideologia dos cuidados que a filha deve retribuir à mãe, e a oculta responsabilidade do sistema social pelo desamparo de uma pessoa sozinha, incrustam-se no próprio centro da situação de Andrea para mobilizar culpas de difícil elaboração.

Se voltarmos a considerar o conjunto dessas zonas de determinações que apresentamos num sumário exame analítico, reconfiguraremos uma estrutura, construiremos um modelo da situação que procure dar conta dos dinamismos, articulações, encaixes, potencializações e oposições próprios de uma totalização. A meu ver, o conceito de *situação*, para o qual convergem as perspectivas dialética, materialista e existencial, pode fornecer um modelo adequado capaz de nos aproximar de uma totalização concreta, singular e em movimento, do indivíduo ou do grupo em estudo. É nessa noção totalizadora de situação que podem enquadrar-se contribuições parciais características de uma conceituação psicodinâmica (ansiedades, conflitos, fixações), comunicacional (modalidades no manejo das mensagens, alianças, desqualificações) ou psicossocial (papéis, mitos, tarefas grupais).

Entendido o foco como delimitação de uma totalidade concreta sintética (14), os esforços analíticos conservam seu sentido por sua inclusão nesse quadro mantido ao longo do movimento de aprofundamento de determinadas zonas de seus componentes. A ótica em que é vista a situação reflete-se nesta formulação: "[...] o fato de que o conflito como tal ocorra intrapessoalmente não significa que a questão seja de ordem primariamente pessoal, nem, é óbvio, exclusivamente pessoal. O problema surgiu de uma situação, e esta, por sua vez, tal como dissemos antes, resulta do diálogo da pessoa com sua realidade". É importante detectar "as formas como o diálogo se realiza e a espécie de estrutura dialética sujeito-realidade" (5).

O seguinte diagrama procura resumir essas idéias sobre a estrutura do foco:

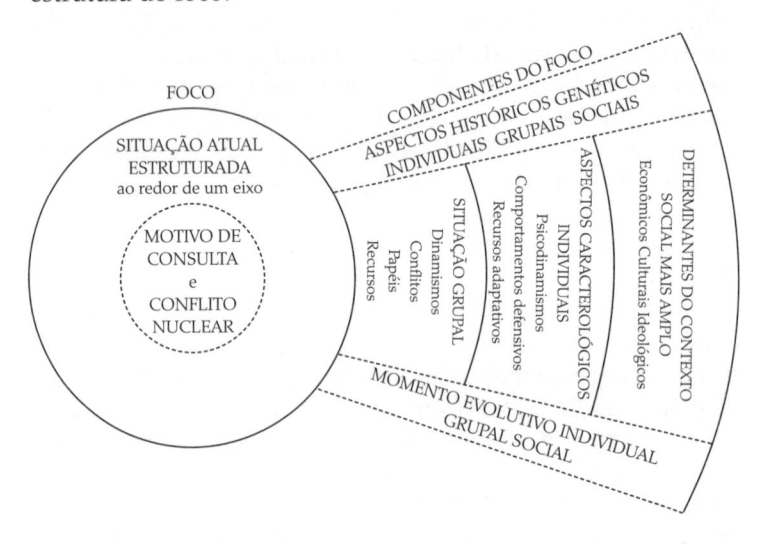

```
                    FOCO                    COMPONENTES DO FOCO
                                        ASPECTOS HISTÓRICOS GENÉTICOS
            SITUAÇÃO ATUAL                  INDIVIDUAIS GRUPAIS SOCIAIS
             ESTRUTURADA
           ao redor de um eixo
                                                                            DETERMINANTES DO CONTEXTO
              MOTIVO DE                  SITUAÇÃO GRUPAL   ASPECTOS CARACTEROLÓGICOS   SOCIAL MAIS AMPLO
              CONSULTA                     Dinamismos          INDIVIDUAIS              Econômicos Culturais Ideológicos
                  e                         Conflitos       Psicodinamismos
               CONFLITO                       Papéis     Comportamentos defensivos
               NUCLEAR                       Recursos       Recursos adaptativos

                                            MOMENTO EVOLUTIVO INDIVIDUAL
                                                 GRUPAL SOCIAL
```

O modelo de foco contém essa série de *componentes* condensados na situação estruturada. A profundidade com que se indague o papel de cada um deles na estrutura e nas articulações do conjunto depende, por sua vez, de outro conjunto de fatores próprios da situação terapêutica que julgo possível identificar como *reguladores do foco*; estes serão mencionados no próximo item.

2. *Ajuste operacional do foco com base em certos reguladores e retorno à totalização*

Em muitos momentos do processo, a tarefa não abarca a totalidade dos componentes da situação, concentrando-se, na

O conceito de foco

verdade, por uma espécie de ajuste do diafragma, em alguns deles, recortando alguma zona da estrutura. A profundidade com que se explore cada zona e a amplitude com que se possa compreender a estrutura da totalidade dependem de uma série de fatores reguladores que compreendem:

a) *Da parte do paciente e de seu grupo familiar*, um conjunto de fatores: condições de vida, fatores culturais, ocupacionais, geográficos; motivação e aptidões para o tratamento.

b) *Da parte do terapeuta e da instituição*, outros condicionantes: esquemas teóricos, recursos técnicos que integram seu arsenal terapêutico, disponibilidade de pessoal e de espaços, estilos de supervisão. Esse conjunto de fatores influi nas decisões sobre o tempo, os objetivos e a técnica, que são, por sua vez, reguladores do foco.

Esse conjunto de fatores estabelece a amplitude geral que deverá ser atribuída ao trabalho em cima do foco.

c) *Em cada momento do processo*, porém, a focalização adquirirá uma amplitude particular. A focalização ou ajuste do foco, assim como seus reguladores, são representados no seguinte esquema:

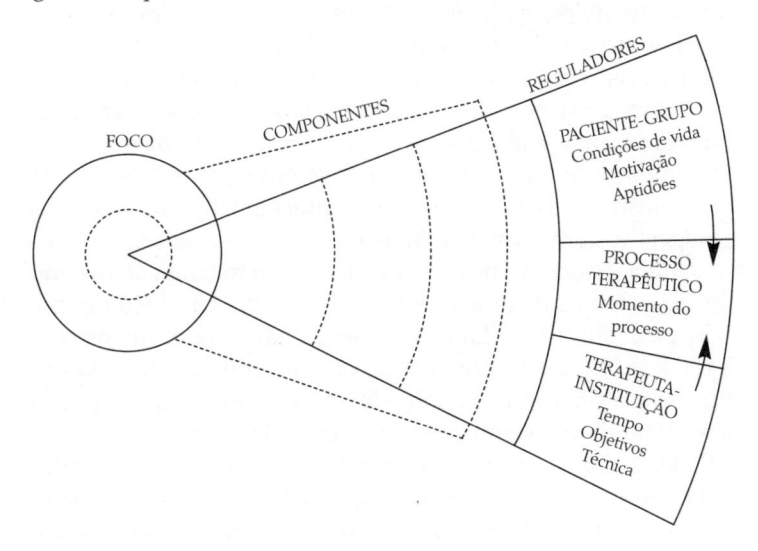

Esse conjunto de reguladores delimita, na situação total, um cone de amplitude variável; cada sessão pode aprofundar seletivamente certas zonas do cone. O essencial, no entanto, reside no fato de que, qualquer que seja o setor de elementos explorados, estes devem ser compreendidos como integrantes estruturados-estruturantes da situação.

O trabalho com o foco seguirá em psicoterapia esta seqüência:

1) O paciente inicia a sessão oferecendo um material disperso, composto de episódios recentes, recordações, observações sobre os outros e vivências pessoais nesses episódios.

2) Transcorrido certo tempo a partir desse desenvolvimento inicial, o terapeuta intervém com perguntas orientadas numa direção específica, ou então reformula o relato, enfatizando de modo seletivo certos elementos do relato significativos do ponto de vista da situação-foco.

3) O paciente recebe essa reformulação e começa a operar com ela: produz associações guiadas pela nova direção impressa à tarefa, amplia elementos recortados pelo terapeuta.

4) Novas intervenções do terapeuta tomarão quer elementos parciais componentes da situação, com o fim de aprofundar-se neles, quer articulações do conjunto, num duplo movimento analítico-sintético que Sartre caracterizou como momentos regressivo e progressivo da análise da situação. Este último visa encontrar uma totalização singular, realizar "a unidade transversal de todas as estruturas heterogêneas". O movimento de ajuste do foco faz-se então acompanhar por um retorno à totalização, numa alternância constante das perspectivas entre figura e fundo.

Trata-se de um movimento em que se trabalha ao mesmo tempo sobre os detalhes e sobre o conjunto. Um método que Sartre encontra em Marx: "Ao subordinar os fatos anedóticos à totalidade (de um movimento, de uma atitude), quer descobrir esta última através daqueles. Em outros termos, a cada fato, além de seu significado particular, atribui uma função reveladora; já que o princípio que norteia a investigação consiste em buscar o conjunto sintético, cada fato, uma vez estabelecido, é interrogado e decifrado como parte de um todo; e é em cima desse fato, por meio do estudo de suas faltas ou de suas sobre-significações, que se determina, a título de hipótese, a totalidade no interior da qual encontrará sua verdade" (14).

3. O foco na sessão

Um fragmento de uma sessão de Ernesto mostrará como o terapeuta introduz o foco diante da exposição inicial, pelo paciente, de seu material. Trata-se de uma sessão do quinto mês de uma psicoterapia de esclarecimento programada para durar um ano. Nas últimas semanas, o fato dominante foi uma tentativa de aproximar-se de sua mulher, de quem continua separado.

P. 1: "Estou me achando muito violento. Outro dia, meu filho estava brigando com um amiguinho por causa de um brinquedo. Procurei fazer que eles deixassem de brigar, que cada um se arranjasse com um brinquedo diferente. Não adiantou nada, continuaram fazendo escândalo. Então explodi, me levantei, fui e quebrei o brinquedo. Depois, pensei que aquilo era uma barbaridade, que podia tê-los feito parar de outro modo. E me lembrei que eu, quando menino, reagia assim quando as coisas não davam certo: um dia, quebrei um carro que tinha porque não conseguia consertá-lo."

T. 1: "Acho que conviria pensar, para entender alguma coisa dessa sua violência, qual poderia ser hoje o conserto* que não dá certo."

O material inicial presta-se para adotar diferentes linhas: dificuldades com a paternidade, necessidades infantis insatisfeitas que o levam a tolerar mal a brincadeira das crianças, irritação diante da situação triangular (dois meninos brigando por um brinquedo), tendência a destruir o que frustra, o que levaria a explorar comportamentos similares de sua parte que podem ter influído na deterioração de seu casamento. A inter-

....
* No original *arreglo*, que significa tanto conserto como arranjo, compostura ou conciliação [N. da R. T.].

venção do terapeuta seleciona um elemento, que introduz na situação atual, na qual pode desempenhar um papel dominante no interior da estrutura, dado que conciliação-com-a-mulher poderia reconfigurar a situação. Organiza-se, portanto, o material a partir de um eixo central da situação (conciliação-conserto que não dá certo, ambivalência diante da mulher que não "obedece à sua ordem de conciliar-se") da qual se depreende a irritação ante a desobediência dos meninos, agravada pela presença de uma relação triangular com o brinquedo, que por sua vez remeteria à agressão à mulher que está entre dois homens, porque o dano é infligido ao brinquedo.

A sessão registra em conjunto esta evolução temática: na fase inicial se esclarece o sentido da violência do paciente diante da frustração da tentativa de conciliação com a mulher e da presença do terceiro. Surge depois toda a dependência em relação à mãe e à mulher, sendo isso relacionado (novas intervenções focalizadoras do terapeuta) com o papel que essa dependência deve ter desempenhado na deterioração do casamento e nas dificuldades atuais para uma aproximação. Mais adiante, o paciente comenta um sonho em que se tornam visíveis sua dependência oral e sua ambivalência diante da mulher (mãe-esposa combinadas), e isso é relacionado com o momento atual em que Ernesto não pode recuperar a mulher nem imaginar outra parceira. Por fim, através de uma série de episódios do fim de semana em que teve de se ocupar de uma prima e de seu filho, surgem os problemas da paternidade, que são vinculados à sua dependência oral insatisfeita que o levam a buscar um retraimento narcisista, na tentativa de ele mesmo se mimar.

A situação é abordada nessa sessão por zonas de interação (mulher, mãe, prima, filho) em cujos episódios surgem aspectos caracterológicos do paciente que são constantemente incluídos na estrutura da situação atual, cujo eixo reside na aproximação frustrada e nos conflitos que geram ambivalência diante da mulher.

Outro fragmento, de uma sessão de Andrea, pode mostrar igualmente o sentido da intervenção focalizadora. Ocorre no meio de uma sessão do quarto mês de uma psicoterapia pro-

O conceito de foco _____ **101**

gramada para oito meses, segundo a data prevista de sua viagem. Andrea saiu de sua paralisia inicial, levando adiante os trâmites necessários para a viagem, cujo projeto adquiriu maior realidade.

P. 16: "Estou comendo muitíssimo, e isso me preocupa. Quando menina, eu era gorda, vivia comendo bolachas. Minha mãe me controlava e minha avó me deixava comer quanto eu quisesse. Bem, voltei às bolachas."

T. 16: "Acho que a preocupação está no fato de que, se continuar comendo, estragaria a boa impressão física que você quer causar ao chegar. Porque, para você, há uma segurança baseada no fato de conseguir agradar fisicamente."

P. 17 (Ri.): "Mas essa é a minha arma secreta no caso de as outras falharem! Não lhe tinha contado: para um lugar que me interessa, mandei uma foto minha com uma pinta bárbara; aos outros lugares, uma foto qualquer. Minha mãe sempre deu muitíssima importância à impressão física que causava, a arrumar-se, sempre usou isso para agradar. O exibicionismo dela me dava raiva, mas parece que eu também o uso."

A intervenção inicial de Andrea abria várias linhas possíveis: exacerbação da oralidade diante das ansiedades de separação, com o matiz regressivo de atualizar a época das bolachas (sentir-se menina, muito longe da época de sair para o mundo), a contraposição entre figuras repressiva e permissiva de sua oralidade ou então a preocupação com as conseqüências corporais desta última. O terapeuta toma este último aspecto em função de a situação atual estar definida em torno de um eixo prospectivo-evolutivo: projeto em andamento; assim, os conflitos estão qualificados agora por esse eixo, o que redefine um aspecto regressivo (fixação oral reativada) ao incluí-lo na estrutura cristalizada pelo eixo – progressivo – do projeto alimentado. O terapeuta começar tomando a preocupação de engordar, em função do corpo da paciente lá no exterior, funda-se em ele ter hierarquizado como dominante (e, por isso, motivador principal que marca a situação) o eixo prospectivo da estrutura.

4. Evolução do foco

Ao longo do processo terapêutico, o foco pode sofrer modificações. Numa psicoterapia breve, é provável que todo o processo gire em torno de uma situação focal e que o avanço do processo consista apenas no enriquecimento do modelo estrutural que se vá armando a partir dessa situação: densificação progressiva dos componentes do foco pela compreensão de suas sobredeterminações, esclarecimento das articulações e linhas de força principais na montagem da estrutura. Em psicoterapias mais prolongadas, é possível ir desdobrando-se uma sucessão de focos, cada um deles caracterizando uma etapa do processo. Nesses casos o paciente costuma propor espontaneamente uma seqüenciação, privilegiando uma situação em cada etapa (por exemplo, um período centrado em torno de um eixo colocado na problemática de casal; uma vez solucionados certos conflitos nucleares ligados a esse eixo, passar a propor um novo eixo que reestruture a situação em torno de problemas vocacionais). Em cada uma dessas etapas, o trabalho com um foco privilegiado não difere essencialmente do que se realiza numa psicoterapia breve. (Essa é uma das razões pelas quais concordo com Kesselman [9] no que se refere à afirmação "a antinomia breve-longo é um ponto de partida pouco conveniente para elucidar o problema da psicoterapia".)

5. Algumas implicações teóricas e técnicas
   do modelo de foco centrado na situação

1. Um modelo estrutural de articulação de uma multiplicidade de determinações no todo concreto de um sujeito em situação permite compreender que diferentes tipos de estímulos e recursos técnicos podem ter eficácia na indução de reconfigurações na situação. Se se compreende que a ação se exerce sempre sobre uma estrutura, não se podem esperar relações lineares nem proporcionais entre influências e efeitos, porque entre os dois pólos da suposta cadeia causal linear se

interpõe a estrutura da situação, com suas linhas de força internas, suas leis de reconfiguração, seus planos de clivagem. Esse aspecto pode ser fundamental para compreender as relações entre a ação terapêutica e as mudanças emergentes (ver capítulo 9).

2. Se a situação se organiza segundo um modelo estrutural, compreende-se a tentativa de fazer convergir para ela uma pluralidade de recursos técnicos; a prática terapêutica das instituições nos últimos anos parece orientar-se nessa direção, buscando obter uma eficácia que pode ser entendida a partir da pluralidade de zonas que compõem a situação e sua variedade de vias de acesso.

3. Se cada situação pode ser entendida como uma estrutura dotada de uma organização interna peculiar, é compreensível que não se possa abordá-la por simples concentração maciça de estímulos corretivos, mas sim com base num planejamento estratégico que selecione as vias de abordagem e suas seqüências, e depois faça reajustes progressivos, com base nas respostas dessa estrutura, por meio de uma cuidadosa articulação dos recursos concentrados sobre ela (aspecto discutido no capítulo 13).

4. O modelo de foco proposto procura, por sua vez, atender à necessidade de trabalhar com enfoques psicológico-psicopatológicos, diagnósticos e terapêuticos coerentes, integrados numa concepção totalizadora da experiência humana. Uma concepção a partir da qual as condições de realidade (micro e macrossocial) e os dinamismos próprios do mundo interno pessoal e endogrupal sejam abordados em sua integração interpretante, bem como em seus movimentos de estruturação-variação-reestruturação constantes. Se o diagnóstico não for encarado nesse sentido de movimento dirigido a uma totalização concreta (Marx, Politzer, Sartre), o ser humano real desaparece. Nesse caso, as mais elaboradas hipóteses psicodinâmicas, as mais sutis descrições comunicacionais, não podem superar o nível da abstração e coisificação do humano.

Num trabalho sobre a primeira entrevista psicanalítica, Maud Mannoni (12) emprega o conceito de "situação" para caracterizar o problema que motiva a consulta. Interessada em destacar a ótica psicanalítica da situação, em salvaguardar as dimensões psicanalíticas desta, restringe o olhar. Os elementos que considera, sem dúvida necessários em todo diagnóstico, mostram-se, contudo, insuficientes para abarcar o conjunto de séries e articulações cuja estrutura e cujos sentidos têm de ser compreendidos na perspectiva mais ampla da abordagem psicoterapêutica. Em nosso enfoque, "situação" inclui um conjunto mais vasto, heterogêneo, de séries e suas articulações. Tem como objetivo efetuar uma construção teórica na direção do que se pode denominar, com Deleuze (7), teoria do sentido no acontecimento.

A Instituição Ágora de Montevidéu, Instituto de Intervenciones Psicoanalíticas Focalizadas (dirigido por Denise Defey, Juan Hebert Elizalde e Jorge Rivera), publicou três volumes (1992, 1995 e 2001) dedicados ao trabalho clínico, à teoria e às modalidades técnicas das psicoterapias focais, com a contribuição de numerosos autores de vários países. Remetemos o leitor ao estudo desses trabalhos voltados para o conceito de foco. Só poderemos mencionar aqui algumas de suas significativas contribuições para esse tema.

Ricardo Bernardi, em "La focalización en psicoanálisis", encontra relações entre a tarefa focalizadora e a noção de "pontos de urgência" e "pontos de inflexão" no entendimento de W. e M. Baranger em sua concepção dos processos psicanalíticos. Destacou o conceito de Malan de "cristalização de um foco" como uma configuração que emerge a partir do, e no, trabalho em conjunto de paciente e analista. E enfatizou em particular que a focalização não é alheia a toda terapia psicanalítica, citando especialmente a linha de Thoma e Kachele (1989) quando dizem: "Em psicanálise, consideramos o foco configurado interacionalmente como uma plataforma giratória central do processo e por esse motivo concebemos o tratamento psicanalítico como uma terapia focal continuada, de duração indefinida e de foco mutável." Bernardi acrescenta: "Isso nos leva a destacar que a associação livre do paciente não conduz, por si só, à descoberta dos aspectos inconscientes do conflito; isto é, o psicanalista tem de selecionar o que interpretará do material, de acordo com suas metas táticas a curto prazo e suas metas estratégicas a longo prazo."

Thoma e Kachele entendem por foco um ponto nodal temático produzido na interação do trabalho terapêutico, que resulta da proposta do paciente e da capacidade de compreensão do analista. Afirmam também que "a sucessão de focos é o resultado de um processo de intercâmbio inconsciente entre as necessidades do paciente e as possibilidades do analista. Alguns processos não são de fato acionados até que ambos os participantes consigam estabelecer esse entrecruzamento interacional na reelaboração dos temas focais. Do mesmo modo, uma mudança de analista leva, como regra geral, a experiências bastante distintas e novas".

Chegou-se a pensar que uma intervenção focalizadora do analista poderia introduzir certa rigidez de perspectivas, certo recorte que traduzisse limitadamente a experiência interna do paciente. Acerca desse ponto, merece destaque outra consideração de Bernardi em seu artigo:

> Para começar, já há uma tradução do paciente quando este formula sua experiência interna (em muitos aspectos, não-verbal) num discurso articulado de palavras. E é muito provável que as interpretações que se mostram mais eficazes passem por zonas que não são as que pensamos. Talvez nossas teorias sobre a mudança psíquica tenham algo de acertado; mas é muito provável também que haja um enorme campo, pouco percebido, no qual a efetividade da intervenção se relacione mais com a capacidade do paciente de traduzir para seus próprios referentes internos o que escuta do analista.

Na segunda dessas publicações uruguaias, relatei em detalhes (Fiorini, H., 1995) o trabalho técnico realizado durante quatro meses, com um foco centrado num luto e numa situação de crise individual, grupal e institucional. Em convergência com o que, na linha de Anzieu e Kaes, foi denominado (Guillaumin, J., 1979) "enfoque intercrítico das crises", o foco, tal como o empregamos na clínica, une os diferentes âmbitos em que a crise revebera, dado que essas interseções têm efeitos de potencialização por ressonâncias.

Horst Kachele e colaboradores (Departamento de Psicoterapia, Clínica da Universidade de Ulm, Alemanha), em "La formulación formal del foco en la psicoterapia" (1995), percorreram a obra de diferentes autores que, desde Alexander e French, com sua formulação de "conflito nuclear", abordaram a focalização como "conflito nuclear neurótico" (Wallerstein e Robbins, 1956), "problema central" (Mann e Goldmann, 1982), "tema de conflito de relação" (Luborsky, 1977). Destacam que nessa tarefa coexistem e se alternam no terapeuta "um estado funcional para a obtenção do máximo de informação (a atenção flutuante) e a organização da informação obtida segundo o ponto de vista preponderante em cada caso (o focalizar)". O foco aparece como "um centro de gravidade temático", como um campo problemático central do paciente, campo a trabalhar como variações de um tema básico.

De um ponto de vista fenomenológico descritivo, o foco é equiparado ao quadro sintomático atual. Nesse caso, a formulação se acha estabelecida num nível de sintoma e de comportamento, que de qualquer modo é pré-consciente. Numa concepção metapsicológica, a focalização se dá de acordo com premissas abstratas da teoria empregada em cada caso, por certo a grande distância da vivência concreta do paciente. Os resultados da investigação em psicoterapia, sobretudo os dos trabalhos que abordam a conformação da relação terapêutica, defendem o contrário, ou seja, que o foco seja conceituado de maneira tal que também o paciente possa vivenciá-lo como uma atividade comum entre ele e seu terapeuta.

(Nesse aspecto, concordam com as primeiras observações de Alexander: "Como a formulação da interpretação focal é vinculada à problemática que foi o motivo da consulta, deve ser mostrada essa relação; do contrário, o paciente ficará desorientado e se perderá o fio do processo, ou se perderá o paciente.") Nessa direção, Kachele cita também a tarefa de focalização proposta por Lachauer (1992), que considera duas partes: em primeiro lugar, a denominação e a descrição do problema principal do paciente; depois, uma hipótese psicodinâmica sobre os motivos ocultos inconscientes daquele problema principal. Esse autor propõe elaborar uma frase focalizadora que seja dita em primeira pessoa. Eis um exemplo: "Tenho medo de comprometer-me porque temo que, de todo modo, novamente, nada será suficiente, e que se imporão minha fúria destrutiva e minha ofensa humilhante, as quais não creio poder conter."

Destacamos no estudo de Kachele e colaboradores o relato de 29 sessões de psicoterapia focal com um estudante de 22 anos, no qual indagam, seguindo Luborsky, "o tema central do conflito relacional". Ilustram o emprego das narrações do paciente sobre episódios de sua vida para identificar seus parâmetros básicos de conflito relacional. Convém recordar que a publicação original de Alexander e French contém numerosas ilustrações clínicas dessa modalidade do trabalho técnico e da compreensão psicopatológica.

Mencionaremos também os trabalhos de Denise Defey, Jorge Rivera, Juan Hebert Elizalde e Pedro Menéndez incluídos nas publicações da Ágora (1992, 1995 e 2001), nos quais se aprofundam e especificam critérios de planejamento, modalidades de intervenções focalizadoras, abordagens de crises, critérios temporais nessas modalidades técnicas.

Referências bibliográficas

1. Alexander, Frans; French, Thomas, *Terapêutica psicoanalítica*, Buenos Aires, Paidós, 1965.
2. Balint, M.; Ornstein, P.; Balint, E., *Focal Psychotherapy*, Londres, Tavistock, 1972.
3. Barten, Harvey (org.), *Brief Therapies*, Nova York, Behavioral Publ. Inc. 1971.
4. Bernardi, R.; Kernberg, O.; Fiorini, H.; Kachele, H.; Defey, D.; Elizalde, J. H.; Rivera, J.; Giménez, J. P.; Fonagy, P. e outros, *Psicoanálisis. Focos y aperturas*, Montevidéu, Psicolibros, 2001.
5. Castilia dei Pino, Carlos, "La situación fundamento de la antropologia", in *Dialéctica de la persona, dialéctica de la situación*, Barcelona, Península, 1870.

6. Defey, D.; Elizalde, J. H.; Rivera, J., *Psicoterapia focal. Intervenciones psicoanalíticas de objetivos y tiempo definidos,* Montevidéu, Roca Viva, 1995.
7. Deleuze, Gilles, *Lógica del sentido,* Barcelona, Barral, 1971.
8. Fiorini, H.; Defey, D.; Elizalde, J. H.; Menéndez, P.; Rivera, J.; Rodríguez, A. M., *Focalización y psicoanálisis,* Montevidéu, Roca Viva. 1992.
9. Keselman, Hernán, *Psicoterapia breve,* Buenos Aires, Kargieman, 1970.
10. Luborsky. L. *Principles of Psychoanalytic Psychotherapy,* Nova York, Basic Books, 1984.
11. Malan, Hector, A *Study of Brief Psychotherapy,* Springfield-Illinois, C. Thomas, 1963.
12. Mannoni, Maud, *La primera entrevista con el psicoanalista,* Buenos Aires, Granica, 1973.
13. Orlinsky, D. E.; Howard, K. J., "The generic model of psychotherapy", *Journal of Integrative and Eclectic Psychotherapy.* n°. 6, pp. 6-27, 1987.
14. Sartre, Jean-Paul, "Cuestiones de método", in *Crítica de la razón dialéctica,* tomo I, Buenos Aires, Lesada, 1963.
15. Sifneos, P., *Short-term Psychotherapy and Emotional Crisis,* Massachusetts, Harvard University Press, 1972.
16. Slaikeu, K., *Intervención en crisis,* México, El Manual Moderno, 1984.
17. Strupp, H. H.; Binder, J., *Psychotherapy in a New Key. A Guide to Time-limited Dynamic Psychotherapy,* Nova York, Basic Books, 1984.
18. Sifneos, P., *Psicoterapia breve con provocación de angustia,* Buenos Aires, Amorrortu, 1993.
19. Small, Leonard, *Psicoterapias breves,* Buenos Aires, Granica, 1972.
20. Thoma, H.; Kachele, H., *Teoría y práctica del psicoanálisis,* Barcelona, Herder, 1989.

Capítulo 7
A relação de trabalho

Esta modalidade do vínculo próprio das psicoterapias é antes de mais nada o estilo de uma relação que a própria experiência de vivê-la foi gestando. Só depois de experimentá-la plenamente na prática clínica é que se pode tentar conceituá-la. Pode-se começar a defini-la partindo de seu caráter de situação de comunicação próxima, em termos de estilo, da relação interpessoal cotidiana: dois (ou mais) interlocutores mantêm um diálogo com ritmo, gestos, posturas, mímica verbal habituais, compartilham uma tarefa numa relação igualitária, embora seus papéis sejam distintos; um deles é especialista em certo nível da problemática humana, o outro contribui com os elementos de testemunha direta dessa problemática singular (ainda que suas resistências lhe dificultem o conhecimento de alguns aspectos de sua situação, há outros que conhece perfeitamente, o que lhe confere outro tipo de autoridade de igual hierarquia).

O funcionamento dessa relação dependerá de várias condições do paciente (tipo de problemática, momento vital, nível cultural, estrutura caracterológica, inserção grupal). Mas depende também, e para vários autores num grau maior, das atitudes do terapeuta, de sua capacidade de dar contribuições específicas ao vínculo (1). Interessa-nos em especial precisar quais podem ser os ingredientes da "oferta" do terapeuta, capazes de suscitar no paciente respostas complementares para o desenvolvimento eficaz da relação de trabalho. Poderemos abordar essa oferta em dois passos sucessivos: caracterizar primeiro certos traços gerais do comportamento técnico do terapeuta; discutir depois os reajustes de seu comportamento em função das necessidades próprias de cada terapia, que obrigam a "personalizar" a contribuição.

1. Os traços gerais da contribuição do terapeuta

Um conjunto de traços permite esboçar um certo perfil do papel do terapeuta em psicoterapia:

1. *Contato empático manifesto*. O terapeuta oferece evidências não-ambíguas de que é capaz de compreender o que o paciente expressa, e de compreender além disso dentro da perspectiva do paciente (que pode não ser a única possível, nem a mais correta, mas é decerto a base a partir da qual poderá rumar para outra, dado que o caminho a percorrer juntos até essa outra perspectiva exigirá acordos sobre o ponto de partida). A empatia do terapeuta se torna manifesta mediante gestos de escutar atentamente, de seguir as guinadas dramáticas do relato em contato com as emoções que despertam, gestos de assentimento, que indicam que o relato pode continuar, de facilitação da comunicação ("sim...", "entendo..." "e então?...").

2. *Acolhimento*. O terapeuta evidencia em seus gestos e tons de voz que a pessoa de que está tratando não lhe é indiferente. Que, como ser humano, sente por ela um afeto profundo, discreto, não invasivo, mas palpável. Sua discrição permite obstar pelo afeto a emergência de uma hostilidade transferencial que ultrapasse certo limiar, assim como evita uma excessiva erotização do vínculo que poderia chegar a interferir na relação de trabalho. O acolhimento contém certas dimensões do amor (ternura, solidariedade, simpatia pela condição humana) que – como o prova toda experiência pedagógica – funciona como estímulo insubstituível na motivação para a tarefa. Essas dimensões da oferta do terapeuta exercem influências dinâmicas de importância no processo terapêutico, influências que serão discutidas em seu vínculo com as mudanças que se verificam no processo.

3. *Espontaneidade*. Através desta, o terapeuta contribui para criar um clima de liberdade, criatividade, tolerância. Ela tem todo o caráter de uma mensagem do terapeuta[1] que convida o paciente a relaxar, a exprimir melhor o que nele acontece, a encontrar ele também gestos pessoais que possam transmitir fielmente a imensa capacidade de variação, de salto, de flutuação de perspectivas das situações vividas. Uma parte do processo em psicoterapias consiste na ligação progressiva, cada vez mais íntima, entre sensibilidade e expressividade. A espontaneidade do terapeuta é o modelo oferecido dessa ligação íntima, um modelo corporal, postural, gestual, tonal, que fala de alguém capaz de imaginar, de rir, de brincar e também de sofrer, sem barreiras forçadas.

4. *Iniciativa*. O terapeuta desempenha um papel ativo, que estimula a tarefa e as capacidades do paciente aplicáveis à tarefa. Com essa função, ele interroga, orienta a busca, solicita detalhes, constrói modelos, propõe ao paciente que os teste, faz balanços, traça perspectivas, vai muito além da "interpretação de um material". Não fica quieto nem silencioso por muito tempo pelo fato de a índole docente da tarefa lhe conferir uma liderança. Esta pode levá-lo a ser ele quem inicie uma sessão (para introduzir impressões elaboradas no intervalo entre as sessões ou esclarecimentos que tinham ficado pendentes). Isso significa conceber a tarefa como trabalho de equipe, cuja direção, intensidade e ritmos são assuntos de ambos em todos os momentos. Desempenhar esse papel ativo implica uma moderada vivacidade corporal.

Em sua atuação ativa, o terapeuta interrompe, por exemplo, o paciente para perguntar-lhe: "Como você vê o que disse até agora?", "Isso lhe sugere algo?", e espera uma resposta

....

1. Pode-se pensar que, ao adotar comportamentos não-ambíguos, o terapeuta suscita no paciente respostas orientadas. Com efeito, trata-se de estímulos que o terapeuta introduz no campo, diante dos quais as respostas do paciente podem mostrar concordância ou discordância, isto é, devem ser lidas contra o pano de fundo daqueles estímulos. Em termos metodológicos, não há possibilidade de criar um campo não contaminado pelo terapeuta. Se este adota comportamentos ambíguos, ou distantes, introduz simplesmente outros estímulos, não a neutralidade de uma suposta tela em branco.

antes de dar a sua visão da situação. Com a resposta do paciente, passa a ter dois materiais de interesse (o relato inicial e a interpretação do paciente); por seu turno, a pergunta funciona para o paciente como estimulante, incitando-o a testar suas capacidades e escotomas; suscita um tipo peculiar de exercitação na auto-avaliação. O mesmo estilo poderá expressar-se na indagação ativa do terapeuta, no início de uma sessão, sobre se houve desde o último encontro ocorrências, objeções ou ampliações da perspectiva então traçada. Esse interesse do terapeuta transmite, por sua vez, a motivação para resgatar o trabalho que ocorre nos intervalos, habitualmente silencioso. Depois de oferecer uma interpretação, o terapeuta inquire também, de maneira imediata e ativa: "Qual sua opinião sobre este modo de ver seu problema, você também o vê assim?", "Parece-me que algo do que eu disse não o convenceu. Qual o seu ponto de vista sobre isso?" Essa sondagem opera como solicitação constante da atividade do paciente, ao mesmo tempo que como um modelo ativo. A iniciativa do terapeuta é uma constante ativadora das capacidades egóicas do paciente, tarefa fundamental da relação de trabalho.

5. *Atitude docente*. O terapeuta assume um papel docente, enquadra sua atividade numa concepção pedagógica definida da relação de trabalho e nela mobiliza todos os seus recursos didáticos destinados a facilitar as aprendizagens, que constituem parte essencial do processo terapêutico. Aplica então certos princípios pedagógicos gerais (motivar para a tarefa, esclarecer seus objetivos, reforçar toda conquista na direção desses objetivos) e faz uso de um arsenal didático (clareza do método expositivo, exposição aberta de seu método de pensamento, inclusão de todo e qualquer recurso que seja eficaz para aprofundar a compreensão da problemática em estudo). Cada um desses aspectos merece ser comentado e exemplificado.

a) *Motivar para a tarefa*. Significa atribuir importância à motivação inicial para a psicoterapia e ao trabalho em cima dela desde a primeira entrevista; e enfocá-la, em seguida, como tarefa privilegiada, a ser constantemente reelaborada ao longo do processo, o que significa aproveitar todo momento

A relação de trabalho _____ 113

propício para reforçá-la. Exemplos: "Veja o que aconteceu de novo: mais do que nunca até agora, você se pôs a trabalhar, depois da sessão, com o que surgira nela. E apareceram essas recordações muito importantes de sua adolescência, e hoje pudemos compreender algo que até agora não tínhamos condições de ver porque nos faltavam elementos." "Você está entendendo muito mais do que há três meses o que acontece entre você e sua mulher; acho que, se continuar trabalhando desse modo, dificilmente voltará a se sentir tão perdido nos problemas com ela."

b) *Esclarecer os objetivos*. Nas primeiras entrevistas, impõe-se um esclarecimento que oriente o início do processo. Exemplo: "O que vamos procurar é compreender quais problemas seus, por um lado, e de sua mulher, por outro, se encontraram para produzir os choques destes últimos tempos. Se esclarecemos isso, pode vir a surgir uma perspectiva nova sobre os problemas que ambos sofrem no momento." "Nesta primeira fase de seu tratamento, o primordial é conseguir que você possa tranqüilizar-se, afastar-se um pouco da confusão em que está mergulhado agora, esclarecer como se chegou a esta situação; a partir daí, se você contar com mais elementos de avaliação, veremos como continuar." Cada momento de qualquer sessão posterior se presta para redefinir os objetivos a longo prazo (objetivos estratégicos: "Que você vá conquistando maior independência em relação a seus pais, maior capacidade de decidir sozinho sua vocação") e no presente imediato (objetivos táticos: "Nestas últimas sessões, estamos explorando tudo o que em sua vida significou dependência, tudo que a leva a ser mais a filha do que a mulher de seu marido; talvez isso nos permita compreender melhor como foi se desenvolvendo essa sua relação de submissão, que está na base da crise").

c) *Reforçar todo avanço na tarefa*. Exemplos: "Até há muito pouco tempo você acreditava que nunca poderia pensar em si mesmo, que estava condenado a tentar fazê-lo e a deparar com a mente bloqueada. Esta semana, para sua surpresa, você conseguiu, e bastante. Seria útil revermos agora o que queria dizer em você essa convicção fatalista de que não seria capaz de fazê-lo; por outro lado, é importante que você insista em continuar fazendo o que já conseguiu, que não pare por aí." "Desta vez, você deu um jeito de exigir de seu pai um tempo para falar dos problemas comuns e conseguiu que ele o escutasse. Isso é importante porque esse diálogo é algo novo e partiu de uma mudança de atitude sua. Daqui por diante, seria útil que você se observasse, a fim de ver por quanto tempo mantém essa nova atitude, de dar-se o devido valor, e em que momento pode surgir a tendência à relação anterior."

É possível distinguir essas intervenções que visam o reforço reforço de conquistas das que podem estritamente ser definidas como de "apoio". Embora nessas intervenções se expresse a aprovação do terapeuta, a ênfase recai na direção do movimento realizado e em suas conseqüências. O cotejo entre o antes e o agora se destina a objetivar esse movimento e contém, latentes, novos *insights*. As intervenções de apoio, em contrapartida, não têm como meta reforçar o crescimento; na verdade, contêm a parte que não cresce da pessoa, aquela que está detida por carência de recursos autônomos, e permanecem mais no plano do ato em si mesmo, não visando primordialmente novos *insights*.

d) *Clareza do método expositivo*. O terapeuta trabalha com a atenção voltada para dar a suas intervenções formas, modos de construção e palavras que facilitem sua compreensão pelo paciente. Exemplo: "Você, segundo seu relato, disse a ela muitas coisas, algumas construtivas, outras, ao que parece, bastante destrutivas. Depois, registrou as construtivas, juntou-as e lhes deu o nome de 'minha atitude positiva em relação a ela.' Ela, segundo seu relato, disse-lhe várias coisas, algumas destrutivas, outras construtivas. Você registrou mais as destrutivas e as chamou de 'a atitude negativa dela em relação a mim'." A pergunta a fazer é esta: será que há em cada um de vocês um predomínio distinto dentro dessa mistura, ou será que há parcialidade em seu registro? Uma intervenção assim, bem explícita, deslinda uma série de planos de análises do episódio, enfatiza nas seqüências prováveis mecanismos de transformação dos fatos. É significativa a diferença em comparação com o que poderia formular-se como uma interpretação sintética do tipo: "Você atribui a si mesmo a atitude boa e projeta nela tudo o que havia de destrutivo nos dois." Outra intervenção esclarecedora, na qual o terapeuta se antecipa, é a seguinte: "Pareceu-me, enquanto eu lhe dizia tudo isto, que você se perdeu em certo momento. Vejamos o que foi que entendeu para que eu possa lhe esclarecer o resto."

e) *Exposição aberta de seu método de pensamento*. Isto significa que o terapeuta se preocupa em pôr ao alcance do paciente sua maneira de raciocinar, suas inferências e os dados dos quais parte para fazê-las, já que o que importa para o paciente não são meramente seus resultados, mas o modo de processar a informação. Isso permite ao paciente compartilhar progressivamente o método de trabalho, dando-lhe também a possibilidade de questioná-lo. Isso pode levar o terapeuta a formular uma interpretação e imediatamente perguntar: "Sabe por que penso isto?... quando você disse 'comecei a trabalhar', não o disse num tom coerente com a boa notícia, num tom de festejo, e então pensei se não haverá em você..." Esse tipo de exposição tem uma particular eficácia didática e corresponde, no fundo, a uma atitude ideológica com respeito ao caráter da relação terapêutica, ponto que será discutido no capítulo 15 (problemática ideológica das psicoterapias).

f) *Utilização de todo recurso facilitador do processo de investigação e compreensão da problemática*. O terapeuta está sempre aberto a enriquecer seu método de trabalho com qualquer recurso dotado de valor didático para ilustrar e objetivar aspectos do paciente ou da situação. Não restringe necessariamente o intercâmbio à comunicação verbal, abrindo a tarefa para as contribuições em forma de desenhos (dele próprio ou do paciente), fotografias, poemas, escritos pessoais, objetos (entalhes ou peças de cerâmica, por exemplo), tarefas concretas realizadas em sessão, gravação de sessões posteriormente reescutadas. Cada um desses recursos pode revelar facetas que o intercâmbio verbal às vezes não destaca de modo suficiente, e outras vezes decididamente obscurece. Sua incorporação ao processo, a qualidade e a oportunidade da inclusão dependem de iniciativas do paciente e também da capacidade do terapeuta.

Os *esquemas* podem funcionar como instrumento habitual de seu trabalho. Seu valor didático chega por vezes a ser enorme. A existência de núcleos enquistados, a contradição entre tendências regressivas e progressivas, a sobreposição e a confusão de identidade características dos vínculos simbióticos são aspectos suscetíveis de representação gráfica fecunda. O trabalho posterior do paciente em cima do esquema pode mostrar-se altamente enriquecedor. A experiência de ver e comentar em sessão *fotografias* familiares costuma mostrar-se reveladora e fortemente mobilizadora, já que fotografias que o paciente dava por conhecidas aparecem nas sessões sob uma nova ótica, imprevisível.

Outro aspecto sumamente rico de ampliação de recursos consiste em *trabalhar com a tarefa-problema*. Encontram-se com freqüência em psicoterapia pacientes com dificuldades persistentes, e resistentes à mudança, na realização de tarefas-chave vocacionais-profissionais. A comunicação verbal sobre essas dificuldades torna-se então confusa, porque os próprios problemas que dificultam a tarefa interferem na percepção que o paciente tem dos modos, seqüências e zonas de emergência das dificuldades. Sempre que a índole da tarefa o permitir (e, em certos casos, sempre que a possibilidade de deslocamento do terapeuta o permitir), mostrar-se-á uma notável abertura transformar a tarefa-problema em objeto de observação direta em sessão, assim como de elaborações, associações, reformulações imediatas, a partir de cada segmento da tarefa realizada. Numa dessas experiências, durante o tratamento de um arquiteto, foi possível localizar pela primeira vez o momento da tarefa de fazer um projeto em que apareciam os obstáculos. Era possível seguir passo a passo o acontecer emocional e corporal que acompanhava cada fase da tarefa. Os obstáculos foram transpostos progressivamente. Duvido que conseguiríamos os mesmos resultados se tivéssemos nos restringido a uma indagação verbal. Poder-se-ia pensar, por outro lado, que o problema básico teria surgido de qualquer maneira; não se descarta essa hipótese, mas creio que num prazo muito mais longo, e ainda não estaria assegurada a transposição que tivesse sido elaborada para a área do trabalho; é preciso ainda levar em conta a distinção entre conflito básico e conflito derivado; para a sobredeterminação deste último concorrem proble-

A relação de trabalho 117

mas específicos da tarefa-problema. Na psicoterapia de outro paciente, o objeto de muitas sessões foi sua dificuldade em tocar um instrumento musical ao qual dedicava todos os seus esforços e expectativas vocacionais. Pudemos observar problemas em seu método de estudo, fizeram-se visíveis seus conflitos com certas passagens da obra, ansiedades claustrofóbicas ante o avanço da partitura, reações depressivas diante de erros mínimos. A partir de sua mais forte expressão na área vocacional, tornaram-se mais nítidos aspectos caracterológicos relacionados com o narcisismo e a onipotência, num grau de evidência impactante.

O emprego do *gravador* é outro dos grandes recursos didáticos. Voltar a escutar uma sessão é, para o paciente e para o terapeuta, uma experiência reveladora de aspectos que, originalmente, pelo ritmo, clima e tensões da sessão, só puderam ser registrados em pequena proporção. Um de meus pacientes, Ernesto, de quem falei na discussão sobre foco, só conseguiu reconhecer a fundo, e pela primeira vez, suas dificuldades para o diálogo, sua tendência a interromper-me, a escutar apenas a metade de minhas intervenções quando escutou em casa uma sessão. O impacto foi significativo e facilitou uma abertura.

6. *Inclusão do terapeuta como pessoa real.* Através das atitudes que caracterizamos como empatia, acolhimento, espontaneidade, iniciativa, são postos em jogo traços da pessoa do terapeuta. Em psicoterapia, a presença pessoal do terapeuta não atua como um acréscimo perturbador do campo terapêutico, mas como parte nuclear do instrumental técnico. Os matizes dessa inclusão, a maneira como se regula cada um dos aspectos pessoais, variam notavelmente de acordo com cada situação terapêutica, porque as necessidades dessa inclusão são ditadas por uma constelação de variáveis que definem o mundo individual de cada paciente, o momento particular de cada grupo, de cada sessão. *O papel do terapeuta se exerce não apenas pelo que permite ao paciente ver de seu mundo, como também pelo papel que desempenha nesse mundo.* Papel real do terapeuta, cuja influência no paciente passará, sem dúvida, pela "leitura" pessoal que ele faça daqueles comportamentos concretos, recodificados a partir do mundo de significações do paciente, mas

efetuada a partir desse pólo objetivo fornecido por comportamentos específicos do terapeuta postos no vínculo. O papel do terapeuta é não só objetivador para o paciente, mas também retificador. Se, tradicionalmente, a psicoterapia verbal foi definida como "tratamento mediante a palavra no quadro de uma relação humana", o reconhecimento específico do papel retificador do comportamento vincular do terapeuta nos leva a reformular aquela definição: "tratamento mediante a palavra e mediante uma relação humana específica, mutuamente potencializadas". O caráter específico que em cada situação a relação terapêutica deve assumir será discutido no próximo item, em termos de "personalização da relação de trabalho". Tarachow acentuou a importância do papel real do terapeuta com especial ênfase: "De fato, a realidade do terapeuta é um fator que mantém o tratamento em marcha. A relação real conduz a uma identificação que fornece também a motivação para o trabalho... ver o terapeuta como ele de fato é ajuda o paciente a corrigir suas distorções transferenciais" (2). O aspecto de identificação aqui mencionado poderá ser abordado no nível de identificações infantis (projeção, dependência, idealizações), mas igualmente num nível mais adulto de identificação com funções e qualidades de seu papel real.

O papel terapêutico desempenhado pela personalização do terapeuta cria uma aberta *compatibilidade com a existência de vínculos com o paciente em outros papéis*, fora da situação de tratamento. À exceção, talvez, de uma relação primária, de intenso compromisso afetivo, outros encontros entre paciente e terapeuta, em outros contextos, podem enriquecer o processo, em virtude de seu valor mobilizador e revelador de facetas ocultas do vínculo. É possível que a contribuição dessas experiências, com freqüência imprevisível, provenha de sua ruptura com a estereotipia de um contexto único, de papéis fixos, aos quais tanto paciente como terapeuta podem acomodar insensivelmente seus mecanismos de controle imobilizador.

Se considerarmos o conjunto dos comportamentos do terapeuta que definem seu potencial de contribuições à relação de trabalho, poderemos diferenciar claramente esse vínculo terapêutico da chamada "relação analítica" (anonimato, ambigüidade, virtualidade, controle dos afetos, assimetria do diálogo, imobilidade corporal, iniciativa delegada ao paciente).

Se atentarmos para o nível de generalidade em que se formulam os traços do terapeuta que atuam na relação de trabalho, pode-se questionar a aplicabilidade desse conjunto de atitudes, o direito de propô-lo como constituinte de uma "técnica". Com efeito, é necessário ir além de sua formulação geral para que técnica deixe de ser "a técnica" (universal, abstrata) e passe a ser a cristalização em ato, totalmente singular, de um fundo de recursos, de um conjunto de possibilidades que cada relação bipessoal tem de realizar seletivamente, atacando em cheio necessidades próprias de cada momento do processo. Podemos definir como *flexibilidade* a capacidade do terapeuta de converter em ato, daquele conjunto de possibilidades, a constelação adequada ao momento de cada processo.

2. Personalização da relação de trabalho.
Fundamentos dinâmicos da flexibilidade

Entendemos a flexibilidade do terapeuta como o ajuste e a adequação de suas atitudes e recursos técnicos a necessidades muito particulares de cada pessoa em tratamento. Desde o primeiro contato, o paciente dá indícios do tipo de relação de que precisa; trata-se com freqüência de indícios sutis, de um pedido não-consciente. Poder dar resposta a essa demanda depende de uma capacidade peculiar do terapeuta, composta de sensibilidade para registrar esses indícios e flexibilidade para selecionar seus instrumentos em função da estrutura dessa demanda. A intuição do terapeuta mede-se por sua capacidade de ajuste automático à demanda. As necessidades do paciente estarão relacionadas com certo número de funções que o vínculo deve atender, com necessidades de gratificação (amiúde compensatórias), necessidades de retificação no que tange a vínculos primários (em especial parentais); essas necessidades aludirão a aspectos tais como proximidade-distância afetiva, intimidade-respeito de limites, freqüência do contato, quantidade e tipo de ofertas do terapeuta (dar-receber [informação ou objetos], intervir-deixar fazer, guiar-acompanhar, receber-devolver, proteger-autonomizar, estimular-prescindir, afetivizar-neutralizar). Essas necessidades proporão um clima especial de comunicação, dado pela combinação do conjunto de parâmetros. Exigirão a instalação de uma estrutura personificada, particularizada, do vínculo terapeuta-paciente. Essa diversidade de propostas do paciente (através de seu estilo comunicacional, mais do que mediante conteúdos do relato) pode encontrar sua significação dinâmica geral na seguinte hipótese: o paciente recorre à terapia para construir um vínculo adequado à etapa de desenvolvimento na qual certos obstáculos entorpeceram seu ulterior crescimento (3).

É possível acrescentar a essa hipótese que, além de vínculo adequado a uma etapa do desenvolvimento, há uma demanda de certas qualidades peculiares do vínculo, que não deve reforçar temores (medos de dominação, invasão, castigo), mas dissipá-los, e suprir carências (de afetividade, continência, discriminação), não prolongá-las. Se há necessidades a satisfazer por meio do vínculo terapêutico, necessidades que dependem de uma etapa do desenvolvimento cuja realização está pendente, será o avanço na satisfação e modificação dessas necessidades que ditará as tarefas primordiais, as exigências para cada fase desse processo evolutivo iniciado. A flexibilidade do terapeuta reside então em *dispor de um amplo espectro de respostas que permita ao paciente organizar seu campo, ir revelando suas necessidades* segundo seqüências inteiramente particulares. Desse modo, o vínculo proposto poderá desenvolver com o tempo suas exigências, segundo um curso relativamente autônomo.

Penso em Cristina, uma paciente de 31 anos com dificuldades em várias áreas de realização vital e depressão ligada a essas dificuldades, com significativas carências em sua infância em virtude da ausência do pai e de uma severa doença caracterológica da mãe. Iniciou seu tratamento propondo um vínculo no qual o terapeuta exercesse uma continência ativa, fosse guia e fonte de abundantes ofertas (sugestões, opiniões, conselhos). Como terapeuta, eu não entendia inicialmente que a satisfação dessa demanda pudesse facilitar um processo evolutivo; isso me levou a tentar dissuadi-la dessas exigências, propondo-lhe que se satisfizesse com minhas interpretações.

Sem saber, estava lhe propondo um salto evolutivo; as debilidades egóicas inerentes à etapa de desenvolvimento não-realizada, e talvez a acertada intuição da paciente acerca do que precisava satisfazer nessa etapa para poder crescer, levaram-na atuar com suficiente energia para não aceitar minha proposta e convencer-me de que seguiríamos a dela. Não inteiramente convencido de que fosse esse um caminho útil, mas à falta de outro viável, trabalhei com ela segundo a estrutura de vínculo contida em sua demanda inicial. Depois de três anos de uma psicoterapia de duas sessões semanais, pude comprovar a passagem a outra etapa de desenvolvimento, na qual a paciente deixou de solicitar-me no papel inicial e adquiriu uma progressiva autonomia; nessa fase, o estilo comunicacional da paciente me propunha desempenhar um papel de acompanhante, mais como supervisor de suas próprias elaborações e consultor em ocasiões mais esporádicas. Essas mudanças foram paralelas a novas realizações vitais. Posso ver agora que a estratégia da paciente era adequada, que minhas ofertas iniciais não provocaram um acréscimo (com detenção do processo numa relação de dependência oral), mas que constituíram por certo fatores-chave para o cumprimento de uma etapa e o ulterior amadurecimento. É lícito pensar, pelo contrário, que caso *o terapeuta persistisse na negativa* a fazer aquelas ofertas, *teria consolidado a fixação* no nível oral-dependente.

Em Esteban, um paciente de 22 anos, o estilo de sua comunicação inicial trazia a proposta que em Cristina só apareceu como necessidade de vínculo da segunda fase. Não havia em sua infância as situações de carência de Cristina. Suas dificuldades começaram na puberdade e se acentuaram com o avanço da adolescência (conflitos na relação familiar, instabilidade nas relações amorosas, incerteza vocacional). O que Esteban pede é um terapeuta afetuoso mas discreto, que lhe permita experimentar sua autonomia, que não o retenha perto demais (baixa freqüência de sessões), que permita que ele construa primeiro suas interpretações, cabendo ao terapeuta o papel de verificador. Detectam-se elementos de rivalidade na transferência, mas é preciso considerar também o *que não é transferência*. Na relação com o pai, este também rivaliza com ele, opõe-se ao seu nascimento. O que o paciente deseja encontrar é um terapeuta que desempenhe um *papel diferencial*, que o acompanhe em lugar de obstruí-lo em seu crescimento. Também em Cristina, minha presença num papel paterno instalava a diferenciação-retificação da experiência do pai ausente. Em ambos os pacientes, há uma proposta que condensa necessidades numa estrutura nova de vínculo *transferencial-diferencial*.

A estratégia implícita da demanda é a de *repetir-diferenciando para deixar de repetir*.

A necessidade de adequar-se à dialética dessa estratégia, que requer do vínculo funções muito específicas, é a que fundamenta dinamicamente a flexibilidade técnica do terapeuta[2].

A personificação do vínculo na relação de trabalho deve ser entendida, portanto, em suas duas vertentes: adequação do vínculo a necessidades específicas de cada paciente e acionamento de capacidades e atitudes reais do terapeuta a serviço do processo. O objetivo é terminar com as dissociações tradicionais entre "a técnica", por um lado, e as influências da "personalidade do terapeuta", por outro; aqui, *a inclusão seletiva de traços pessoais do terapeuta é parte da técnica*. Uma equipe da clínica Menninger (4) avaliou exaustivamente a problemática de uma paciente depressiva de 40 anos e discutiu a estratégia psicoterapêutica. Culminavam em sua depressão muitos anos de conflito conjugal, com uma separação recente, e de um prolongado estancamento em sua criatividade. Como seu marido fora um personagem frio, castrador, desvalorizador dos interesses artísticos da paciente, propôs-se ao terapeuta que fosse acolhedor, que estimulasse seus interesses e demonstrasse plena confiança em suas capacidades (que a avaliação mostrava existirem, latentes, nela). Era a *indicação estratégica que, para realizar-se, exigia o compromisso pessoal do tera-*

....
2. Outro aspecto, complementar no tocante a exigências de flexibilidade do terapeuta, é dado pela necessidade de que este adapte seu papel e tipo de intervenções segundo a mobilidade particular e as oscilações próprias das capacidades egóicas do paciente, aspecto a ser discutido no próximo capítulo.

peuta. Este pôde assumi-lo. Depois de dois anos, os resultados eram muito positivos, e se considerou que a oferta do terapeuta fora decisiva. No *processo terapêutico, vão se entretecendo então duas tarefas*. Por um lado, a que se concentra na ativação egóica do trabalho num foco (e que encontra seus êxitos mais facilmente constatáveis no esclarecimento e no *insight*). Por outro, a realização de um vínculo em que simbolicamente se oferecem gratificações e estímulos retificadores de certas condições vinculares do desenvolvimento, que atuaram precisamente como obstáculos para um melhor crescimento prévio do potencial egóico. Esta segunda tarefa costuma ser menos percebida (em virtude de estar ainda menos teorizada no que se refere a todos os dinamismos que nela operam). Atua na prática terapêutica corrente de maneira mais silenciosa, enquanto a atenção de ambos os participantes tende a concentrar-se no esclarecimento da problemática focalizada. Mas é necessário vê-la em toda a sua importância, já que é a realização simbólica que vai se operando através desse vínculo real, personificado, que provê a sustentação dinâmica para o processo de ativação egóica na elaboração do foco, assim como para toda outra série de mudanças que se encadeiam no processo terapêutico.

Referências bibliográficas

1. Truax, Charles e outros, "Therapist Empathy, Genuineness and Warmth and Patient Therapeutic Outcome", *J. Consult. Psychol.*, vol. 30, pp. 395-491, 1966.
2. Tarachov, Sidney, *Introducción a la psicoterapia*, Centro Editor de América Latina, Buenos Aires, 1969.
3. Chassell, Joseph, "The Growth Facilitating Experience in Psychotherapy", *Int. J. Psychoanal. Psychother.*, 1, pp. 78-102, 1972.
4. Sargent, Helen e outros, *Prediction in Psycoterapy Research. A Method for the Transformation of Clinical Judgements into Testable Hypothesis*, Nova York, Int. Univ. Press., 1968.

Capítulo 8
As funções egóicas no processo terapêutico

O estudo das funções egóicas constitui um capítulo importante, tanto para uma compreensão dinâmica do comportamento como para entender os mecanismos de ação das influências corretivas sobre esse comportamento. Também mostra importância por razões de eficácia terapêutica, visto que se destacou com pleno acerto que o sucesso ou o fracasso de uma psicoterapia depende da evolução adequada ou da negligência dos recursos egóicos do paciente (12). No entanto, tanto em investigações empíricas como na teoria, tanto na elaboração epistemológica (incluindo uma revisão ideológica das categorias com que foi pensado) como no que se refere à clareza de seu manejo clínico, esse aspecto tem sido até agora insuficientemente aprofundado.

Cabe perguntar o porquê de uma "psicologia do ego", se cada corte transversal do comportamento mostra, segundo o modelo estrutural psicanalítico, traços de influência dos três sistemas (ego, superego, id). No âmbito do desenvolvimento da teoria psicodinâmica do comportamento, a ênfase nas funções egóicas teve uma força reativa, dado que elas constituíam a zona menos atendida por uma elaboração teórica rigorosa (5). Além disso porque, num primeiro período da conceituação freudiana, essas funções eram vistas como mais passivas, subordinadas às dos outros dois sistemas, carecendo de uma autonomia que a experiência clínica foi revelando posteriormente, até forçar o seu reconhecimento.

Há, ademais, outras razões para dar ênfase ao ego. Como sistema de funções, o ego revela-se dotado de uma mobilidade maior do que a dos outros dois, sua flexibilidade potencial contrasta com a inércia atribuída ao superego e ao id. Essa mobilidade permite explicar fenômenos empiricamente constatáveis, modificações no comportamento do sujeito que ocorrem em ritmos mais rápidos do que seria de esperar numa perspectiva que atenda primordialmente à inércia dos outros componentes da estrutura. O enfoque egóico recorta então aspectos dotados de uma particular flexibilidade e permeabilidade a influências de mudança múltiplas, oferecendo assim uma base para a compreensão da ação terapêutica, em prazos breves e médios, de uma diversidade de recursos corretivos. Por outro lado, na medida em que muitas das funções egóicas regulam o contato com as condições de realidade e o ajustamento a estas, o ego aparece como zona-ponte de especial interesse para todo enfoque diagnóstico, prognóstico e terapêutico que aspire ultrapassar os quadros de uma ótica individual concentrada no "mundo interno"[1]. Neste aspecto, um exame mais aprofundado do papel do ego e de seus intercâmbios com a realidade implica inevitavelmente um movimento de reformulação ideológica.

Dada toda essa importância das zonas destacadas pelo enfoque egóico, cabe perguntar-se quais os determinantes socioculturais que dificultam um desenvolvimento mais rigoroso desse enfoque. Não parece ser casual, mas sim fruto de inibições repressivas e de distorções de uma camada intelectual, a falta de uma indagação mais profunda das conexões com a realidade e seus dinamismos, tratando-se precisamente de uma área de autonomia potencial do indivíduo (6). A evidência do déficit exprime-se no fato de que todo terapeuta de orientação social e institucional sabe que trabalha com o ego do paciente, mas essa noção funciona em estado pré-científico: ele dificilmente poderá explicar em que consiste reforçar o ego, quais os caminhos e mecanismos íntimos desse reforço.

....
1. Esta última, quanto mais unilateralmente atenta estiver ao mundo interno, e descuidada das condições de realidade total em que existe o sujeito com seu mundo interno, mais impregnada estará de idealismo.

As funções egóicas no processo terapêutico

Falamos no começo da precariedade na elaboração epistemológica desse enfoque. Para constatá-la, basta rever as listas tradicionais das funções egóicas. Hartmann foi explícito: ninguém fez uma lista completa das funções egóicas, o que, por si só, já revela a curiosa situação de uma corrente que não termina de delimitar seu objeto. Além disso, as classificações dessas funções mesclaram níveis, sobrepondo continuamente as categorias empregadas. Esta, se estamos certos, é uma das razões para entender a ambigüidade em que permanecem as tentativas de explicar, com base nessa psicologia do ego, as mudanças e o modo como operam para produzi-las as diferentes intervenções terapêuticas. Trabalhar para tornar claras certas distinções conceituais apresenta-se para nós como tarefa preliminar à tentativa, por certo imprescindível, de compreender as mudanças egóicas no processo terapêutico.

Depois de cotejar leituras com experiências clínicas e de aprofundar reflexões e discussões sobre o tema[2], uma de nossas conclusões é que qualquer lista deverá manter distinções entre a *função* propriamente dita (percepção, planejamento, coordenação), os *efeitos* do exercício dessas funções (controle de impulsos, adequação realista, integração) e as *qualidades* atribuíveis a essas funções com base em seus rendimentos objetivos, verificáveis segundo a qualidade dos mencionados efeitos (autonomia *versus* interferências devidas ao compromisso com o conflito, força *versus* fraqueza, plasticidade *versus* rigidez, coesão do conjunto *versus* dispersão, amplitude *versus* restrição, organização hierárquica e coesão do conjunto)[3].

....
2. Discutimos exaustivamente as funções do ego num grupo de estudos sob minha direção (1971-72) e integrado pelas psicólogas Eva Cozzetti, Nilda Guerschman, Celia Mauri, Julia Redondo, Edith Vivona e Inés Youkowsky. Vários dos critérios postulados neste capítulo resultam dessa tarefa de elaboração grupal.
3. A ausência dessas distinções faz com que listas como as de Bellak (2), alicerçadas por sua vez nas de Hartmann, se mostrem confusas: não se podem colocar num mesmo nível (o que está implícito em sua enunciação uns depois de outros) "controle de impulsos", "pensamento" e "senso de realidade", já que costumam ser facetas de um único ato unitário de comportamento baseado na regulação egóica.

Com base nessas distinções, passaremos agora em revista vários aspectos desse conjunto de funções.

1. Funções egóicas

Este conceito abarca um conjunto no qual é necessário, pelas razões precedentemente expostas, fazer diferenciações hierárquicas em três ordens de funções.

A. *Funções egóicas básicas*, voltadas para o mundo exterior, para os outros e para aspectos de si mesmo: percepção, atenção, memória, pensamento, antecipação (planejamento ou programação da ação), exploração (atividades de tenteio e rodeio), execução, controle (regulação) e coordenação da ação. Essas funções se mostram dotadas de certo potencial de autonomia primária (6) (atuam com eficácia dentro de determinada margem de condições, apesar da ação contrária de forças que, ao longo do desenvolvimento e em cada corte transversal do comportamento, tendem a enfraquecê-las ou prejudicá-las). Esse potencial de ação "livre de conflitos" é relativo, reversível, móvel quanto à sua amplitude, mas constatável com base na capacidade de ajuste do comportamento avaliado em seus matizes mais sutis (plasticidade, correção por retroalimentações).

B. *Funções defensivas*, destinadas a neutralizar ansiedades por meio de diversas modalidades de manejo de conflitos criados entre condições de realidade, impulsos e proibições. Tais funções defensivas (dissociação, negação, evitações) não podem ser colocadas ao lado das que chamamos de básicas, já que são funções de outra ordem, atuam simultaneamente com aquelas, cavalgam-nas e, por isso, com freqüência, prejudicam-nas em seus outros fins de ajustamento. A repressão atua não só sobre afetos e impulsos, mas, ao mesmo tempo e basicamente, afetando percepções, recordações, pensamentos e execuções motoras. Por seu turno, aquelas funções básicas, sua força e disponibilidade constitucional influem na configuração do repertório defensivo. Hartmann (5) destaca assim esse interjogo:

> Até agora, abordamos em psicanálise principalmente a intervenção do conflito em seu desenvolvimento (refere-se aos fatores autônomos) [...] mas é de considerável interesse, não só para a psicologia do desenvolvimento, mas também para os problemas clínicos, estudar igualmente a influência contrária, isto é, a influência que a inteligência de determinada criança, seu aparelho motor e perceptivo, seus dotes especiais e o desenvolvimento de todos esses fatores têm sobre o tempo, a intensidade e o modo de expressão desses conflitos.

As relações entre as citadas funções básicas (dotadas de autonomia primária) e as defensivas apresentam-se a nós como as de dois subsistemas de nível distinto, enraizados, que se influenciam reciprocamente (reciprocidade que explicaria, por exemplo, como o exercício de uma atividade – terapia ocupacional – consegue, mediante o reforço das funções perceptivas, do planejamento e da execução motora, contribuir para modificações na força e no nível das defesas, fato que a clínica verifica com freqüência).

C. *Funções integradoras, sintéticas ou organizadoras.* Trata-se de funções de terceira ordem, isto é, que constituem um estrato funcional hierarquicamente sobreposto aos anteriores. Permitem manter, no interior de uma enorme variedade de comportamentos, uma coesão, uma organização, um predomínio das sinergias sobre os antagonismos funcionais. A força dessas funções integradoras é posta à prova particularmente quando, diante de mudanças na situação, o sujeito deve reorganizar suas relações com o mundo, através de uma mobilização seletiva de novas funções de adaptação. Revelam-se igualmente na possibilidade de coordenar metas "racionalmente escolhidas" com outras necessidades arraigadas na zona irracional dos impulsos. A síntese consiste, por exemplo, em articular eficazmente o contato com o próprio desejo e o controle racional sobre as condições reais de satisfação do desejo.

Algumas dessas funções de síntese podem, segundo julgo, vincular-se com o que, num enfoque existencial, foi chamado (Sartre) (11) de "tendência constante do sujeito para uma totalização de si mesmo, para realizar a unidade na multiplicidade de determinações que o constituem". Essa coincidência é visível quando, no enfoque psicanalítico, são mencionadas como "atividades de completamento, de fechamento gestáltico de si" (10). Essas funções operam sem cessar tendendo a um centramento da pessoa. Conectar-se com esse nível de funcionamento egóico significa colocar-se, o terapeuta, na perspectiva realizável de dentro desse esforço de centramento e recentramento pessoal constante (em luta contra tudo o que tende a dissociar e a desorganizar). É estar atento à presença mais ou menos bem-sucedida, mas constante, de um projeto de totalização de si mesmo, em função do qual uma das perspectivas, entre várias outras, deve necessariamente ser a das sínteses (aspectos que aparecem diluídos em certos desenvolvimentos correntes, centrados numa busca "analítica" que hipertrofia os momentos de fragmentação, o estudo, por partes, do sujeito).

A presença dessas funções de síntese se exprime também num nível de intencionalidade, no qual se buscam estabelecer conexões eficientes entre o pensamento racional e outras zonas da experiência. O trabalho em psicoterapia destinado a reforçar funções egóicas deve respeitar os efeitos bem-sucedidos dessas funções (exemplo: tornar explícitas as conquistas objetivantes do pensamento manifesto em suas mensagens intencionais), assim como assinalar seus fracassos e explorar os motivos desses fracassos. Isso significa um terapeuta atento a uma dupla frente constante: a das mensagens "latentes" e a das mensagens manifestas e intencionais do paciente, cuja negligência equivaleria a desconhecer toda uma área de rendimentos egóicos[4].

....
4. Esse ponto requer ser enfatizado diante dos equívocos que suscitam certas regras técnicas da psicanálise kleiniana, em que, a partir da premissa de que "todo acontecimento no campo deve ser ao mesmo tempo outra coisa" (Baranger), se passa ao método de "o analista negligenciar a mensa-

2. Os efeitos das funções egóicas

São talvez mais bem identificados do que aqueles vários níveis de funções em sua complexa inter-relação. Abrangem: adaptação à realidade, senso e prova de realidade, controle de impulsos, regulação homeostática do nível de ansiedade, maior tolerância à ansiedade e à frustração com capacidade de espera, produtividade, capacidade sublimatória, integração e coerência de uma diversidade de facetas da pessoa. Um dos pontos mais controversos em termos ideológicos reside na noção de adaptação à realidade, noção sem dúvida fundamental no que se refere aos critérios habituais de normalidade e cura. Nas psicoterapias dos Estados Unidos, essa noção funciona como ideal terapêutico; em nosso meio, para muitos terapeutas, como uma espécie de resultado mínimo e questionável em seus conteúdos de submissão social. Uma distinção feita por Hartmann é oportuna neste contexto: a que propõe diferenciar *estado de adaptação* (como meta alcançável na qual se aspira permanecer) e *processo de adaptação*, que implica pôr ativamente em tensão o amplo repertório de recursos do sujeito, que é por certo condição necessária para toda tentativa de relação dinâmica e crítica com a realidade. Dirija-se a um ou ao outro desses modos de adaptação, o processo terapêutico dependerá em certa medida tanto da ideologia do paciente como da ideologia do terapeuta. Dependerá, além disso, da inserção social concreta de ambos e da margem de recuperação imposta pelas condições gerais, estruturais e repressivas do sistema social. A distinção de Hartmann pode ser aprofundada se diferenciarmos subníveis nos fenômenos de "adaptação": há uma "adaptabilidade" dada pela eficiência potencial de certas funções egóicas necessárias ao manejo de toda realidade (inclusive ao manejo que tenda a modificá-la); há outra

....
gem intencional do paciente, captando em contrapartida outra distinta" (9). Isso é totalmente antagônico à atenção que as psicoterapias devem prestar, entre outros níveis, ao do rendimento egóico. Pela simplificação proposta naquela regra das relações entre mensagem intencional e mensagem latente, é até duvidoso que ela tenha alguma validade no trabalho psicanalítico.

"adaptação" concernente à possibilidade de ajustamento interacional em pequenos grupos (e estes podem ser a família ou grupos de trabalho orientados em direções ideológicas diversas); por último, há uma "adaptação" que consiste em aceitar as condições sociais globais vigentes, de maneira passiva. Toda discussão sobre adaptação e mudança em psicoterapias deveria incluir essas distinções.

3. Algumas qualidades das funções egóicas

a) *Autonomia*. Esta qualidade foi vinculada por Hartmann à possibilidade de certo funcionamento egóico não prejudicado pelo compromisso de suas funções no manejo dos conflitos ("área do ego livre de conflitos"). Essa possibilidade de relativa autonomia precisou ser demarcada para resgatar o ego de um modelo estrutural primitivo no qual suas funções estavam a serviço de outras forças intervenientes nos conflitos (id, superego, mundo exterior). Essa autonomia se verifica pelo "ajuste" conseguido em determinados comportamentos adaptativos, apesar da existência de conflitos e de uma organização defensiva montada sobre esses conflitos. Quando o restante do rendimento egóico se acha prejudicado pelo desenvolvimento dessa organização defensiva, o comportamento adquire, em contrapartida, outros matizes que o caracterizam: restrição perceptual ou imaginativa, limitações na criatividade, rigidez no desenvolvimento de um comportamento, limitações no registro de retroalimentações corretivas. Não obstante, as relações entre defesa e ajuste adaptativo nem sempre são antagônicas: o alívio da ansiedade obtido por defesas eficientes pode ser uma condição facilitadora para o emprego de outras capacidades egóicas no manejo de outros aspectos da realidade. A adaptação normal decorre também do eficiente exercício de defesas úteis. Por isso, Hartmann propôs distinguir relações antagônicas e relações de cooperação entre diferentes funções egóicas.

b) *A força* de cada uma das funções e de seu conjunto verifica-se pela eficiência adaptativa que conseguem em comparação com a diversidade de exigências a que estão submetidas.

Revelam-se, por exemplo, na medida em que um sujeito colocado numa situação traumática, aguda, imprevista, consegue manter atuantes seus recursos adaptativos, opondo uma contraforça neutralizadora das pressões internas e externas desorganizadoras ou paralisantes.

c) *A plasticidade* manifesta-se segundo a capacidade de reajuste do repertório de funções diante de variações produzidas na qualidade e na diversidade das exigências que o indivíduo deve enfrentar.

Liberman (9) caracterizou a flexibilidade das funções egóicas com base nestas possibilidades do sujeito:

[...] um Ego idealmente plástico tem de possuir: 1) a capacidade de dissociar-se, do observar sem participar e, assim, perceber totalidades com os detalhes distinguíveis no âmbito dessas totalidades (percepção microscópica: o Ego se reduz e o objeto se amplia); 2) a capacidade de aproximar do objeto a função perceptual e ver um detalhe fazendo abstração da totalidade, mas sem confundir a parte com o todo; 3) a capacidade de captar os próprios desejos e levá-los à ação, desde que exista a possibilidade de satisfazer essa necessidade, e, para isso, tomar uma decisão depois de ter avaliado o equilíbrio entre necessidade e possibilidade; 4) a capacidade de adaptar-se às circunstâncias, ao tipo de vínculo, seja no sentido vertical (avós, pais, filhos) ou no sentido horizontal (graus de intimidade); a capacidade de utilizar o pensamento como ação de ensaio, assim como a capacidade de estar só; 5) a capacidade de ter um montante de ansiedade útil preparatória para efetuar uma ação, uma vez estabelecido o vínculo, tomada a decisão e observadas as circunstâncias – tudo aquilo que permite ter; 6) as possibilidades ótimas para enviar uma mensagem na qual a ação, a idéia e a expressão do afeto se combinem de forma adequada.

Observemos que cada um desses seis grupos de funções propostos por Liberman abrange ao mesmo tempo várias das funções que denominamos egóicas básicas. Esse agrupamento em modelos complexos se aproxima melhor do que é empiricamente o funcionamento egóico. No entanto, parece útil não anular esse outro nível de análise em que se reconhecem certos aspectos mais elementares desse funcionamento, fornecido pelo recorte tradicional de funções simples, visto que permite reconhecer na interação terapêutica estímulos capazes de atuar especificamente sobre alguns desses aspectos mais elementares (perceber, recordar, planejar). É claro que, para conservar esse nível de análise, ele tem de estar já a salvo de todo atomismo ou elementarismo, e jamais como alternativa ao reconhecimento das citadas organizações mais complexas de funções.

A esta altura, é oportuno destacar a necessidade de uma passagem. Mesmo no esboço de modelos complexos de funcionamento egóico, o enfoque se mantém numa psicologia individual, trata-se de *um* sujeito e caracteriza-se a eficácia de *suas* funções. Mas o olhar sobre o ego deve ser ampliado para reconhecer que, na interação social, os outros, os grupos com seus dinamismos, co-participam no curso e nos resultados desse processamento egóico em direções muito diversas, quer para facilitá-lo, quer para entorpecê-lo ou distorcê-lo. Um claro exemplo disto são os fenômenos grupais que Laing investigou em famílias, cujas regras e regras de regras atuam interferindo nos rendimentos egóicos. Esse aspecto merece ser enfatizado, porque amplia o contexto da avaliação do ego.

4. Influências ambientais sobre as funções egóicas

Hartmann assinalou a intervenção no desenvolvimento das funções egóicas de três grupos de fatores: a intensidade dos impulsos, a dotação genética e as influências ambientais (que também devem ser entendidas como co-determinantes da intensidade dos impulsos). O grupo familiar aparece desempenhando um papel primordial na evolução dessas funções: a riqueza ou pobreza perceptiva, imaginativa, cognitiva, a existência de uma área livre de conflitos, a plasticidade do repertório defensivo são sempre co-produções (indivíduo-grupo as vão gestando em seus vínculos). O papel do grupo tem também de ser reconhecido no funcionamento atual dessas funções. Comprova-se então que há situações grupais ou institucionais ego-reforçadoras e outras, em compensação, ego-enfraquecedoras (atuando com base em climas, regras e regras sobre a modificabilidade dessas regras). Todo grupo que atacar as capacidades egóicas de algum de seus membros, que não as reafirmar nem as estimular, e acentuar suas limitações ou erros, assim como negar-lhe sua possibilidade de reformular suas regras de funcionamento, será claramente ego-enfraquecedor. Se com este enfoque forem reexaminados históricos clínicos, comumente centrados no recorte do ego individual, comprova-se que a interação de agentes grupais e sociais ego-enfraquecedores tem um papel relevante nas situações de doença individual.

É também dessa perspectiva que se pode compreender o mecanismo da ação terapêutica de muitos recursos ambientais (grupos ocupacionais, de discussão, de recreação, organização comunitária da vida institucional). Cada um deles instala (por oposição aos grupos e instituições patógenos) contextos de verificação reforçadores do ego individual e grupal mediante apoio dos rendimentos positivos, equanimidade regulada pelo coletivo na discussão dos fracassos e acesso do grupo à discussão sobre as regras que o regem. Do mesmo modo, nas intervenções sobre o grupo familiar, um importante aspecto da ação corretiva exerce-se no sentido de levar o grupo, de um nível inicial de arbitrariedade no manejo das capacidades egóicas de seus membros (isto é, com omissões ou distorções na avaliação dessas capacidades), a outro nível de maior objetividade em suas avaliações (passagem de um contexto ego-enfraquecedor a outro reforçador do ego). A possibilidade de produzir esse deslocamento passa pelo desvelamento de suas regras e meta-regras, disfarçadas de interação "natural" e de simples juízo sobre "fatos". Com esse enfoque, pode ser esclarecedor analisar, como o vislumbraram Freud e Hartmann há várias décadas, instituições mais amplas do que o grupo familiar (hospitais, escolas, partidos) e fenômenos do sistema social global (o controle da informação, o sistema de propaganda ou o aparelho repressivo, por exemplo) a partir do papel que cada um deles desempenha a serviço do reforço ou do enfraquecimento do funcionamento egóico dos indivíduos. O estudo dos antipsiquiatras dedicado às instituições de internação é um bom exemplo de tal enfoque. Com essa ampliação do quadro teórico (ligada a um movimento de reformulação ideológica das categorias que recortam psicologicamente o indivíduo), *já não se trata de avaliar funções egóicas do indivíduo* tão-somente, mas de questionar principalmente *a relação entre essas funções e um conjunto de condições de realidade* que inundam o sujeito, penetrando em seus rendimentos.

5. Ativação das funções egóicas no processo terapêutico

Podemos pensar na situação terapêutica como a instalação de *um contexto de verificação* para o mencionado conjunto de funções egóicas. Também podemos fazê-lo como um *contexto de estimulação* para essas funções; o que o próprio contrato inicial faz é estabelecer uma tarefa nova (indagar, compreender, objetivar uma problemática), cuja simples abertura funciona como incitação original ao exercício daquelas funções. Ao mesmo tempo, a relação terapêutica fornece *um contexto de proteção e gratificação emocional* que alivia ansiedades suficientemente profundas para liberar certo potencial de ativação egóica, isto é, põe essas funções em estado de melhor disponibilidade. Com essas condições básicas, cada sessão, em cada um de seus momentos, opera como ativadora ou mobilizadora do conjunto das funções egóicas. Tomemos um fragmento de sessão, uma comunicação do paciente ao terapeuta:

P.: "Eu, aquela vez, fui frouxo: quando meu pai me disse 'você tem de estar presente na reunião de família', para não discutir, respondi que sim. Desta vez, com a proximidade das festas, fui logo pensando: 'se ele vier com esse negócio de reunião familiar, vou lhe dizer que vá ele, que não estou interessado'; e fiquei esperando, mas desta vez ele não falou do assunto."

Esse breve parágrafo, elaborado em torno da *tarefa* proposta pela relação terapêutica, contém uma recordação com

detalhes, uma atenção concentrada nessa recordação e na tarefa atual, que indaga sobre a relação do paciente com o pai, fundada na discriminação eu-outro; contém uma seqüência (comportamento-reflexão-autocrítica-planejamento de outro comportamento alternativo), cuja evocação na sessão reforça, por sua vez, as funções contidas naquela seqüência.
Continuando, vejamos o papel desempenhado por duas intervenções do terapeuta:

T.: "E você, o que pensa? Por que seu pai desta vez, em que você estava prevenido, não terá dito nada sobre o assunto?..."
P.: "Não dá para entender, porque ele não mudou com relação às festas..."
T.: "Terá ele notado em você uma atitude diferente, algo que você tenha transmitido sem palavras?"

São precisamente aspectos relevantes da tarefa em psicoterapia: perceber totalidades, captar detalhes, avaliar necessidades e possibilidades. Essas intervenções fornecem uma informação nova (uma decisão interna pode ser captada pelo outro sem palavras), estimulam uma avaliação retrospectiva do próprio comportamento diante do outro, propondo ampliar o registro das próprias mensagens gestuais e posturais, uma tentativa de perceber-se a partir do outro, assim como uma busca associativa de mais dados que possam contribuir para a hipótese sugerida pelo terapeuta. Esse fragmento tomado ao acaso pode portanto ser visto, num outro nível que não o dos conteúdos esclarecidos, como a colocação em jogo de uma ativa mobilização egóica. O terapeuta funciona como instrutor-guia, isto é, como agente portador de estímulos, modelos, reforços e métodos corretivos para o desenvolvimento dessas funções. Ao mesmo tempo, os fatos vividos fora da sessão, vistos por um observador enriquecido com a ótica fornecida pela tarefa da sessão, atuam também como estimuladores e reforçadores de todas as funções ativadas em sessão: percepção, memória, atenção, imaginação, reflexão objetivante, planejamento. A constante discriminação entre condições de realidade e as distorções criadas por outra realidade (mundo interno) é uma das tarefas reforçadoras do ego ao longo de todo o processo, já que consolida um ego que observa de modo mais sutil a experiência. Note-se também que muitos dos elos do processamento egóico destacado por Liberman (citado anteriormente) são justamente aspectos significativos da tarefa em psicoterapia: perceber totalidades, captar detalhes, avaliar necessidades e possibilidades etc. A duração do processo terapêutico pode influir no grau de reforço obtido: em terapias breves, é provável que o reforço egóico tenha um alcance setorial, ao passo que em outras, mais prolongadas, pode ser mais amplo.

Em síntese, pode-se entender que as funções egóicas são reforçadas em psicoterapias por meio da criação de um contexto de gratificação, alívio de ansiedade, estimulação e verificação (situação terapêutica) que as solicita ativamente e as consolida através de seu exercício guiado (processo terapêutico). Com sua própria atividade, o terapeuta fornece além disso ao paciente um modelo egóico de identificação. Na relação de trabalho constata-se, por outro lado, a existência de uma interação entre as funções egóicas do paciente e as do terapeuta: há entre ambas uma constante cooperação, ao mesmo tempo que se instala uma relação de complementaridade, costumeiramente regulada de maneira automática. Esse aspecto do vínculo terapêutico mostra-se particularmente interessante para indagar certas leis que regem a relação de trabalho paciente-terapeuta (o que será discutido no próximo parágrafo).

Um ponto essencial para uma teoria do processo em psicoterapia reside no problema da origem e do tipo de mudanças egóicas que podem ser obtidas pelo citado processo. A conceituação dessas mudanças teve de desenvolver-se diante do conceito de área do ego comprometida com o conflito (isto é, submetida às vicissitudes e aos dinamismos das relações intersistêmicas [id-superego-ego] e suas contradições diante da realidade)[5]. Em primeiro lugar, destaca-se então que o reforço na eficácia dos rendimentos egóicos se opera pelo desenvolvi-

....
5. Área cuja modificação é tradicionalmente interpretada no interior de uma teoria da mudança mediante o processo psicanalítico.

mento (ativação e consolidação pela colocação à prova de sua eficácia) de um conjunto de recursos que chegaram ao tratamento em estado de disponibilidade e que podem ser caracterizados como próprios de uma área do ego relativamente "livre de conflitos", capaz de certo crescimento autônomo (6).

Por outro lado, é preciso acrescentar o fortalecimento de funções egóicas que chegam comprometidas com o conflito e conseguem libertar-se parcialmente deste, em função de resoluções parciais do conflito (1), ou sua modificação devida a variações nas forças intervenientes (por exemplo, por mudanças nas condições grupais que o exarcebavam). Postula-se, por outro lado, com fundamentos em todo um conjunto de observações de psicologia evolutiva, uma relação de reforço mútuo entre auto-estima e experiências de eficácia egóica (13). (Esses dinamismos de potencialização de efeitos são abordados mais detidamente no capítulo 9.)

Mesmo em pacientes afetados por uma patologia grave, a margem de recuperação funcional do ego se mostra clinicamente detectável.

Com freqüência, o enfoque terapêutico utilizado numa psicoterapia é o desejo de fortalecer diversas funções egóicas. Por exemplo, com um paciente *borderline*, a finalidade de uma interpretação não seria tanto a de conseguir um *insight* como a de proporcionar um quadro *a partir do qual o paciente possa organizar* uma série de fenômenos. É um esforço no sentido de fortalecer a função integradora, sintética, na medida em que *proporciona uma andaimaria* que permita ao paciente organizar muitos de seus sentimentos, afetos, pensamentos (Zetzel) (1).

Para que essa linha terapêutica seja efetiva, deve-se contar, mesmo no paciente afetado por uma importante debilidade egóica, com um montante de capacidade auto-organizativa em estado de disponibilidade, apesar da existência de conflitos profundos não-resolvidos. Essas exigências reforçam a idéia de que existem importantes *energias egóicas*, não apenas relativamente "livres de conflito", mas também *independentes* dos outros sistemas (13).

O reforço do ego costuma ser identificado com o conceito de "trabalho com as partes sadias" do paciente. Este último conceito é mais amplo: abrange o conjunto de funções egóicas potencialmente resgatáveis apesar do conflito, bem como aspectos motivacionais e vocacionais de nível mais maduro. Talvez toda psicoterapia deva levar em conta as "partes sadias" do paciente. Só então poderá proporcionar uma imagem equânime desse paciente, atenta a seus aspectos doentes, regressivos, tanto quanto a suas capacidades e conquistas, não só no ambiente extra-sessão, mas também no âmbito de cada sessão. Essa equanimidade se expressará no fato de que o terapeuta assinale a emergência de ansiedades e defesas arcaicas no vínculo transferencial, por exemplo, e ao mesmo tempo o ato de crescimento que pode ser com freqüência a premissa silenciosa dessa capacidade de mergulho na transferência. Trata-se de captar em toda a sua magnitude a constante dialética saúde-doença. Só com uma compreensão muito profunda dessa dialética é possível perguntar a um paciente psicótico em plena regressão "se tudo vai bem" e *respeitar como "sadia"* sua resposta de auto-avaliação, na qual solicita que não se interfira nesse movimento de busca de si mesmo (11).

6. Um aspecto do processo em psicoterapias: a complementaridade entre funções egóicas do paciente e funções egóicas do terapeuta

Até aqui, consideramos em especial o que ocorre com as funções egóicas do paciente no processo terapêutico. Deve-se ao mesmo tempo observar que, paralelamente, o processo supõe uma mobilização e consolidação progressiva das funções egóicas do terapeuta. Essa mobilização egóica do terapeuta é seletiva e parece desenvolver-se, de acordo com materiais clínicos que temos estudado, segundo leis de complementaridade com o perfil do funcionamento egóico do paciente, caracterizado por funções debilitadas e funções conservadas em graus diversos. Habitualmente de modo espontâneo, por um ajuste implícito próprio de uma equipe que comporte uma tarefa, o terapeuta se apóia nas funções egóicas mais bem conservadas do paciente e lhe fornece, como "empréstimo temporário", aquelas que nele estão menos desenvolvidas ou momentaneamente inibidas. É provável que muitas intervenções intuitivas do terapeuta atendam a essa necessidade de ajuste seletivo moldado sobre o perfil egóico expresso no comportamento total do paciente[6].

Numa das psicoterapias que estudamos, o terapeuta recebeu um paciente de 26 anos, operário que fazia um curso técnico, com queixas de uma forte inibição fóbica generalizada, que lhe acarretava uma depressão secundária. Nos últimos tempos, não podia trabalhar nem estudar. Enquanto se iniciava uma fase diagnóstica, o terapeuta achou que era preciso começar a mobilizar o paciente, tirá-lo do bloqueio total com que chegara. Propôs ao paciente que, quando estivesse em casa, desenhasse. Ocorreu-lhe que o desenho era a tarefa mais viável imediatamente, sem saber ao certo por quê. O psicodiagnóstico lhe informou depois que, no âmbito de uma ampla inibição de funções egóicas, as que tinham relação com gráficos (Wechsler) eram as mais conservadas.

Em outro dos materiais estudados, o terapeuta mantém uma primeira entrevista com uma paciente de 20 anos. O motivo de sua consulta é muito vago, e o estado da paciente oscila entre momentos de grande ansiedade persecutória e confusional, nos quais anuncia que interromperá a entrevista, como se estivesse assustada por algo, e outros de calma, nos quais consegue oferecer alguns dados sobre sua doença. Pode-se

....
6. Pensamos não apenas numa complementaridade no nível das mensagens verbais, mas também *no intercâmbio de mensagens corporais* (isto é, numa resposta também gestual e postural específica do terapeuta diante das mensagens gestuais e posturais do paciente, nas quais se exprimem determinados níveis de ativação perceptiva, atenção, discriminação, integração). Essa complementaridade corporal se acha inclusive sugerida em estudos neurovegetativos da interação em sessão. O registro numa sessão de psicoterapia das freqüências cardíacas do paciente e do terapeuta mostrou que, a partir do 15º minuto, a do paciente baixava progressivamente e a do terapeuta ia aumentando proporcionalmente. Em onze momentos da sessão produziram-se variações opostas, coincidentes no mesmo minuto: se a freqüência do paciente baixava, subia a do terapeuta e vice-versa (21).

ver, pelo registro da entrevista, que as intervenções do terapeuta seguem fielmente as oscilações da paciente: tranqüilizadoras (ansiolíticas) em momentos de intensa ansiedade, indagadoras (ansiogênicas) nos períodos fugazes de calma, discriminadoras (com certo estilo obsessivo indispensável) nos momentos de maior confusão, e interpretadoras (propondo novas conexões, juntando elementos) nas fases em que a capacidade de discriminação da paciente parecia recuperar-se. As mensagens do paciente e do terapeuta assumem aqui, de maneira clara, contornos complementares.

Consideremos dessa perspectiva a seguinte seqüência (primeiro par de intervenções de uma sessão discutida mais detalhadamente no capítulo 11).

P.: "Estou me achando muito violento. Outro dia, meu filho estava brigando com um amiguinho por causa de um brinquedo. Procurei fazer que eles deixassem de brigar, que cada um se arranjasse com um brinquedo diferente. Não adiantou nada, continuaram fazendo escândalo. Então explodi, me levantei, fui e quebrei o brinquedo. Depois, pensei que aquilo era uma barbaridade, que podia tê-los feito parar de outro modo. E me lembrei que eu, quando menino, reagia assim quando as coisas não davam certo: um dia, quebrei um carro que tinha porque não conseguia consertá-lo."

T.: "Acho que conviria pensar, para entender alguma coisa dessa sua violência, qual poderia ser hoje o conserto que não dá certo."

Detenhamo-nos no pensamento de que o terapeuta se valeu. Que razões tem para introduzir nesse contexto uma pergunta, com tudo o que ela comporta da exigência para o paciente: ele deve interpretar essa violência, detectando agora um conserto (conciliação) que não dá certo. A viabilidade desse tipo de intervenção surge de um processamento de indicadores presente na comunicação inicial do paciente, que revelam um nível de capacidades egóicas eficientes: iniciativa para começar a tarefa, nível de ansiedade útil, mensagens corporais que falam de funções de integração e controle conservadas, precisão do relato, funções perceptivas e mnêmicas eficientes, capacidade de abstrair e generalizar contida em suas associações. O terapeuta tomou esses indicadores (processando-os de modo não-consciente) para apoiar-se nessas funções eficientes e solicitar sua aplicação ao aprofundamento do problema. A seqüência imediata é interessante. O paciente não responde à pergunta formulada pelo terapeuta, limitando-se a acrescentar outro episódio de violência. O terapeuta assinala imediatamente sua evitação da pergunta e a reformula. Deve-se entender a seqüência da seguinte forma: o terapeuta registra o fracasso do ego adaptativo, cuja tarefa era esclarecer a violência (presumivelmente prejudicado pelo ego defensivo, que mobiliza a evitação da tarefa), e assume a tarefa (acionamento de seu ego adaptativo) de voltar ao problema inicial. O que o terapeuta faz é solicitar o esforço do ego adaptativo do paciente, que deu anteriormente mostras de força potencial.

Com o estímulo do terapeuta, o paciente retoma efetivamente a tarefa. A sessão avança, contando com um nível adequado de rendimentos egóicos do paciente. Quando mais adiante surgem por um lado um sonho de pesca e depois uma frase, na qual denomina de "dar um bolo"* uma confusão de datas com uma amiga, o terapeuta simplesmente assinala essas conexões: deixa ao paciente a tarefa de indagar melhor o sentido dessa coincidência, com base no fato de que há indicadores de que o paciente pode trabalhar com seu ego. É possível comparar esse momento do processo terapêutico com o começo do tratamento, em que a angústia do paciente era suficientemente intensa a ponto de interferir em seus rendimentos egóicos. Nessa primeira etapa, o terapeuta assumia um papel mais esclarecedor e, em alguns momentos, um papel diretivo, dados os indicadores de déficit na função egóica do paciente, que naquele momento não estava em condições de assumir certas tarefas.

Formulada a interação terapêutica em termos de um ajuste seletivo de complementaridade nas funções egóicas do pa-

....
* Assim no original. Contudo, no material clínico do capítulo 11 não se encontra esta frase. [N. da R. T.]

ciente e do terapeuta, torna-se claro o fundamento de que o terapeuta deve operar tecnicamente com um papel flexível: diante dessa mobilidade das demandas egóicas, não é possível pretender como terapêutica uma conduta que se fixe num papel (interpretar sempre ou dirigir sempre).

O interesse dessa hipótese acerca da interação complementar na sessão se funda, ao que nos parece, no fato de que permite avaliar, com base em indicadores objetivos, o andamento do processo e o ajuste da técnica empregada. Entre outros critérios (como os que podem aludir a conteúdos e áreas da problemática considerada em suas relações com o foco terapêutico, por exemplo), poderá ser tida como acertada a intervenção do terapeuta na medida em que se molde de acordo com o nível de possibilidades egóicas evidenciado pelo paciente em suas mensagens mais recentes.

Correlativamente, a abertura proporcionada por esse desenvolvimento é a de permitir compreender a racionalidade de um vasto repertório de operações que o terapeuta realiza habitualmente de modo intuitivo. Assim, oferecem-se novos parâmetros para a investigação microscópica do curso que, empiricamente, vá tomando o processo nessas psicoterapias.

Referências bibliográficas

1. Adler, Garma, Gumbel e outros, "Mesa redonda sobre psicoanálisis y psicoterapia", *Rev. de Psicoanálisis*, tomo XXV111, l, pp. 50-72, 1971.
2. Bellak, Leopoldo; Small, Leonard, *Psicoterapia breve y de emergencia*, México, Pax, 1969.
3. Fiorini, H., "El nivel inconsciente de las funciones yoicas, su intervención en el conflicto y en el proceso terapêutico", in *Estructuras y abordajes en psicoterapias psicoanalíticas*, Buenos Aires, Nueva Visión, 1993.
4. Gottschalk, Louis (org.), *Comparative Psycholinguistic Analysis of Two Psychotherapeutic Interviews*, Nova York, Int. Univ. Press, 1961.
5. Hartmann, Heinz, *La psicología del yo y el problema de la adaptación*, México, Pax, 1961.
6. Hartmann, Heinz, *Ensayos sobre la psicología del yo*, México, Fondo de Cultura Económica, 1969.
7. Laing, Ronald, "Metanoia: algunas experiências en el Kingsley Hall de Londres", *Rev. Arg. de Psicología*, tomo II, n°. 6, 1970.

8. Laing, Ronald, *El cuestionamiento de la familia*, Buenos Aires, Paidós, 1972.
9. Liberman, David, *Lingüística, interacción comunicativa y proceso psicoanalítico*, tomo I, Buenos Aires, Galerna, 1970.
10. Paz, José V. *Psicopatología. Sus fundamentos dinámicos*, Buenos Aires, Nueva Visión, 1973.
11. Sartre, Jean-Paul, *Crítica de la razón dialéctica*, Buenos Aires, Losada, 1963.
12. Wallerstein, Robert, "La relación entre el psicoanálisis y la psicoterapia. Problemas actuales", *Rev. de Psicoanálisis*, tomo XXVIII, n° I, pp. 25-49, 1971.
13. White, Robert. *El yo y la realidad en la teoría psicoanalítica*, Buenos Aires, Paidós, 1973.

Capítulo 9
Dinamismos e níveis da mudança em psicoterapias

Em capítulos anteriores, caracterizaram-se certos eixos organizadores do processo de mudanças que se desenvolvem numa psicoterapia. Nesse processo, mobilizam-se influências e efeitos de mudança diversos e variáveis. Talvez devamos pensar, para as psicoterapias, não tanto num processo unitário, mas num conjunto de processos que se vão entretecendo num quadro estabelecido por aqueles eixos (foco, relação de trabalho, ativações egóicas).

Outro aspecto a destacar acerca das mudanças produzidas pelas psicoterapias é o da heterogeneidade das zonas de mudança, visto que tais mudanças podem se dar de modo simultâneo ou sucessivo sobre aspectos intrapessoais, interpessoais ou situacionais. Na medida em que o objeto das psicoterapias não é o indivíduo tomado isoladamente, mas inserido em grupos e em situações concretas, tornam-se evidentes a diversidade e a heterogeneidade das influências de mudança que entram em jogo e de seus efeitos. Por isso, toda tentativa de conceituar as mudanças em psicoterapia deverá partir dessa pluralidade de zonas e níveis da ação terapêutica.

1. Influências e dinamismos de mudança no campo das psicoterapias

Discutimos em capítulos anteriores o papel da relação de trabalho personalizada e seus dinamismos de influências, assim como o papel desempenhado pelo fortalecimento das funções egóicas. Só terá sentido retomar aqui alguns desses dinamismos da ação terapêutica para enfatizar, em primeiro lugar, os modos pelos quais eles concentram e entrecruzam suas influências, e depois propor modelos de encadeamento e potencialização dessas influências.

Destacou-se o papel da relação de trabalho personalizada como experiência emocional corretiva na qual se concentram dinamismos *transferenciais* (projeção na figura do terapeuta de objetos internos persecutórios – papel do superego, por exemplo –, assim como de objetos protetores, reparatórios) e *diferenciais* (retificação de traços negativos vinculados às imagens parentais, alívio da perseguição do superego pelo comportamento efetivamente tolerante e compreensivo do terapeuta), em larga medida *originais*, próprios de uma relação sem precedentes (um diálogo prolongado, aberto e veraz, com um especialista que serve de guia na concentração de atenção e na experimentação de métodos de indagação sobre si mesmo). Em experiências grupais e institucionais, acrescentam-se influências semelhantes de muitos outros vínculos novos.

Um agente dinâmico importante atua na *continência* oferecida pelo vínculo terapêutico. Por meio dela, reativam-se naturalmente os elementos de uma relação infantil de dependência (tranqüilização, apoio, recuperação da auto-estima a partir do interesse acolhedor do terapeuta). Os fenômenos de projeção-depositação, inerentes a essa relação, proporcionam com freqüência um alívio no montante inicial de ansiedade, que se constituiria num espetáculo para uma melhor disponibilidade do repertório de funções egóicas. A necessidade desse vínculo de dependência inicial pode se modificar, uma vez recuperado esse potencial de funções egóicas. A possibilidade de uma regressão mais profunda que tenda a tornar crônica a dependência encontra seus limites na psicoterapia pela constante presença das condições de realidade do vínculo, inclusive uma referência mais freqüente a seus limites temporais[1]. O interesse do vínculo centrado na pessoa, o respeito e a receptividade do terapeuta objetivando sua expressão mais livre conjugam *influências tranqüilizadoras em termos de auto-estima*. Esse fortalecimento afetivo, com seus componentes de alívio e gratificação, é um fato primordial na dinâmica do processo terapêutico, sobre o qual se apóiam aberturas (com a ansiedade e a dor que acompanham estas últimas) e se reforça a motivação para continuar enfrentando a incerteza do desconhecido. A tranqüilização afetiva é essencial para levar a ansiedade a um nível útil e para facilitar o desenvolvimento de funções egóicas autônomas. Um aspecto de gratificação emocional importante é aquele que se produz na experiência de ser compreendido pelo terapeuta, na atitude deste de ir ao encontro do que há de mais pessoal e íntimo no paciente, de zonas não só desconhecidas como "solitárias", carentes de contato com o outro.

Por sua vez, o trabalho de indagação e verbalização do vivido instala um processo original de crescente *objetivação*, sobre o qual se consolidam também os reforços egóicos. Um dos aspectos desse processo de objetivação é a experiência emocional-cognitiva peculiar do *insight*; outros, talvez mais freqüentes, residem nos fenômenos de *esclarecimento* e *discriminação*. Instaura-se com eles uma aprendizagem, suscetível de desenvolvimentos autônomos ulteriores, centrada na experiência de conhecer-compreender-objetivar-se e alicerçada no suporte da linguagem. Destacou-se o papel não só esclarecedor mas também auto-afirmador da palavra: "A experiência do falante de ouvir-se falar determina uma interação dialética do indivíduo consigo mesmo que promove o crescimento do *ego*" (6).

....
1. Desse ponto de vista, uma psicoterapia prolongada deveria sempre trabalhar com contratos por períodos de tempo relativamente breves, sujeitos a balanços e renovações. Desse modo, podem-se evitar os riscos da ambigüidade temporal.

A experimentação concreta, na *ação*, de novas atitudes constitui outro canal de influências significativas, que habitualmente se vão entretecendo com os outros níveis de mobilização e crescimento. A possibilidade de experimentar um comportamento diferente relativiza a aparência de imobilidade que tem o mundo antes do início desse processo de aberturas. A experiência vivida do novo comportamento contém amiúde o poder dos atos reveladores, uma força de convicção intransferível, que se reforça pelo contraste com comportamentos prévios.

Outro nível de influências de mudança deve ser visto nas respostas dos outros diante da evidência dos processos que vão acontecendo no paciente e na variação de qualidade que se opera nos vínculos pelo encontro dessas duas vertentes de modificação.

2. Os efeitos daquelas influências e dos dinamismos de mudança

Os efeitos observáveis do processo terapêutico, de amplitude e intensidade variáveis, segundo as modalidades da ação corretiva exercida, e segundo variáveis individuais grupais e sociais conjugadas em cada situação, abrangem diversos níveis da mudança.

a) Modificações no nível dos *sintomas*, supressão ou alívio destes últimos. A propósito das psicoterapias de apoio, discutiu-se por vezes o sentido da modificação dos sintomas. No entanto, não se pode encarar esse nível de mudanças tão-somente de uma perspectiva topográfica (superfície *versus* profundidade), mas ao mesmo tempo a partir de outras influências do sintoma, intrapessoais e grupais, dado o seu valor de "mensagem" e o fechamento que opera de certas estruturas patológicas grupais, uma vez instalado. A partir desse enfoque comunicacional, destacou-se a importância de relativizar o sintoma mediante sua variação "experimental". Essa relativização costuma abrir caminhos para o *insight*, motivo pelo qual a sugerida oposição tradicional entre compreensão e supressão de sintomas perde sustentação.

b) Variações correlatas no emprego do *repertório defensivo*, com a possibilidade de que as defesas mais primitivas (dissociação, negação, identificações projetivas maciças) cedam lugar a outras de maior valor adaptativo. Essas variações podem corresponder à convergência de reforços egóicos, alívio da ansiedade e modificação nas condições grupais.

c) Conquista de um maior ajustamento e gratificação nas *relações interpessoais*, por ruptura de estereótipos prévios e emergência de um nível de comunicação mais eficiente, maior discriminação entre o próprio e o alheio na interação, maior adequação das exigências dirigidas a si mesmo e aos outros.

d) Aquisição de uma *auto-estima* mais realista, vinculada a uma maior compreensão de suas dificuldades e possibilidades, a uma avaliação do próprio papel grupal e a certo desvanecimento de mitos pessoais e familiares autodestrutivos ou estimulantes da onipotência. Deve-se considerar igualmente neste nível a emergência de uma *relação do sujeito consigo mesmo*, ativada pelo processo terapêutico, capaz de integrar alguns novos suportes da *identidade*.

e) Destacamos anteriormente as mudanças no comportamento dos *outros* próximos, correlatas ao novo repertório de mensagens que o paciente é capaz de transmitir com base nas mudanças nele operadas.

f) Maior eficiência em outras tarefas adaptativas, produtividade, criatividade, recreação, planejamento. Essas mudanças pressupõem um exercício de aptidões que em outros momentos foram reprimidas, negadas ou prejudicadas por conflitos. A produtividade em tarefas presentes se acha estreitamente ligada ao desenvolvimento de um *horizonte prospectivo*, de certo projeto pessoal capaz de oferecer ao esforço atual alguma motivação de futuro.

g) Ampliação da *consciência* de possibilidades e entraves pessoais, uma consciência de si mesmo em parte nova. O paciente aprende a pensar-se, e essa aprendizagem visa à conquista de uma maior autonomia crítica. Os conteúdos ideológicos que venham a nutrir esse pensamento ativado, os limites dessa nova consciência, dependerão tanto da ideologia do paciente como da do terapeuta. Não obstante, o processo de uma psicoterapia transmite algumas mensagens não-ambíguas nas quais Marx e Freud surgem aparentados: o valor da tomada de consciência, da reflexão crítica, como fator de mudança, e a vinculação do mundo emocional subjetivo com modalidades concretas de relações entre os homens, relações que se mostram não estáticas nem eternas, mas históricas e sujeitas a modificação. Para além desse nível geral, Marx e Freud se separam em qualquer momento, porque o alcance do que se muda, os métodos da mudança, as unidades a que se aplica, podem ser objeto de recortes muito diferentes a partir de distintas ideologias.

3. Encadeamento autônomo de influências e efeitos do processo terapêutico

Até aqui, surgiram numa enumeração quase linear uma série de influências de mudança e um conjunto de efeitos operados por essas influências. Concebê-los, por seu turno, em interações abre a possibilidade de compreender outros dinamismos próprios do processo de mudanças ativado por uma psicoterapia.

Uma observação cuidadosa do modo pelo qual as mudanças se sucedem permite, em minha opinião, compreender o entrelaçamento de influências e efeitos em termos de *ciclos de crescimento autônomo em espiral*, ascendente ou descendente (4). Ciclos pensados segundo um modelo de mudanças que se produzem mediante um crescimento autônomo das interações, a partir de uma direção inicial imprimida a estas últimas, com base em fenômenos de retroalimentação e potencialização de efeitos. Pode-se vinculá-lo ao modelo das reações em cadeia da física e ao das "escaladas" bélicas. Pois é visível, em especial para aqueles que trabalham em enfermarias de pacientes agudos, descompensados ou à beira de um surto psicótico, que a chegada de numerosos pacientes para consulta se faz sob o signo de um conjunto de interações negativas, que denominamos *ciclo orientado para a regressão ou a deterioração*: o alto nível de ansiedade, as dificuldades de pensar, objetivar e discriminar problemas, as alterações na auto-estima, os distúrbios nas relações com os outros, os déficits na produtividade pessoal, a falta de um projeto positivo de futuro se conjugam e potencializam, criando uma escalada de efeitos negativos.

Certas intervenções terapêuticas (apoio, esclarecimento, correção de algumas modalidades de vínculo conflituoso, proposição de certos comportamentos alternativos) podem atuar, então, não meramente pela produção de *ações pontuais;* na verdade, ao frearem a deterioração de alguns elos e inverterem seu sinal, conseguem influir sobre o conjunto do ciclo ou reação em cadeia. Certas ações terapêuticas lograrão seu efeito não só por melhorar determinada zona da situação, mas porque, atuando sobre essa zona, poderão ajudar a reestruturar o conjunto.

O processo de melhora pode ser compreendido como a inversão de sinal (isto é, de direção) de um ciclo, com a promoção de um *ciclo orientado para a recuperação e o crescimento* no qual os efeitos, agora positivos, se encadeiam numa nova escalada. É preciso entendê-lo assim, já que com grande freqüência não há relação pontual nem proporcional entre as influências de mudança atribuíveis às sessões de um período de psicoterapia e às mudanças que efetivamente vão surgindo. Rangell (9) destaca o problema do seguinte modo: "Os psicoterapeutas de todas as escolas estão familiarizados com as notáveis mudanças que se podem conseguir em alguns pacientes num período relativamente breve. Isso pode dever-se a numerosas razões, uma das quais, a menos explorada, é o conhecido fato do 'paciente que se cura a si mesmo' se o terapeuta não o impedir." O autor considera que a dinâmica dessas "forças autocurativas" pode ser bastante complexa.

Esse fato, que tradicionalmente foi visto como uma dificuldade para compreender os mecanismos de ação das psicoterapias e para prever a amplitude e a intensidade das mudanças, na realidade nos mostra que o que não se pode é pensar essas influências com modelos de causalidade linear. Tornam-se, contudo, suscetíveis de compreensão com base em modelos policausais de ação em cadeia, de ciclos de autonomia interna.

Um modelo de ciclos de mudança permite, em minha opinião, dar precisão ao que certos autores descreveram de maneira vaga como a existência em todo paciente de "impulsos autônomos voltados para a saúde" (1). Coincide com o que Wender expôs recentemente (13) em termos de "retroalimentação amplificadora do desvio", "círculos viciosos" e "círculos virtuosos" (baseado em conceitos cibernéticos de Maruyama, 1963) (7).

Essa teoria de ciclos potencializadores de efeitos nas psicoterapias poderia esclarecer um fato até agora pouco explicado: as estatísticas de resultados de distintos tipos de psicoterapias apresentam porcentagens de sucesso e fracasso não muito diferentes umas das outras. Para psicoterapias breves ambulatórias, por exemplo, instituições diversas declaram entre 60% e 80% de melhoras. Coloquemos por um momento entre parênteses todos os questionamentos metodológicos acerca desses estudos, e pensemos na possibilidade de que alguma real aproximação nos efeitos de diferentes técnicas, terapeutas e instituições obedeça ao seguinte: cada uma dessas influências terapêuticas terminaria produzindo, por meio de abordagens distintas (sobre elos diferentes), efeitos que, uma vez ultrapassado um limiar, convergissem para um *ciclo ou via final comum da progressão e recuperação*.

Essa hipótese poderia levar igualmente a indagar, nos casos de recuperações espontâneas, sem intervenção terapêutica, que outro tipo de estímulos pôde atuar impulsionando esse ciclo final comum de progressão. É necessário supor a existência desses encadeamentos autônomos a partir de uma variedade de estímulos parciais e alternativos, tanto para essas recuperações espontâneas como para as que respondem a contatos terapêuticos mínimos. (Esses sucessos terapêuticos surpreendem sempre, em primeiro lugar, o terapeuta, que julga ter feito muito pouco para que essas mudanças ocorram.)

É interessante, além disso, deter-se nessa possibilidade de pensar as mudanças que são efeito das psicoterapias como estando ligadas a um par de ciclos de sinal oposto (negativo ou descompensador, e positivo ou recuperador) porque, da perspectiva estruturalista (3, 8), as oposições (uma das relações internas estruturais mais disseminadas e mais bem estudadas) assumem em diversas estruturas – lingüísticas, mitológicas, históricas – o caráter de uma bipolaridade, configuram sistemas de oposição binária que funcionam de acordo com um regime de tudo ou nada; não existem pontos intermediários de significação, e pequenas variações ocasionam "saltos de significação". Pensamos antes na situação como estrutura móvel que em cada fase engloba uma diversidade de elementos heterogêneos (intrapessoais, interacionais, contextuais). As oposições no interior dessa estrutura (merecer estima-merecer desprezo, dar-se bem com-dar-se mal com, sucesso-fracasso na tarefa) permitiriam compreender os fenômenos de inversão do sinal global do ciclo, a partir de estímulos breves ou de escassa intensidade, isto é, um salto de significação no interior desses sistemas de oposição binária permitiria explicar mais profundamente o aparecimento de mudanças que não estão em proporção com a magnitude ou duração dos estímulos corretivos aplicados à situação.

Tentarei esclarecer a idéia com um exemplo clínico.

Quando discutimos a noção de foco, mencionei Ernesto, um paciente de 30 anos, em psicoterapia de um ano de duração prevista (idéia inicial sujeita eventualmente a reajustes). No momento da consulta, conjuga-se uma série de elementos suscetíveis de se organizarem num ciclo descompensador, de sinal negativo. Entre outros: separação de sua mulher, com grandes obstáculos para um reencontro e total dificuldade de aceitar a perda; dificuldade de exercer a paternidade com o filho, agravada pela falta de convivência com este; deterioração de seu rendimento no trabalho; angústia e depressão intensa. Seis meses depois, sua situação modificou-se: conseguiu uma aproximação com a esposa, uma maior ligação com o filho, seu rendimento no trabalho melhorou, e a angústia e depressão intensas cederam. Estes novos elementos podem interagir, e, de fato, era o que se observava em sua evolução, encadeando um ciclo positivo de recuperação. Cada um desses aspectos de mudança pode ser compreendido como configurando um eixo de oposições binárias:

a) Relação conjugal: inclusão-exclusão, ou aceitação-rejeição.

b) Relação com o filho: cumprimento-ausência de cumprimento da paternidade.
c) Rendimento no trabalho: negativo-positivo.
d) Equilíbrio emocional: conservado-perturbado.

A partir da situação de regressão ou deterioração, poderão ocorrer mudanças segundo seqüências variáveis (com freqüência numa ordem imprevisível), mas bastará que num desses eixos de oposição se produza uma variação suficientemente intensa a ponto de ocasionar um salto para o pólo positivo desse eixo, para que se produzam imediatamente dois efeitos de irradiação dessa mudança sobre o conjunto: 1) Nesse elo, o ciclo de interações negativas sofrerá interferência. 2) A instauração nesse elo de um novo sinal começará a exercer (pela interação reforço de auto-estima-reforço egóico que consiga afirmar-se nessa área) uma pressão sobre outros elos da estrutura que os arrastará na nova direção.

Falamos aqui de fenômenos de encadeamento e progressão autônomos. Talvez *autônomo* seja um termo geral com que tentemos de fato abarcar processos que não correspondem a relações de causa-efeito de tipo linear, mas cujos dinamismos íntimos ainda estamos longe de conhecer com maior precisão. Poderia ocorrer que essas hipóteses sobre dinamismos, do tipo saltos de significação sobre eixos de oposição binária, com irradiação para o conjunto das interações, nos permitam penetrar mais profundamente na natureza desses movimentos de mudança.

As considerações precedentes procuram abrir linhas teóricas para aprofundar o entendimento dos dinamismos da mudança em psicoterapias. Elas se apóiam numa ampla variedade de observações clínicas e trabalhos de pesquisa. Alguns desses trabalhos e os dados por eles apresentados são arrolados, com suas fontes bibliográficas, no capítulo 2. Discutimos em trabalhos anteriores os aspectos metodológicos da avaliação de resultados em psicoterapia e os dados obtidos na aplicação de um teste de desenho a uma amostra de pacientes internados (11). Outros elementos de avaliação nos quais se funda a discussão sobre mudanças em psicoterapia se encontram na ampla resenha bibliográfica de Small (12), assim como nas casuísticas de Alexander e French, e de Malan, entre outros. A coincidência de efeitos de psicoterapias de diferente duração se observa na investigação de Errera e colaboradores (2). Vários de nossos critérios se baseiam em investigações dedicadas a estudar aspectos do processo (5) e à previsão de resultados (10).

Referências bibliográficas

1. Bellak, Leopold; Small, Leonard, *Psicoterapia breve y de emergencia*, México, Pax, 1969.
2. Errera, P. e outros, "Lenght of Psychotherapy", *Arch. Gen. Psychiatr.*, v. 17, nº 454, 1967.
3. Fages, Jean, *Para comprender el estructuralismo*, Buenos Aires, Galerna, 1969.
4. Fiorini, Héctor, "Objetivos y dinamismos de acción de las psicoterapias breves", Ateneo Psiquiátrico de Buenos Aires, Mesa-redonda sobre psicoterapias breves, 1970.
5. Lesse, Stanley (org.), *An Evaluation of the Results of the Psychotherapies*, Springfield, C. Thomas, 1968.
6. Liberman, David, *Lingüística, interacción comunicativa y proceso psicoanalítico*, tomo I, Buenos Aires, Galerna, 1970.
7. Maruyama, M., "The Second Cybernetics: Deviation Amplifying Mutual Causative Processes", *Amer. Scientist.*, 51, pp. 164-79, 1963.
8. Piaget, Jean, El estructuralismo, Buenos Aires, Proteo, 1968.
9. Rangell, Leo, "Psicoanálisis y psicoterapia dinâmica. Similitudes y diferencias", *Rev. de Psicoanal.*, tomo XXVIII, l, pp. 73-89, 1971.
10. Sargent, Helen e outros, *Prediction in Psychotherapy Research. A Method for the Transformation of Initial Judgements into Testable Hypotheses*, Nova York, Int. Univ. Press 1968.
11. Sluzki, Carlos E.; Fiorini, Héctor, "Evaluación de efectividad de tratamientos psiquiátricos con internación. Resultados de una investigación", *Acta Psiquiat. Psicol. Amér. Lat.*, 1973, 19, 87.
12. Small, Leonard, *Psicoterapias breves*, Buenos Aires, Granica, 1972.
13. Wender, Paul, "Vicious and Virtuous Circles: The Role of Deviation Amplifying Feed-back in the Origin and Perpetuation of Behavior", in Barten, H., *Brief Therapies*, Nova York, Behavioral Publ. Inc., 1971.

Capítulo 10
Tipos de intervenção verbal do terapeuta

Uma teoria das técnicas de psicoterapia requer uma conceituação de seus instrumentos, intimamente ligada a uma concepção do processo terapêutico. As intervenções do terapeuta são instrumentos essenciais desse processo. É importante então deter-se na discussão teórica dos fundamentos e alcances de cada um desses recursos técnicos e, basicamente, esclarecer o sentido do emprego de cada uma dessas intervenções e seu valor como agente de mudança. Para essa compreensão, confluem de modo significativo toda a vasta experiência clínica acumulada no campo das psicoterapias, certas contribuições teóricas e técnicas da psicanálise, a teoria e as técnicas centradas na comunicação, teorias da aprendizagem e conceitos provenientes da psiquiatria social e da teoria das ideologias.

Um inventário de intervenções verbais do terapeuta que são ferramentas nas psicoterapias inclui necessariamente as seguintes:

1) *Interrogar* o paciente[1], pedir-lhe dados precisos, ampliações e esclarecimentos do relato. Explorar em detalhes suas respostas.

....
1. Em todas as considerações deste capítulo, o "paciente" pode ser uma pessoa, um casal, um grupo familiar ou outro tipo de grupo de amplitude variável.

2) *Proporcionar informações*.
3) *Confirmar ou retificar* os conceitos do paciente sobre sua situação.
4) *Elucidar*, reformular o relato do paciente de modo tal que certos conteúdos e relações deste assumam maior importância.
5) *Recapitular*, resumir pontos essenciais surgidos no processo exploratório de cada sessão e do conjunto do tratamento.
6) *Assinalar* relações entre dados, seqüências, constelações significativas, capacidades manifestas e latentes do paciente.
7) *Interpretar* o significado dos comportamentos, das motivações e das finalidades latentes, em particular os conflituosos.
8) *Sugerir* atitudes determinadas, mudanças a título de experiência.
9) *Assinalar* especificamente a realização de certos comportamentos com caráter de prescrição (intervenções diretivas).
10) *Dar um enquadre* à tarefa.
11) *Meta-intervenções*: comentar ou esclarecer o significado de ter recorrido a qualquer das intervenções anteriores.
12) *Outras intervenções* (cumprimentar, anunciar interrupções, variações ocasionais dos horários etc.)[2].

Dado que muitas dessas intervenções estão historicamente ligadas ao desenvolvimento da técnica psicanalítica e que esta aparece como a técnica psicoterapêutica com maior respaldo teórico de base, torna-se importante para uma teoria geral das técnicas de psicoterapia deslindar as condições de um outro emprego técnico dessas intervenções, isto é, contrastá-las com o sentido de seu emprego tradicional em psicanálise. Creio que isso pode contribuir para evitar extrapolações indevidas de uma técnica para as outras, permitindo a estas últimas que construam suas próprias leis.

....
2. Este estudo se concentra no *conteúdo verbal* das intervenções do terapeuta. Outros, complementares desse enfoque, devem estender-se a suas intervenções corporais (gestos, posturas, olhares) e paraverbais (a mímica verbal; variações no tom de voz, na intensidade e no ritmo da fala, no estilo comunicacional) (1).

1. Interrogar

É um dos recursos essenciais ao longo de todo o processo terapêutico, não só em seu início. Em psicoterapia, perguntar é continuamente consultar a consciência do paciente; é também sondar as limitações e distorções dessa consciência; é, ainda, transmitir um "estilo interrogativo", um modo de se colocar diante dos fenômenos humanos com atitude investigadora. Revela também um terapeuta não-onipotente; isto é básico: no ato de perguntar ao paciente e de empregar os dados por ele fornecidos está contido um vínculo com papéis cujo desnível é atenuado, embora se trate de papéis diferentes. No ato de pedir detalhes precisos sobre cada situação pode-se transmitir, além disso, um respeito do terapeuta pelo caráter estritamente singular da experiência do paciente, isto é, uma atitude não-esquemática, que não sofre a tentação das generalizações fáceis. É também uma forma de indagar o modo como o paciente vê sua situação: cada resposta às perguntas do terapeuta contém elementos (de conteúdo e forma) reveladores de uma cosmovisão pessoal, completamente singular, da situação.

Essas influências do perguntar nas psicoterapias merecem ser enfatizadas numa cultura profissional como a nossa, marcadamente influenciada pela prática técnica da psicanálise, visto que nesta última nem sempre pedir detalhes das situações reais a que se alude em sessão é tão decisivo, dado que, com freqüência, o que se procura construir é um modelo de fantasia inconsciente vincular latente a partir dos conteúdos manifestos do relato. Nesse caso, para abstrair o vínculo objetal contido no relato, muitos detalhes podem ser considerados agregados irrelevantes do manifesto. Nas psicoterapias, pelo contrário, é preciso trabalhar muito mais sobre as situações de realidade do paciente, indagar a complexidade psicológica dessas situações, engastada justamente em muitos de seus detalhes e matizes reais. Um exemplo: se em uma sessão psicanalítica um paciente começa a falar das brigas que tem com pai por causa do negócio em comum e que o pai tende a dirigir autoritariamente, é provável que esses elementos sejam suficientes para começar a pensar na problemática da dependência na transferência. Em psicoterapia dinâmica, por exemplo, será importante *averiguar muitos dados de realidade*. Como foi que se associaram, de quem foi a iniciativa, se houve acordos prévios sobre a condução do empreendimento comum, que perspectivas tem o paciente sobre seu futuro econômico, se a atividade se ajusta a seus interesses vocacionais, como sua esposa vê essa sociedade etc. Cada um desses detalhes fornecerá elementos para enriquecer hipóteses passíveis de dar conta de uma situação (mundo interno-mundo interpessoal em suas interações) com seus complexos e variados matizes.

FRAGMENTO DE UMA SESSÃO DE PSICOTERAPIA

T. "Que valor teve para você o fato de ela lhe telefonar antes de viajar?"
P. "Um valor duvidoso porque ela me telefonou quando já não dava mais para a gente se encontrar; de qualquer maneira, gostei, é claro."
T. "Como você lhe transmitiu seu interesse por ela?"
P. "Eu lhe disse: 'Que chato que ontem você não me encontrou! A gente podia ter-se visto.'"
T. "Para você, o que ela disse, assim, brevemente, antes de viajar, não expressava um compromisso mais profundo?"
P. "Claro, acho que para um compromisso maior não se esperam dois meses para o momento de se despedir. Fico muito irritado com essas coisas."
T. "Você comentou anteriormente que ela não é de expressar seu interesse pelos outros; que espera que se interessem por ela. Se é assim, o telefonema dela não tinha um valor especial?"
P. "Sim, pensando em como ela costuma agir, ela me deu mesmo uma bola e tanto, mas acontece que eu gosto que as coisas sejam feitas de uma maneira bem diferente, sem rodeios."
T. "O que você lhe disse ao se despedir? Como deixou as coisas entre vocês?"
P. "Eu lhe disse: 'Olha, gostei de você ter me telefonado, mas espero que quando voltar não esteja tão ocupada, hein? Tchau.'"

Como se pode ver, essas respostas revelam um estilo, o funcionamento egóico do paciente para avaliar a situação interpessoal, suas exigências dentro de uma ótica narcisista, a contribuição do paciente com suas mensagens para uma situação evitativa, embora arriscando algumas mostras de interesse pessoal pela outra pessoa. Perguntar aqui, e em detalhes, permite portanto obter uma grande quantidade de informação, de níveis mais amplos que os de uma mera ampliação "detalhada" do conteúdo manifesto de um relato. As experiências sobre a utilidade de uma indagação minuciosa são abundantes. Por isso, é possível que "perguntar muito" seja uma das primeiras regras de uma técnica psicoterapêutica eficiente.

Uma variedade particular de exploração extremamente rica é a que se apóia em intervenções dramatizadoras do terapeuta:

"Imagine por um momento este diálogo: ao contrário do que você acreditava, ele decide casar-se, chega e lhe diz de repente:'Me decidi: vamos casar no fim do ano!' O que você lhe responde?"

"Vejamos: seu pai chega e lhe diz:'Não vou lhe dar agora o dinheiro que lhe cabe, preciso dele para um negócio urgente.' Como você responderia para que ele confirme uma vez mais que não tem por que lhe pedir permissão para usar o dinheiro dele?"

Simplesmente perguntando, dramatizando ou não, o terapeuta aciona vários estímulos de mudança: um, primordial, é que exercita com o paciente uma constante ampliação do campo perceptivo (reforço de uma das funções egóicas básicas): mais ainda, toda explicitação verbal resgata fatos, relações, do mundo do implícito emocional. Liberman (1) destacou além disso o papel reforçador do ego contido na experiência de escutar-se falar. Todo estímulo para a explicitação tem como meta romper as limitações e o encobrimento presentes no uso cotidiano da linguagem convencional. Por exemplo: "Que significa 'apresentaram-no a mim e ele foi frio no trato?'" Em que consiste "a frieza" dos outros para cada um? Há um pressuposto de observação não participante nesse discurso, pois qual foi o "calor" oferecido em contrapartida pelo sujeito? Em psicoterapia, é essencial passar dos dados iniciais da experiência subjetiva à *análise minuciosa das situações*. Toda situação suscita numerosas perguntas. Talvez algo importante para o terapeuta seja compreender que não se trata de indagar para só depois atuar em termos terapêuticos, mas que a própria indagação já contém estímulos terapêuticos de particular importância.

2. Informar

O terapeuta é não apenas um investigador do comportamento, mas também o veículo de uma cultura humanista e psicológica. Nesse aspecto, cumpre uma função cultural: é docente, dentro de uma perspectiva mais profunda e abrangente de certos fatos humanos. Essa perspectiva se nutre também de informação, visto que o déficit de informação é um componente às vezes tão importante para a obscuridade e a falsa consciência de uma situação quanto os escotomas criados por mecanismos repressivos individuais.

Nas psicoterapias, é sumamente pertinente esclarecer ao paciente elementos de higiene sexual, perspectivas da cultura adolescente atual ou da problemática social da mulher, bem como explicar-lhe (pode ser útil incluir esquemas) certos aspectos de dinâmica dos conflitos. Essa informação pode ser ampliada pela recomendação de leituras. A experiência mostra que a mensagem que o paciente retira dessas leituras, sua experiência global diante da "bibliografia", é extremamente rica para esclarecer conflitos de todo tipo (com o tema, com o saber, com o autor, com o terapeuta). Proporcionar ou facilitar essa informação geral que demarca a problemática do paciente desempenha um papel terapêutico específico: cria uma perspectiva a partir da qual os problemas do paciente, com toda a sua singularidade, deixam de ser vistos como algo estritamente individual que "só acontecem com ele". A falta desse quadro de referência cultural favorece, ao contrário, a sensação de ser o único a ter esses problemas, isto é, uma perspectiva a partir do superego (às vezes também acusador a partir de seu complementar ideal do ego narcisista onipotente). Ao entrevistar famílias, por exemplo, verifiquei ser importante incluir referências sobre as dificuldades gerais que a família, como instituição, enfrenta socialmente. Dentro desse quadro, todas as dificuldades particulares do grupo se revelam abordáveis, sem o clima persecutório que se cria quando o único objetivo é ver "o que acontece neste grupo que não está bem" (com o pressuposto tácito de que todas as outras famílias funcionam bem, e, portanto, os problemas desta decorrem tão-somente dos defeitos de seus indivíduos).

Com efeito, essa informação se mostra extremamente relevante se entendida ademais como portadora de um questionamento social das dificuldades criadas para indivíduos e grupos inseridos no conjunto do sistema. Ou seja, não simplesmente saber "que outras pessoas também têm dificuldades", mas esboçar uma interpretação das contradições entre exigências e possibilidades dos grupos humanos que são mobilizadas pelas contradições da estrutura social vigente. Abordar a problemática psicológica sem essa perspectiva crítica é criar a ilusão de que a doença é um assunto estritamente pessoal do paciente, de seus dinamismos intrapsíquicos e, no máximo, de seus pais. Não informar, então (omissão técnica), constitui de fato um falseamento da ótica psicossocial necessária à compreensão dos dinamismos psicológicos individuais e grupais (distorção ideológica).

3. Confirmar ou retificar enunciados do paciente

Este tipo de intervenção é inerente ao exercício de um *papel ativo* do terapeuta nas psicoterapias. A *retificação* permite ressaltar os escotomas do discurso, as limitações do campo da consciência e o papel das defesas nesse estreitamento. Essas intervenções contribuem para enriquecer esse campo. É sumamente proveitoso observar em detalhes como o paciente manipula a contribuição retificadora do terapeuta (assume e usa, aceita formalmente ou nega e retorna à sua perspectiva anterior). A *confirmação,* por parte do terapeuta, de determinada maneira de o paciente se compreender não tem, por certo, menor importância. Contribui para consolidar nele uma confiança em seus próprios recursos egóicos; isso significa que toda ocasião em que o terapeuta possa estar de acordo com a interpretação do paciente é oportuna para estimular seu potencial de crescimento. Em pedagogia, essas intervenções se destacam como essenciais a um princípio geral da aprendizagem: o reforço dos desempenhos positivos.

A capacidade do terapeuta de atuar de forma flexível com retificações e confirmações dos enunciados do paciente é fundamental para criar um clima de equanimidade, característico de uma relação "madura"[3]. A falta desse clima de equanimidade aparece refletida na queixa de muitos pacientes de que a sessão só serve para mostrar seus defeitos e erros. Nesses casos, extremamente freqüentes, creio que se assiste a uma ligação transferencial-contratransferencial muito particular: o paciente, acossado por suas auto-agressões superegóicas, encontra no terapeuta intervenções predominantemente retificadoras, enfatizadoras do "doente", que encarnam o superego projetado, materializam-no. Com esse papel contratransferencial assumido, fecha-se uma estrutura de vínculo infantil de dependência, tendente antes à inércia do que ao crescimento.

Retificações
"Você destaca o mau humor de seu marido, que foi pouco receptivo para o que você queria lhe transmitir; não menciona como você estava nesse momento, isto é, como se aproximou dele, transmitindo o quê e, além disso, como estava antes, na hora de sair."

"Veja, não acho que seu único medo fosse aproximar-se e que a relação amorosa não fosse sair tão perfeita quanto na vez anterior; porque havia dados de que os dois continuavam muito

....
3. Depois de 4 anos de tratamento, um paciente de 33 anos passou a se tratar com outro terapeuta. Pouco tempo depois, numa sessão, o terapeuta lhe disse: "Acho que sua interpretação é mais acertada do que a minha. Eu não tinha levado em conta isto que você me lembrou sobre o papel de sua irmã na relação entre você e seu pai." "Senti então – conta o paciente – uma emoção única, senti-me tratado como adulto e respeitado como pessoa."

Tipos de intervenção verbal do terapeuta 167

ligados. Acho que também lhe dava medo ir tão rápido, em três dias, medo de tanta entrega de um para o outro."

"Você parte da premissa de que uma conquista, como foi essa promoção, tem de deixá-lo muito contente porque você a desejava; isso de fato ocorre, mas essa conquista também significa mudanças, deixar o que você já tinha como próprio; indica igualmente que o tempo passa e que você já não é um menino."

Confirmações

"Você pensou depois que algo de seu comportamento daquele dia influenciara para que ele se fechasse; e é muito provável, porque quase sempre as situações de falta de comunicação no casal se criam sutilmente entre os parceiros. Parece-me importante que você tenha podido detectar também o seu lado do problema, porque, alertada sobre essa possibilidade, você talvez possa ir observando com mais perspicácia o que cada um faz para criar esses poços de incomunicação."

"Acho que você também percebeu que lhe dava medo continuar a 'se envolver' quando disse a ele que você também tinha muita vontade de vê-lo logo, desligou, sentiu algo no estômago e reparou que estava tensa. Acho que vai se conhecendo melhor nesse medo que você não julgava ter no que se refere às relações de casal."

"Sim, certamente, além de deixá-lo contente, essa mudança contribuiu para essa nostalgia que o invadiu nem bem lhe deram a notícia. Estou de acordo com você: até ganhar uma fortuna pode obrigar a perder certas coisas e suscitar com isso, paradoxalmente, certa tristeza."

A resposta do paciente a essas confirmações também é rica em sugestões: trata-se de um indício do nível em que a concordância é registrada, mais maduro (aceitação do próprio potencial de avaliação realista de suas circunstâncias), mais infantil (confirmação de sentimentos de onipotência ou, pelo contrário, negação da evidência de suas capacidades e refúgio nas do terapeuta). O trabalho sobre essas respostas é por isso ocasião de elaborações imediatas sumamente produtivas.

4. Esclarecimentos

Estas intervenções visam conseguir desembaraçar o relato emaranhado do paciente a fim de recortar seus elementos significativos. Esse emaranhado costuma esclarecer-se mediante uma reformulação sintética do relato. Depois de escutar por vários minutos, o terapeuta diz:

"Então você trabalhava confiante em que tudo ia bem até que essa pessoa lhe fez uma crítica, e aí você começou a duvidar de tudo o que tinha feito, e essa mesma dúvida alterou seu rendimento dali em diante."

"Em todos aqueles dias, durante a viagem, havia um clima de paz; de súbito, nem você sabe como, todo esse clima se desfez e voltou a haver desconfianças e censuras."

"Você fala agora não apenas de um problema com os afetos na relação conjugal, mas de uma dúvida sua mais geral sobre o que você pode dar de si também em outros planos, com seus amigos, no trabalho."

Essas intervenções no imediato preparam o campo para penetrar em seus aspectos psicologicamente mais ricos e abrangentes, o que se fará mediante assinalamentos e interpretações. Ao mesmo tempo, "ensinam" um modo de perceber a própria experiência: o paciente aprende com elas a olhar seletivamente, a percorrer a massa dos acontecimentos e de suas vivências e captar balizas; o paciente incorpora, assim, um método que consiste em discriminar para compreender-se. Em pacientes com funções egóicas enfraquecidas, concomitantemente afetadas por uma delimitação precária do ego (ou seja, tendências ao sincretismo e à confusão), os esclarecimentos desempenham durante grande parte do processo terapêutico o papel de instrumentos primordiais, na medida em que estabelecem as premissas para que em algum momento outras intervenções, de tipo interpretativo, por exemplo, possam ser ativamente elaboradas.

5. Recapitulações

A certa altura da sessão, o terapeuta diz:

"Hoje então surge em primeiro lugar como você sempre sofreu passivamente a dominação de sua mãe, nunca se animou a explodir, e isso permaneceu como um ressentimento enorme também em relação a si mesmo. Depois aparece um modo seu de estar alerta diante de qualquer tentativa de dominação por parte de sua esposa, algo que o torna muito suscetível. E agora isto de que você não se dedica a si mesmo, não se cuida, não se interessa por suas roupas nem reivindica o lugar que lhe cabe, como se tivesse raiva de si mesmo. Tenha em mente esses três elementos que aparecem hoje porque deve haver entre eles muitas conexões que abrangem sua família, seu casamento, seu modo de se vestir e seu trabalho."

A certa altura do tratamento, o terapeuta diz:

"Nos últimos três meses, você se concentrou em seu problema com o estudo. Enquanto isso, a relação afetiva ficava em segundo plano, como se fosse para não mexer em tanta coisa ao mesmo tempo."

"Agora, esclarecido o problema vocacional,'é a vez da relação afetiva'; e o que se vê é que nesses últimos dias você não faz outra coisa senão pensar nisso, que agora vem sobrecarregado pela espera."

E, em outro tratamento:

"Até agora, a maior parte de seu esforço no tratamento foi para começar a diferenciar quem era você e quem era a sua família (mãe, pai, irmão) e perceber que não eram uma única pessoa nem um corpo único. Só agora vem o trabalho de começar a ver, a descobrir o que você pode fazer consigo mesma, o que pode sair de você que não venha deles, e você se sente perdida porque essa etapa mal acaba de começar."

Tal como os esclarecimentos, essas intervenções estimulam o desenvolvimento de uma capacidade de síntese. Em nosso meio, uma simples hipertrofia do trabalho "analítico" leva muitos terapeutas a descuidar do momento sintético, tão essencial quanto o outro e complementar dele. Sempre que não seja distorida, considerando-a indutora de fechamentos estáticos, essa atividade de síntese é fundamental no processo terapêutico para produzir recortes e "fechamentos" provisórios (degraus de uma escada rolante). Sem alicerçar-se em contínuas sínteses provisórias, o processo de pensamento não avança. Fica estancado, sem trampolins, numa zona difusa e ilimitada de fragmentação "analítica", em segmentos cada vez menores. Sartre mostrou que a dialética do conhecimento opera por um movimento contínuo de totalização-destotalização-retotalizações, movimento que visa a uma "autodefinição sintética progressiva". As recapitulações, assim como as interpretações panorâmicas (diferenciadas das microscópicas), são instrumentos essenciais desse processo.

Num paciente com difusão da identidade (limites imprecisos do ego) e enfraquecimento egóico numa etapa de crise, o método de recapitulações contínuas (ao final de cada sessão e em períodos de três ou quatro sessões) foi avaliado como altamente proveitoso. Surgiu por proposta do paciente, que observou que só a partir dessas recapitulações conseguia pensar. Julgo que essas intervenções ofereciam um suporte provisório no qual se apoiavam, para exercitar-se, seus recursos egóicos (percepção, reflexão, descoberta de relações).

6. Assinalamento

Estas intervenções, de uso constante nas psicoterapias, atuam estimulando no paciente o desenvolvimento de uma nova maneira de perceber a própria experiência. Recortam os elos de uma seqüência ("primeiro você recebeu essa notícia, depois, sem saber a razão, começou a se sentir deprimida"), chamam a atenção para componentes significativos dessa experiência habitualmente passados por alto ("observe em que momento você decidiu ligar para ela: justamente quando já não tinham tempo para se encontrar"), mostram relações peculiares

Tipos de intervenção verbal do terapeuta

("já ocorreu várias vezes de surgir aqui o tema de suas relações sexuais e você em seguida observa que sua mente fica vazia e você não consegue recordar mais nada"). Esses assinalamentos convidam a um acordo básico sobre os dados a serem interpretados, dão a oportunidade de modificar esses dados, são o trabalho preliminar que alicerça as bases para interpretar o sentido desses comportamentos. Nas psicoterapias, talvez constitua uma regra técnica geral a conveniência de *sempre assinalar antes de interpretar*. O fundamento dessa regra reside no fato de que o assinalamento estimula o paciente a interpretar-se a partir dos elementos recortados, sendo um chamado à sua capacidade de autocompreensão. É sobremodo útil que essa capacidade seja ensaiada o tempo todo (treinamento reforçador do ego) e particularmente com o terapeuta, que pode então ir guiando o desenvolvimento dessas capacidades no ato mesmo de seu exercício. Dado o caráter docente dessa relação de aprendizagem que é a psicoterapia, é melhor que a tarefa possa ser desenvolvida pelo "aluno" sozinho, com poucas indicações; também porque muitas vezes o docente aprende com o aluno:

"Você chega, encontra-a distante, de mau humor; você se mostra carinhoso e tenta chegar nela. Daí a pouco, o mau humor dela passa, ela se aproxima e você a ataca. O que você pensa desse vaivém, como você o entenderia?"

"Você começou falando de seu fracasso na assembléia. De súbito, deixou isso de lado para lembrar-se de que tirou a nota mais alta de sua comissão. Como você vê essa mudança de tema?"

Nas respostas do paciente a cada um desses assinalamentos revelam-se com grande nitidez sua capacidade de *insight* (sua proximidade ou distanciamento em relação a seus dinamismos psicológicos), seus recursos intelectuais (aptidão para abstrair e estabelecer relações *versus* adesão a um pensamento concreto), o papel dos mecanismos defensivos (inibições, negações, racionalizações) e a situação transferencial (cooperação, perseguição etc.). Cada assinalamento se transforma num verdadeiro teste global do momento por que passa o paciente no processo terapêutico.

7. Interpretações

Particularmente nas psicoterapias de esclarecimento, a interpretação é um instrumento primordial como agente de mudança: introduz uma racionalidade possível onde até então havia dados soltos, desconexos, ilógicos ou contraditórios para a lógica habitual. Propõe um modelo para compreender seqüências de fatos na intervenção humana. Costuma suscitar também a passagem do nível dos fatos para o das significações e para o manejo singular que o sujeito faz dessas significações. Procura descobrir com o paciente o mundo de suas motivações e seus sistemas internos de transformação destas ("mecanismos internos" do indivíduo), bem como suas modalidades de expressão e os sistemas de interação que se estabelecem, dadas certas peculiaridades de suas mensagens ("mecanismos grupais").

É importante recordar que toda interpretação é, do ponto de vista metodológico, uma hipótese. Por conseguinte, sua verificação se cumpre, como um processo sempre aberto e nunca terminável, com base no acúmulo de dados que se mostram compatíveis com o modelo teórico contido na hipótese e, fundamentalmente, pela ausência, com o transcorrer do processo de investigação instalado na terapia, de dados que possam refutar essa hipótese. Em princípio, nenhuma hipótese (até as interpretações mais básicas sobre a problemática individual de um paciente) é passível de um fechamento que a dê como assentada na qualidade de saber acabado. Como esforço de conhecimento, nenhuma psicoterapia tem mais garantias de "saber" do que as estabelecidas pelas limitações inerentes ao processo geral do conhecimento humano. Essa consciência das limitações cognitivas da interpretação pode exprimir-se de muitas maneiras na atitude do terapeuta, na construção da interpretação, em seu modo de emiti-la, maneiras que terão em comum o sinal de certa humildade. O tom de voz, a ênfase posta, as atitudes gestuais e posturais se prestam a transmitir essa humildade advinda da consciência das próprias limitações, ou então o oposto: o desempenho de um papel de autoridade que emite "verdades" e nada mais. Neste último caso, o que se está propondo e empregando é toda uma concepção estática do conhecimento, estimulando uma relação terapêutica de dependência infantil (adulto que sabe-criança que ignora), com o que a distorção do processo terapêutico é total. Numa psicoterapia, é essencial que o conhecimento seja vivido como uma práxis, isto é, como tarefa a ser realizada entre duas ou mais pessoas vinculadas numa relação de trabalho.

O caráter hipotético da interpretação também sobressai na construção de seu discurso. Formulações que destaquem seu caráter condicional ("É provável que...", "Temos que ver, como uma possibilidade, se...", "Uma idéia, para buscar mais dados e ver se é assim, seria que...", "Um olhar possível sobre o problema consiste em pensar que...") sublinham claramente esse caráter. Sua ausência tende visivelmente a obscurecê-lo.

As interpretações em psicoterapia devem cobrir um amplo espectro:

A) Proporcionar hipóteses sobre conflitos atuais na vida do paciente, isto é, sobre motivações e defesas.

> "Neste momento, sua paralisia diante do estudo exprime possivelmente um duplo problema: você não pode abandoná-lo porque o título é importante para você e para sua família; ao mesmo tempo, evita dar qualquer novo passo porque isso significaria, com efeito, formar-se e mudar de vida, ter de ir em frente sozinho."

B) Reconstruir determinadas constelações históricas significativas (por exemplo, marcos na evolução familiar).

> "O que parece ter acontecido é que, naquele momento, quando seu pai deparou com a empresa arruinada e ficou deprimido, você sentiu que devia adiar todas as suas coisas, ajudar seu pai; mas não o registrou como decisão sua, e sim como imposição dele."

C) Explicitar situações transferenciais significativas no processo.

"Você vem sofrendo com a perda dessa amizade, que tanto o afetou. Ali, teve uma experiência dolorosa do que significa depender muito de outra pessoa. Acho que essa experiência está pesando para que aqui você se mostre reticente e prefira não se entregar demais à relação comigo. Está se cuidando para depois não sofrer também com nossa separação daqui a 2 meses, quando passar para o grupo."

D) Resgatar capacidades do paciente negadas ou não cultivadas.

"Você se viu de repente diante da obrigação de decidir o que fazer com esse emprego. Seu pai não estava para que pudesse consultá-lo, e então conseguiu não só decidir como dar sua opinião sobre as condições nas quais essa tarefa devia ser desenvolvida. Veja só tudo o que você não sabia (não queria acreditar) que pudesse fazer sozinho."

E) Tornar compreensível o comportamento dos outros em função de novos comportamentos do paciente (ciclos de interação compreensíveis em termos comunicacionais).

"Desta vez, seu pai concordou. Pensemos se isso não aconteceu porque você colocou seu problema de outra maneira, com uma atitude mais firme, talvez mais adulta, e ele o atendeu com um respeito diferente. Com sua atitude, você estava lhe dizendo 'não vou aceitar que me trate como criança porque já não me sinto uma criança', e, evidentemente, ele percebeu a mudança."

F) Destacar as conseqüências que decorrerão de o paciente encontrar alternativas capazes de substituir estereótipos pessoais ou grupais[4].

---

4. De acordo com o tom usado pelo terapeuta, o poder de sugestão de uma intervenção desse tipo pode variar: determinada acentuação da frase enfatizará a utilidade da ação; outra, em contrapartida, salientará o interesse de *compreender* o que ocorreria deixando o fato em si num plano de menor importância.

… Tipos de intervenção verbal do terapeuta

"O que aconteceria com seu namorado se você lhe mostrasse que é capaz de resolver um assunto pessoal sem consultá-lo? Continuaria com a mesma atitude de dominação? Só vendo..."

Em contraste com a técnica psicanalítica, em que um tipo de interpretação (transferencial) é privilegiado como agente de mudança (2), nas psicoterapias, visto que se trabalha simultânea ou alternativamente com vários níveis e mecanismos da mudança, as interpretações não estão hierarquizadas: todas são instrumentos igualmente essenciais no interior do processo. Cada paciente e cada momento de seu processo exigirão em especial certo tipo de interpretação, que será aquele que mais se ajusta em termos técnicos àquele momento do processo, mas toda distinção hierárquica que se atribua a algum tipo de interpretação será transitória, conjuntural.

8. Sugestões

"Seria interessante ver o que acontece, como seu pai reagiria se você lhe mostrasse em sua atitude que está realmente disposto a encarar a fundo com ele tudo o que está pendente entre vocês."

"Talvez o mais necessário para você fosse organizar-se mentalmente diante de tantas exigências, traçar um quadro com suas prioridades."

"Em vez de se apressar para tomar já uma decisão sua de fato, talvez lhe conviesse tirar um tempo para rever o que aconteceu, ver qual foi seu papel em tudo isso, e, inclusive, detectar melhor o que você está sentindo intimamente."

Com essas intervenções, o terapeuta propõe ao paciente comportamentos alternativos, orienta-o para experiências originais. Mas o sentido dessas intervenções não é meramente o de promover a ação em direções diferentes, e sim o de proporcionar *insights* a partir de novos ângulos. Fundamentalmente, elas contêm um pensamento antecipatório (aspecto relevante dentro do conjunto de funções egóicas a ser exercitado em todo tratamento), que facilita uma compreensão prévia à ação. A ação ulterior, caso seja experimentada, poderá dar ocasião a confirmações, reajustes ou ampliações do *insight* prévio. Com muita freqüência, oferecerá novos dados e, com eles, uma nova problemática a ser investigada. A partir da compreensão dessas fases do processo que se inicia com uma sugestão, esse tipo de intervenção adquire uma eficácia particularmente interessante.

Uma variedade de sugestões (quase-sugestões) alicerça-se no uso de dramatizações imaginárias de outras alternativas para o comportamento interpessoal:

> "O que teria acontecido se você o interrompesse naquele momento e dissesse: 'Escute aqui, não me venha com indiretas, o que você quer me dizer com tudo isso; afinal, o que sente por mim?'"

Ou então:

> "E se você telefonasse para ele e dissesse: 'Tudo o que você me falou ontem me pareceu estudado e pouco comprometido. Quero definir mais isto', como acha que ele reagiria?"

Esse tipo de intervenção constitui um caminho diferente para o *insight* sobre as próprias dificuldades, as do outro, e sobre a dinâmica da comunicação entre os dois. Atua enfatizando contrastes entre o vivido e o possível, e esses contrastes *não são comentados* num discurso de "idéias", mas *mostrados* graças a uma linguagem de ação. Contêm uma compreensão que fica muito próxima do vivido ou por viver. Um paciente experienciou assim essa proximidade:

> "Outro dia, eu estava discutindo com minha mulher e *naquele momento* me lembrei de algo que você me disse numa sessão passada. 'E o que aconteceria se quando ela fica violenta você a freasse?' E eu a parei... e não aconteceu nada!"

As sugestões em psicoterapia costumam (com exceção de situações agudas de crise) inserir-se em desenvolvimentos do processo terapêutico com base nos outros tipos de intervenção. São oportunas quando as condições do paciente para assumi-las (redução da ansiedade a níveis toleráveis, fortalecimento egóico) e as do vínculo interpessoal em jogo atingiram um momento de sua evolução que as torna "férteis", receptivas a esse tipo de estímulo. Colabora também para torná-las oportunas o fato de o terapeuta detectar um momento dessas condições e do desenvolvimento do vínculo em que "faz falta" uma experiência diferente, nova, a fim de que muito do esclarecido se cristalize em ato. A sugestão recorre sem dúvida, como a dramatização, ao papel revelador do ato, à riqueza vivencial do fato que o discurso reflexivo muitas vezes não apresenta.

9. Intervenções diretivas

"Suspenda toda decisão imediata sobre o problema de seu casamento. Você agora não tem condições de enfrentar mais uma mudança."

"Se surgir a oportunidade de falar a sós com seu pai, procure fazê-lo; mesmo que não consiga dizer tudo o que gostaria, veja o que pode dizer, como pode dizer e como ele reage."

"Fique atento, até a nossa próxima entrevista, para ver, na relação com sua esposa, quantas vezes e em que momentos você tende a ficar violento e exigente."

"Para que você perceba melhor qual a sua dificuldade no diálogo comigo, traga seu gravador, para que depois possa escutar-se sozinho em casa e possamos pensá-lo nas próximas sessões."

As intervenções diretivas que surgem em psicoterapia aludem, como se vê nestes exemplos, tanto a necessidades próprias do processo terapêutico como a atitudes-chave a serem evitadas ou ensaiadas fora da relação terapeuta-paciente.

Uma cultura psicoterapêutica de forte influência psicanalítica (que valoriza a aquisição de atitudes novas pós-*insight*) tende com freqüência a questionar a validade e a utilidade das intervenções diretivas. Todos os que sofremos as pressões dessa influência (o superego analítico) tivemos de realizar um longo processo de luta para descobrir na prática clínica que essas intervenções, empregadas no momento certo e com tato terapêutico, eram instrumentos valiosos e necessários em todo o processo psicoterapêutico. (Foi a consciência de sua necessidade e a experiência de sua utilidade que nos levaram claramente a inverter a perspectiva: *questionável é o não-uso* desse tipo de intervenção em situações que nitidamente as requerem; logo, discutiremos como caracterizar essas situações.)[5]

Antes convém examinar de que maneira podem ser compreendidas as influências exercidas pelas intervenções diretivas. Há um nível de ação no plano do ato em si mesmo expresso no conteúdo da intervenção. Se o ato pode ter as conseqüências de uma decisão importante, a intervenção pode desempenhar um papel preventivo, valorizável não em termos de dinamismos (pensando-se muito seletivamente na transferência, pensa-se facilmente em "não fazer o jogo das exigências regressivas", por exemplo), mas sim em termos de existência. Justamente, o vício das oposições "psicanalíticas" ao uso em psicoterapias de intervenções diretivas consiste em dar mais valor a óticas parciais (dinamismos transferenciais, riscos contratransferenciais) do que a uma ótica centrada na existência. Esta ótica, em contrapartida, leva em conta e privilegia o plano das experiências concretas e das conseqüências concretas derivadas dessas experiências: considera-se importante, por exemplo, que um divórcio precipitado, sem que haja condições para que seja bem tolerado, possa ser adiado.

Embora importante, esse plano da existência não é o único em jogo quando são emitidas intervenções diretivas. Outro é o das aprendizagens. É possível pensar que o que se produz ou se evita nessa oportunidade deixa "um saldo inter-

....
5. A "cultura" tradicionalmente alicerçada na técnica psicanalítica privilegiou a seqüência: *insight que conduz a ações novas*. A experiência clínica no emprego de outras psicoterapias permite detectar também a *possibilidade de um caminho inverso*: a ação nova (experimentada, imaginada, evitada) que leva ao *insight*. O projeto de certos comportamentos a ser realizados (realização depois conseguida ou frustrada, isso não é decisivo) instala um campo quase "experimental" para a observação, pelo recorte que produz desse projeto e pelas respostas a ele.

no", incorpora-se como experiência transferível para outros contextos. A experiência clínica dá repetidas mostras disso.

Outro nível de ação está no *insight* que se pode conseguir depois da ação. Fazer ou não fazer algo que parecia "natural" transforma-se numa experiência original. Uma análise do sentido de uma atitude prévia ou da nova (induzida), sua comparação minuciosa dão ocasião a uma elaboração amiúde rica. A experiência clínica mostra abundantemente que, no campo das psicoterapias, diretividade e *insight* não são em princípio antagônicos. Com freqüência, pelo contrário, funcionam como complementares. As dificuldades sentidas pelo paciente para levar seu gravador e depois escutar sua sessão foram claramente ilustrativas. Tiveram o valor do vivido, do ato, submetido além disso às condições de uma observação particularmente atenta.

Jay Haley (3) exemplificou o uso de um tipo particular de intervenções diretivas destinadas a produzir "manobras comunicacionais" (por exemplo, prescrição do sintoma, com o propósito de criar situações paradoxais no uso interpessoal do sintoma e na luta pelo controle da relação paciente-terapeuta).

Que situações tornam necessária uma intervenção diretiva do terapeuta? Em especial, todas aquelas nas quais o paciente (e/ou o grupo) se encontra(m) desprovido(s) dos necessários recursos egóicos (isto é, desprovido[s] dos mecanismos adaptativos de força e diversidade suficientes) para manejar uma situação traumática, sendo em geral vítima(s) de uma ansiedade excessiva, que tende a ser, em si mesma, invalidante ou agravante das dificuldades próprias da situação (situações de crises súbitas em pessoas ou grupos de ajuste prévio moderado; mudanças evolutivas "normais" em personalidades ou grupos que gozam de um equilíbrio frágil, com carência, ou tendência à perda, de autonomia; psicoses agudas; deteriorações de origem diversa). Em todos esses casos (encontrados em momentos de desorganização ou fases regressivas de uma evolução), sem dúvida muito freqüentes na prática terapêutica, determinadas intervenções diretivas são estritamente indicadas, constituindo a intervenção técnica mais recomendável. Até quando? Até o preciso instante em que o paciente recupera ou adquire os recursos egóicos necessários para conseguir autonomia e capacidade de elaboração (momento de progressão), caso em que as intervenções diretivas passam a ser contraproducentes (enquanto estimulantes do vínculo regressivo com o terapeuta) e costumam requerer uma substituição por outras, destinadas a esclarecer, que nesse momento passam a ser as mais recomendáveis. É importante levar em conta que esse movimento nos recursos egóicos do paciente (muitas vezes inversamente proporcionais à quantidade de ansiedade) tem ritmos variados, podendo ocorrer de uma semana para outra, de um mês para outro, ou de um instante para outro da mesma sessão. Diante dessa mobilidade, que exige do terapeuta uma ágil combinação de intervenções, atenta às flutuações das mencionadas capacidades, qual poderia ser o sentido de certos "estilos" psicoterapêuticos estereotipados, que dirigem sempre, ou nunca dirigem o paciente? Que fundamentos teóricos e técnicos poderão encontrar essas posições de "escola" em psicoterapia? Não penso, com isso, que careça de justificações a opção técnica, na psicanálise, de o analista evitar emitir diretivas "diretas" (de resto, as únicas que podem ser evitadas, porque indiretamente toda intervenção dirige o paciente)[6]. O que carece de justificação é levar ao campo mais amplo das psicoterapias o princípio de evitar-dar-diretivas-em geral e pretender apoiar essa postura nos fundamentos teórico-técnicos que respaldam esse critério no contexto do processo psicanalítico.

10. Operações de enquadre

Essas intervenções abrangem todas as especificações relativas à modalidade espacial e temporal que a relação terapêutica terá de assumir: local das sessões, posição dos participantes um em relação ao outro, duração e freqüência das sessões, ausências, honorários.

....
6. E isso, no trabalho com pacientes de força egóica suficiente, é um dos critérios essenciais da analisabilidade.

Uma distinção importante a ser feita é aquela entre as intervenções que *estabelecem* um enquadre e outras nas quais *se propõe um enquadre a reajustar e elaborar em conjunto com o paciente*. Por essa diferença passa uma linha divisória ideológica, referente à concepção de uma relação terapêutica autoritária ou igualitária. O autoritarismo do enquadre imposto costuma basear-se em pressupostos de tipo técnico através dos quais se pretende que, para determinada situação de consulta, há uma única maneira eficaz de tratamento. Em primeiro lugar, a pluralidade de direções atualmente abertas no campo das psicoterapias torna cada vez mais duvidosa a validade dessa espécie de exclusivismo. Além disso, a pressão exercida para impor determinada técnica parte de uma distorção na concepção do sujeito da psicoterapia, dado que se dirige a um paciente-objeto, mero portador de uma doença ou de uma estrutura de personalidade, que seriam o mais importante (segundo o modelo médico para o qual a hepatite é muito mais salientada do que a pessoa que sofre da afecção hepática). Em nenhum caso, nessa linha de pensamento, são dadas mostras de reconhecer no paciente uma pessoa. Por fim, e também em termos técnicos, o trabalho conjunto de elaboração do enquadre a ser adotado constitui na experiência clínica uma instância muito mais rica, do ponto de vista dos dados que fornece sobre a problemática do paciente. Muitos desses dados ficam obscurecidos no caso de submeter este último a um enquadre imposto. Se o que se pretende é cultivar as tendências passivas e regressivas do paciente e a correlativa onipotência do terapeuta, não há dúvida de que a imposição do enquadre será o método mais indicado. Do contrário, impõe-se a necessidade de efetuar sugestões de enquadre, explicitar os fundamentos da proposta para essa terapia específica e submetê-los a reajustes.

11. Meta-intervenções

Designamos com esse termo todas as intervenções do terapeuta cujo objeto são suas próprias intervenções. Podem ter por objetivo esclarecer o significado de determinada intervenção ter sido feita nesse momento da sessão ou dessa etapa do tratamento.

Exemplos:

a)
Terapeuta: "De que maneira você deu a entender a ela que queria vê-la?"
Paciente: ... (Gesto de desconcerto, fica em silêncio.) ...
Terapeuta: (Meta-intervenção.) "Você sabe por que estou lhe perguntando isso?"
Paciente: "Não"... (Silêncio.)
Terapeuta: "Porque, há algum tempo, tínhamos visto que havia em você duas maneiras de exprimir interesse, às vezes com gestos de desejar o encontro, outras com certa rejeição encoberta, meio distante."

b)
Terapeuta: "Tendo a pensar que o que estava em jogo aí era seu medo de esclarecer mais a situação."
Paciente: (Silêncio.) ...
Terapeuta: "Sabe por que penso assim? Creio que está claro que ele parecia disposto a querer falar, não viera 'fechado', mas você, mesmo assim, disse para si mesma: 'Certamente não vai querer me ouvir.'"

Nesses casos, a segunda intervenção serve para precisar os fundamentos da primeira, de uma forma tal que se torne possível ao paciente seguir de perto o método de compreensão que o terapeuta emprega na primeira. Essa elucidação acerca da própria intervenção é fundamental, visto que a aprendizagem essencial está nos métodos e não meramente nos produtos. Uma variante de meta-intervenção consiste no questionamento, por parte do terapeuta, de sua própria intervenção, assinalando o caráter parcial de seus fundamentos ou o caráter ainda hipotético de alguma de suas premissas. E uma terceira variante se acha na explicitação, pelo terapeuta, da ideologia subjacente a alguns pressupostos de sua própria intervenção.

"Veja, até agora tomamos como problema sua dificuldade para chegar ao orgasmo na relação sexual. Contudo, isso deve ser encarado com certa precaução, porque há toda uma série de reformulações sexológicas e ideológicas sobre o orgasmo feminino que poderiam mostrar que algumas de nossas premissas podem ser, em si mesmas, questionáveis."

"Agora mesmo eu lhe assinalava que você se lançou nessa situação sem ter claro para onde a encaminharia. Por outro lado, não está livre de objeções o pressuposto – que se poderia ver por trás desse modo de considerar sua reação – de que sempre antes de se lançar à ação é preciso ter *in mente* um plano, não é mesmo? (porque há situações nas quais só vivendo uma experiência é possível elaborar um plano depois)."

"Momentos atrás eu estava falando de quais problemas seus e de seu companheiro* podem criar dificuldades para a convivência. Agora evitemos supor que essas dificuldades contrastam com o casal ideal possível. Tenhamos claro que hoje, além desses problemas de cada um, é preciso ver quais os problemas criados para qualquer casal pelo tipo de relação considerada como ideal de casal 'normal' em nossa cultura, e quais os problemas que a esses se acrescentam pelas dificuldades que cada um vive fora da relação de casal e que são descarregados no interior desta."

"Quando lhe assinalo que pode haver uma atitude sua de autopunição no fato de perder o capital que conseguira juntar com esforço, minha afirmação contém um pressuposto que também temos de questionar: o de que perder um capital acumulado não é benéfico, quando, de outro ponto de vista, considerando-se o que o dinheiro representa e o quanto amarra, talvez se possa ver como prejudicial e não positivo mantê-lo."

Essas especificações se tornam imprescindíveis na medida em que abrem a busca também para outro plano de determinações inconscientes, questionando a ideologia de ambos, a do terapeuta também. Este se põe em evidência em sua reali-

------

* No original *"problemas suyos y de su pareja"*: esta construção não permite afirmar o sexo dos protagonistas, ou seja, também poderíamos dizer "problemas seus e de sua companheira". [N. da R.T.]

dade questionável, suscetível de exame crítico em suas premissas, com um ofício também sujeito a revisão. Trata-se de outra maneira de situar o vínculo terapêutico em relações de reciprocidade, evitando o efeito sub-reptício de doutrinação próprio das relações autoritárias nas quais o terapeuta apresenta suas opiniões como "saber", negligenciando a presença da ideologia na base de suas elaborações.

Uma visão de conjunto desse amplo espectro de intervenções

Se refletirmos sobre essa série de intervenções técnicas (que constituem boa parte da "caixa de ferramentas" do terapeuta), salienta-se um primeiro aspecto: a amplitude de seu espectro. Essa amplitude dá conta da variada gama de possibilidades abertas, em cada sessão, para encontrar, com freqüência pelo método de tentativa-e-erro, as mais necessárias, as que abrem o caminho para uma maior preparação*. Suas combinações são, como no xadrez, infinitas, e cada sessão, como cada partida, desenvolve o perfil singular de uma constelação de intervenções próprias.

O segundo aspecto a ser destacado é que, dada essa variedade de intervenções, não há uma hierarquia no interior do conjunto que permita distinguir algumas como sendo mais importantes do que outras para o processo terapêutico. Isso marca uma diferença básica com referência à teoria da técnica psicanalítica, que hierarquiza a interpretação como a intervenção decisiva para produzir a mudança específica do processo analítico. Essa diferença entre psicanálise e psicoterapias foi claramente formulada por Bibring (2):

> [...] a psicanálise está construída em torno da interpretação como agente supremo na hierarquia de princípios terapêuticos característicos do processo, no sentido de que todos os outros

....
* Assim no original. [N. da R.T.]

princípios estão subordinados a ele, isto é, são utilizados com o propósito constante de tornar a interpretação possível e eficaz. Por outro lado, a psicoterapia está construída em torno de diferentes seleções e combinações de cinco princípios terapêuticos: sugestão, ab-reação, manejo, esclarecimento e interpretação[7].

Eu acrescentaria que os princípios enunciados por Bibring em 1954 podem ser hoje ampliados, incluindo outros princípios terapêuticos: objetivação e auto-afirmação pelo ato de verbalização não meramente catártico, informação, experiência emocional corretiva não simplesmente sugestiva, entre outros. No entanto, aquela enumeração define uma peculiaridade teórico-técnica das psicoterapias: o nivelamento hierárquico de seus diferentes recursos terapêuticos.

Por último, a possibilidade de distinguir com precisão os diversos tipos de intervenção terapêutica abre um caminho para a investigação microscópica das técnicas. Se é possível classificar e quantificar os comportamentos do terapeuta, o mito das terapias como "arte" intuitiva, inteiramente pessoal e dificilmente transmissível, pode começar a desvanecer-se. A descrição macroscópica, global, das experiências terapêuticas, forma tradicional da transmissão neste campo, não contribuiu o bastante para acabar com o mito. Os trabalhos de Strupp (4, 5), em contrapartida, destinados à análise microscópica das técnicas de psicoterapia, iniciaram já há quinze anos, com seriedade metodológica, uma promissora tarefa no sentido de esclarecer "o mistério" das técnicas.

Com um sistema de várias categorias, que permite realizar uma análise multidimensional das operações do terapeuta (tipo de intervenção, iniciativa do terapeuta, nível inferencial, foco dinâmico e clima afetivo) aplicada ao estudo de uma psicoterapia breve (realizada em oito sessões por L. Wolberg),

....
7. Por não terem clara essa distinção, há às vezes psicoterapeutas de formação psicanalítica insatisfeitos com as sessões nas quais não conseguem "interpretar", frustração que com freqüência contrasta com a experiência vivida por seus pacientes, que, não afetados por preconceitos técnicos, sentem que realizaram nessas sessões uma tarefa efetivamente produtiva.

Strupp pôde (5) oferecer um panorama bastante ilustrativo da técnica empregada: o terapeuta dedicou grande parte de suas intervenções a explorar, perguntando, pedindo ampliações e exemplos; foi bastante diretivo em todas as sessões; foram empregadas mais intervenções esclarecedoras do que interpretações (estas aumentaram proporcionalmente só na quarta e sétima sessão, fato que Strupp interpretou como produto das elucidações preparatórias das sessões prévias); demonstrou empatia, benevolência, acolhimento; as interpretações se mantiveram com maior freqüência num nível inferencial baixo ("perto da superfície") e, secundariamente, moderado; houve numerosos comentários sobre o vínculo terapêutico estabelecido, porém escassas interpretações transferenciais; predominou uma aceitação das formulações do paciente no que diz respeito ao plano em que este localizava sua problemática; o terapeuta atuou sempre com iniciativa (não com passividade); fez intervenções mínimas freqüentes destinadas a manter aberto o canal de comunicação e a dar ao paciente mostras de que o escutava atentamente, isto é, exatamente o oposto de um terapeuta distante.

Esse trabalho é, ao que me parece, um bom exemplo do caminho aberto pelo esforço de definir operacionalmente o repertório de comportamentos do terapeuta.

Referências bibliográficas

1. Liberman, David, *Lingüística, interacción comunicativa y proceso psicoanalítico*, tomo 1, Buenos Aires, Galerna, 1970.
2. Wallerstein, Robert, "La relación entre el psicoanálisis y la psicoterapia. Problemas actuales", *Ver. de Psicoanális*, tomo XXVIII, I, pp. 25-49, 1971.
3. Haley, Jay, *Estrategias en psicoterapia*, Barcelona, Toray.
4. Strupp, Hans, "A multidimensional System for analiyzing Psychotherapeutic Techniques", *Psychiatry*, XX, 4, pp. 293-306, 1957.
5. Strupp, Hans, "A Multidimensional Analysis of Technique in Brief Psychotherapy, *Psychiatry*, XX, pp. 387-97, 1957.

Capítulo 11
Considerações teóricas e técnicas sobre material de sessões

O propósito deste capítulo é discutir, com base em material transcrito de sessões (gravadas com a autorização do paciente), a aplicabilidade de algum dos conceitos teóricos e técnicos expostos em capítulos anteriores; traços peculiares da técnica de esclarecimento, da relação de trabalho, o manejo do foco, a interação de funções egóicas, tipos de intervenção verbal do terapeuta, mudanças que podem ser atribuídas ao processo terapêutico. Nossa indagação no âmbito da psicoterapia percorreu com freqüência o caminho inverso: foi a partir do estudo de materiais clínicos que se foi esboçando a possibilidade de elaborar os citados conceitos teóricos.

O tratamento a ser considerado é o de Ernesto, um paciente de 30 anos, cuja problemática inicial foi apresentada no capítulo destinado ao conceito de foco. Comentarei aspectos significativos do processo numa sessão do quinto mês de tratamento e em outra do décimo mês. Antes de transcrever o material do quinto mês, devo fazer alguns comentários sobre o processo nesses primeiros meses. O momento inicial se definia pela recente separação de sua mulher, que lhe suscitava intensa angústia e depressão, com redução de seu rendimento no trabalho e exacerbação de seu vínculo conflituoso com a mãe, por ter tido de voltar a conviver com ela. Durante os três primeiros meses, com a queda da auto-estima e a crise inerente às mudanças produzidas em sua vida, de difícil elaboração, evidenciava-se um intenso enfraquecimento das funções egóicas. Durante todo esse período, meu papel consistiu em assumir, por Ernesto, parte dessas funções enfraquecidas, guiando ativamente o desenvolvimento das sessões por meio de freqüentes perguntas, assinalamentos e reformulações, oferecendo interpretações panorâmicas que estimulavam tarefas de síntese, fazendo recapitulações ao final de cada sessão e no início das seguintes, dado que, em função de seu estado de angústia, tinha ele dificuldades de memorizar, abstrair, relacionar. Antes de cada uma de minhas intervenções eu o convidava a trabalhar em cima do material; em caso de dificuldade ou fracasso na tarefa, abria-se espaço para minha intervenção. Essa fase do processo mostrava com clareza as necessidades de uma complementaridade egóica entre paciente e terapeuta. A relação de trabalho apresentava correlativamente matizes de personalização do vínculo: o reforço de meu papel parental parecia recobrir um déficit importante em seu desenvolvimento, causado pelo caráter ausente e fraco do pai. Nessa etapa, Ernesto era um menino necessitado de guia e apoio; eu era um pai disposto a guiá-lo, embora não de modo superprotetor, mas estimulando suavemente, sem cessar, a ativação de funções que deveriam levá-lo a um nível mais adulto de rendimentos. A personalização do papel de terapeuta era igualmente necessária e satisfeita: em várias ocasiões, Ernesto expressou curiosidade por aspectos de meu trabalho profissional (temas de investigação, publicações) – interesse que foi naturalmente satisfeito. Uma atitude contrária de minha parte (exemplo: interpretando o significado de sua curiosidade, os elementos de dependência que assim se expressariam em lugar de informá-lo) teria sido uma repetição contratransferencial do papel do pai ausente. Da mesma maneira, se, diante de sua fraqueza egóica, o terapeuta tivesse por sua vez adotado uma atitude passiva, com a intenção de obrigar o paciente a levar adiante a sessão, não teria feito senão repetir para Ernesto a experiência de carência de um líder familiar, experiência frustrante que paralisou seu desenvolvimento e o impeliu fortemente a fixar sua dependência materna. (Sobre esses pontos é ilustrativo registrar que Ernesto experimentara duas vezes, nos últimos anos, tratamentos psicanalíticos, que abandonou poucos meses depois de iniciados. Diante do silêncio do analista, também ficava em silêncio, sentia-se perdido e não entendia "aonde se ia chegar com isso".) Por volta do final do terceiro mês, observou-se uma mudança significativa: a emergência de funções egóicas fortalecidas, com esboços de autonomia, paralelamente ao alívio da angústia e da depressão. A situação de separação se mantinha, com uma distância flutuante entre ele e a mulher; Ernesto tinha conseguido ocupar-se do filho um pouco mais do que no começo, os choques com a mãe se mostravam atenuados, e o rendimento no trabalho revelava uma discreta melhora. A situação era basicamente a mesma. O eixo do foco foi se ampliando, do motivo inicial de consulta e de sua ambivalência diante da separação para o problema de sua dependência em relação à mulher e das conseqüências dessa dependência. Nesse período, era também oscilante a possibilidade de que sua mulher viesse a ter um relacionamento com outro homem.

Primeira sessão

Fisicamente, Ernesto está mais aprumado, sua postura inicial de moleza e abandono foi modificada.

P. 1: "Estou me achando muito violento. Outro dia, meu filho estava brigando com um amiguinho por causa de um brinquedo. Procurei fazer que eles deixassem de brigar, que cada um se arranjasse com um brinquedo diferente.
Não adiantou nada, continuaram fazendo escândalo. Então explodi, me levantei, fui e quebrei o brinquedo. Depois, pensei que aquilo era uma barbaridade, que podia tê-los feito parar de outro modo. E me lembrei que eu, quando menino, reagia assim quando as coisas não davam certo: um dia, quebrei um carro que tinha porque não conseguia consertá-lo."
T. 1: "Acho que conviria pensar, para entender alguma coisa dessa sua violência, qual poderia ser hoje o conserto que não dá certo."

Na discussão sobre foco, tomou-se esse primeiro momento da sessão e se discutiu a possibilidade de abrir várias linhas a partir desse material inicial, das quais a escolhida, conserto-atual-que-não-dá-certo, foi privilegiada pelo fato de conduzir imediatamente ao eixo do foco atual: as vicissitudes da relação com sua mulher. A partir daí reverberam, em espera, as conexões mais visíveis do material (situação triangular, dois meninos com um único brinquedo, o escândalo, a destruição do brinquedo que coloca os meninos em situação de rivalidade). Outro aspecto da intervenção do terapeuta é sua precocidade: na medida em que o material já é compreensível, o terapeuta desempenha um papel ativo, conduzindo esse material ao interior da situação focal, e o faz sem delongas. A sessão já é canalizada numa direção de trabalho que vem caracterizando toda uma etapa; não há um clima de indeterminação ou de livre associação flutuante. Poderá na verdade haver um clima desse tipo num segundo momento, uma vez focalizada a tarefa, a partir dessa focalização. Um último aspecto da intervenção T. 1: a palavra "pensar" estimula o paciente a iniciar a tarefa; afinal é ele quem mais deve exercitar essa função egóica na sessão, contando para isso com certa supervisão do terapeuta (papel docente). O convite que o terapeuta faz ao paciente para que pense se baseia nos dados de sua verbalização inicial (e em sua manifestação de aprumo corporal, concordante com ela), que mostra um ego com um potencial de rendimento disponível, indicado na comunicação de abertura por seus conteúdos de percepção ajustada numa seqüência de comportamento, reflexão crítica sobre este, associação com outros semelhantes de sua infância (abstração e generalização eficientes).

P. 2: "Também fui violento com uma amiga que me telefonou por causa do tratamento do sobrinho e começou a me contar que seu marido estava muito nervoso, queixando-se comigo acerca disso. Irritei-me e lhe disse:'Que me importa seu marido, não estamos falando disso!'"

T. 2: "Você acrescenta agora outro episódio, mas deixa sem resposta a pergunta: qual será o conserto que não dá certo?"

Considerações teóricas e técnicas

O terapeuta poderia ter incorporado essa nova situação triangular – com a rejeição ao marido da amiga – ao material simbólico inicial. Talvez a tentativa de voltar ao primeiro material e à tarefa esteja relacionada com um esforço no sentido de evitar a dispersão a que tende certa debilidade egóica do paciente (cavalgada por defesas de tipo evitativo). Parece haver um componente resistencial, mas é preferível reformular a tarefa: se então ela não for assumida, terá um indício mais claro da intensidade dessa resistência, e terá sido dada uma possibilidade de luta prévia entre ego defensivo e ego adaptativo.

P. 3: "Não sei... não entendo... (*meio minuto de silêncio, com gestos de explorar atentamente*). Ah! sim, agora começo a perceber, suponho que seja toda a situação com minha mulher que não encontro jeito de consertar. Tudo parece que vai melhorar e de repente tudo vem abaixo e ela volta a insistir na separação. Já não sei como encarar a situação.

E hoje me dei conta de que me esqueci de conseguir o dinheiro para o apartamento. Deve ser porque não tenho vontade de ir morar sozinho, porque na casa da minha mãe me dão atenção, estou acompanhado, embora não me dê bem com ela."

Esta última referência será considerada na medida em que aprofunda um aspecto do eixo da situação focal: sua dependência da mãe e todas as transferências desse vínculo para sua relação conjugal, transferências que sobrecarregam a mencionada relação com conflitos arcaicos.

T. 3: "Esta última coisa tem muita ligação com a anterior, não é? Há um decalque dessas duas relações em que não é possível nem se dar bem nem se separar."

O paciente concorda com um gesto de preocupação e impotência.

P. 4: "E tive um sonho esta noite que me fez pensar. Eu estava num rio do Tigre, ficávamos para dormir e havia garotas. Eu ia ao cais para pescar e não pescava nada.

"Vinha alguém e me dizia:'Não, para pescar você tem de ir mais para cima; aqui, com o mau tempo, não há peixes.' Achei esquisito... não me ocorre nada associado a isso."

T. 4: "Olhe, considerado em seu aspecto mais expressivo, isso de não pescar poderia ser relacionado com algo seu, que foi bastante abordado nas últimas sessões..."

P. 5: (*Tomando a palavra que a pausa do terapeuta lhe oferecia.*) "Com as moças que não consigo pescar. Deve ser, porque é algo que me preocupa bastante, não posso continuar assim, dependendo da decisão de minha mulher, que nunca me deixa ter certeza."

T. 5: "Acho que sim; agora, no sonho, você inverte o problema, porque joga a vara e não há peixes, e, na realidade, peixes, pelo que vimos, há de sobra; o que acontece é que você não joga a vara."

P. 6: (*Sorri*): "É evidente... (*pausa*)... no sábado eu não queria que ninguém me incomodasse para poder ficar lendo tranqüilo. Chega uma amiga a quem devo muitos favores e me pergunta se posso levar ela e a filha a Castelar, porque a menina tinha de ir a um aniversário. Minha primeira reação foi negar-me a fazê-lo, mas disse que sim. E percebi que estava agressivo. Procurei me conter porque me dei conta de que o problema era meu, não dela, mas estava mal com a situação."

T 6: "Acho que voltamos ao problema de que, diante de uma mulher, você se sente preso, não consegue fazer valer sua vontade, que, em todo caso, aquela tarde, era descansar. Agora, também há algo dito, em minha opinião, neste último episódio que poderia esclarecer aquilo do sonho de pescar mais para cima. Naquela tarde, você ia mimar a si próprio, proporcionar-se algum bem-estar, e teve de fazer papel de pai, cuidar de sua amiga e da filhinha dela. Talvez pescar mais para cima desse lugar onde'havia garotas' quisesse dizer procurar mulheres mais velhas."

Neste último episódio, o sonho abre muitas possibilidades. O terapeuta toma a que se mostrar mais viável em função do foco: conflitos de dependência na relação de casal.

P. 7: "Sim, me parece que é que aí está meu problema, porque o que você disse me fez lembrar de outra coisa que aconteceu comigo no fim de semana. Depois de deixar minha amiga, voltei para casa nervoso e com fome; comi e me tranqüilizei. Já estava pensando em ir me deitar quando telefona Graciela, uma amiga, que estava com outra amiga, me convidando para tomar algo com elas. Fiquei meio hesitante, mas fui. E no bar apareceu uma terceira amiga de Graciela, Marta, médica, separada, de uns 38 anos, que me pareceu muito simpática. E senti atração por ela; acho que aí está o que você acabou de dizer do sonho. Mas a que estava a fim de mim era a segunda amiga de Graciela, Mônica, que tem 30 anos. E, com relação a ela, tenho dúvidas, não sei se ligo para ela porque não quero me prender a um relacionamento formal, e é isso que ela quer."

T. 7: "Acho que isso elucida de vez o problema que se via no sonho. Porque aparece toda a sua contradição quando se trata de ter um relacionamento. Se é com uma garota, você assumiria o papel de pai e isso não lhe agrada, faz você sentir-se desprotegido. Mas com uma mulher mais velha, você pode se sentir preso, e você tem uma experiência muito dolorosa do que é estar preso a uma mulher dependendo dela."

O conflito nuclear do foco (situação problemática com a esposa) pode então ser aprofundado. Até aquele momento, o paciente estava apegado a uma imagem de má sorte, de esposa que não o aceita e de outras mulheres que não aparecem. Agora, seu conflito e as manobras ativas que também ele realiza para desvencilhar-se de quaisquer laços que o prendam num relacionamento ficam evidentes.

P. 8: "Sim, acho que ando nesse vaivém, sem saber onde parar."

T. 8: "Sim, e seu nervosismo e sua violência não provêm somente do que não dá certo com sua mulher, mas, além disso, de você não vislumbrar uma saída em geral para esse conflito de iniciar ou não um relacionamento, e se a mulher tem de ser mais velha ou uma garota."

A sessão está colocada no conflito nuclear, que funciona como eixo da situação focalizada. Passaram-se quinze minutos de sessão. A partir daí, continua-se trabalhando em cima dessa problemática.

Segunda sessão

Cinco meses depois da primeira sessão acima transcrita, ou seja, dez meses depois de iniciado o tratamento. Resumimos a primeira parte e transcrevemos quinze minutos do meio da sessão. Esta se inicia com o relato feito por Ernesto de episódios recentes com a mulher que o preocupam particularmente. Faz dois meses que voltaram a viver juntos. Ernesto não entende o que origina nela reações agressivas. Resolvera levar o filho para passear num parque fora do centro da cidade. Houve tensões em virtude de diferenças de opinião sobre se o tempo era propício e sobre o horário mais conveniente. Depois, ela o censurou porque achava que ele estava frio, distante. Ernesto sentiu que essas censuras eram injustificadas.

P. 6: "Como ela insistisse, interrompi-a e lhe anunciei que, se não mudasse de atitude, não poderíamos continuar juntos."

Em comparação com a problemática da sessão anterior, há uma variação nos papéis; antes, Ernesto não podia tolerar a separação e defendia o reencontro a todo custo; agora já consegue colocar com menos dificuldade a possibilidade da separação. Sem dúvida, há muitos aspectos sobre os quais ainda não tem clareza, como sua contribuição para o distanciamento que lhe era censurado. De maneira geral, acentuou-se um incremento em sua auto-estima e em sua segurança diante do trabalho. Aliviou-se o clima de angústia e depressão dos primeiros meses.

T. 6: "Agora seu relato contrasta com o que vinha ocorrendo havia já duas semanas. Como você entende essa mudança?"

Mais uma vez, na abertura de uma problemática, o terapeuta exorta o paciente a elaborar, tentar interpretar-se, buscar novos dados. A relação de trabalho está centrada na estimulação desse esforço do paciente. Toda proposta de tarefa é imediatamente reveladora de outras facetas do paciente em função de como este a assume.

P. 7: "Não sei, não entendo. Inclusive, ela evocou episódios antigos, com uma ex-namorada minha, de quem ela tinha ciúmes, sei lá..."
T. 7: "Creio que você está tão mexido pelo impacto desta última 'piora' da relação entre vocês que lhe custa parar e pensar melhor sobre as razões da reviravolta. E, em especial, custa-lhe considerar qual pode ser sua participação, apresenta sua mulher agressiva sem motivos, mas não inclui o exame de alguma mudança que possa ter havido em você nestes últimos tempos com referência a ela."
P. 8: "Creio que ultimamente estive mais apagado, preocupado com problemas de trabalho, a questão de poder haver demissões."
T. 8: "Talvez isso também fosse importante para ela, e você não o considerasse assim. Será que ultimamente você não andou dando menos de si para a relação?"

O modo interrogativo do terapeuta funciona como um novo estímulo para que o paciente trabalhe mais com esse novo elemento, relacionado com a tendência de Ernesto à passividade, própria de sua dependência, e à sua correlativa dificuldade de andar com as próprias pernas. No processo, ele tende a dar um passo e parar. O terapeuta não só assinala e interpreta essa modalidade de dependência no âmbito da sessão, como o induz ativamente a trabalhar mais, a experimentar dar mais passos sozinho.

P. 8: "Sim; ela diz que não vamos ao cinema, que saímos pouco. Percebo que andei meio desanimado."
T. 9: "Você diz o que ela diz, com referência às saídas, mas, e você, o que diz?"
P. 10: "Sim, também acho que ultimamente saímos pouco, e por minha falta de ânimo, ela tem razão."
T. 10: "Bem, além disso, tínhamos visto há poucas sessões que, para sua esposa, vê-lo desanimado era vê-lo fraco, impotente, e isso a levava a tolerar mal qualquer relaxada sua, lembra?"

Considera-se aqui um aspecto importante da psicoterapia: o intuito é *não apenas* o paciente *entender-se*, mas *aprender a pensar a situação a partir da perspectiva e dos problemas dos outros próximos*. Fazer hipóteses sobre o que acontece com a mulher quando ele se mostra relaxado suscita outra direção de aprendizagens.

Poder-se-ia supor que isso favorece tendências projetivas do paciente. Tal não ocorre se, além disso, se volta sem cessar à contribuição do paciente para a interação. A formulação do terapeuta volta a ser aberta, deixa formulada uma tarefa a partir da conexão entre dois momentos, ficando latente a pergunta sobre o sentido do esquecimento de algo que provavelmente acontecia com a mulher ante seu enfraquecimento.

P. 11: "Sim, isso que você me fez lembrar é essencial: qualquer doença minha, ainda que seja apenas uma gripe que me deixe um dia de cama, a deixa mal. E observei que quando estou cheio de energia, mesmo que seja para brecar algum despropósito dela, ela fica bem comigo."

Esse aspecto do efeito paradoxal da "energia" fora sugerido numa sessão anterior, mas desta vez parece mais percebido pelo paciente, vivenciado.

T. 11: "Esse aspecto é fundamental na relação entre vocês. Mas acho que pode ser útil pensar não apenas nos choques, mas também no momento silencioso que os precede. Quando se distancia, você percebe que está se distanciando, que introduz uma mudança?"

A intervenção tem como meta frear no paciente suas tendências projetivas, levando-o a uma auto-observação sobre sua capacidade de auto-observação. Mais uma vez, a palavra "pensar" na formulação parece funcionar como estimulação de uma das funções egóicas que o paciente menos exercita de modo espontâneo. A intervenção como um todo visa estimular uma atitude perceptiva especial.

P. 12: "Sim." (*Resposta lacônica que inspira dúvidas no terapeuta, mostrando-lhe que há, na sessão, uma passividade a atacar.*)

T. 12: "Você está se dando conta de que essa mudança sua vai afetá-la?"

O terapeuta não crê que isso ocorra, deseja levar a indagação a um ponto em que a passividade do paciente se torne evidente.

P. 13: "Sim."

T. 13: "Você comunica a ela que sabe de seu retraimento...?"

A indagação refere-se ao manejo comunicacional do vínculo, onde se tornará mais evidente.

P. 14: "Não, não lhe falo disso, talvez diga algo assim por alto, sem esclarecer... (*Silêncio, pensativo.*) Bem, resumindo, até aqui aparece meu distanciamento, que eu não via, tudo aquilo de que, se desanimo, ela vivencia isso como uma impotência minha, que eu também tinha apagado da mente, e de que eu não a informo que me ponho em seu lugar, que simplesmente me esqueço da relação e pronto."

A evolução das funções egóicas se torna evidente. No início do tratamento, Ernesto não conseguia pensar, fundamentalmente não conseguia resumir nem organizar seu pensamento. Ele me pedira que, ao final das sessões, o ajudasse a resumir pontos-chave da sessão porque, caso contrário, estes se diluíam. Esse aspecto podia ser visto como manifestação de uma depositação no terapeuta com evitação da reintrojeção. Era provável que assim fosse, mas como fenômeno sobredeterminado; e também era preciso vê-lo em função de uma falha na aprendizagem de certas funções egóicas. O exercício deste último aspecto poderia de todo modo explicar melhor a vertente projetiva do fenômeno. Àquela altura, o paciente experimenta espontaneamente a recapitulação, um modo de luta incipiente contra seu automatismo de depositação.

T. 14: "Acho que sim, que hoje o panorama é esse. Retomando o último ponto: é necessário voltar a algo visto há algum tempo, ou seja, que a parcimônia no relacionamento de vocês é fonte de perseguição para qualquer um dos dois. Há algum tempo, você se perseguiu porque ela, sem maiores esclarecimentos, lhe disse que não era imprescindível se verem naquele dia; você se lembra?"

A intervenção começa com uma confirmação, uma concordância com a recapitulação do paciente. Em *psicoterapia, o reforço dos acertos é tão importante quanto o assinalamento das distorções*. Depois, aprofunda-se na perspectiva comunicacional (na sessão anterior, empregava-se o enfoque psicanalítico para pensar num sonho. Essa integração de vários enfoques psicopatológicos é característica da psicoterapia de esclarecimento). Encerra-se com uma pergunta, novo estímulo para que o paciente trabalhe com essa problemática comunicacional e com as ansiedades paranóides mútuas que desperta.

P. 15: "Sim, vejo isso agora com mais clareza, queria comentar com você sobre a questão de que não faço ver a ela o que está acontecendo comigo, que eu, em relação a muitas coisas, sem me dar conta, silencio; isso me acontece também no trabalho."

Produz-se aqui uma abertura, surge uma nova faceta da problemática de Ernesto: suas desconexões, que se alternam com os momentos de fusão com o outro, a contraface autista de sua dependência simbiótica. A sessão continua até o final abordando esses aspectos.

Capítulo 12
O papel da ação nas psicoterapias

Algumas idéias referentes ao lugar e ao sentido da ação no processo de uma psicoterapia verbal se tornarão compreensíveis se começarmos por uma experiência terapêutica. É necessário fornecer algumas informações sobre a paciente e o processo que precedeu esta experiência. Estela, bioquímica recém-formada, tem 26 anos e há 4 está em tratamento psicoterápico. Casou-se há 7 meses. O elemento mais significativo de sua história pessoal é que perdeu os pais na infância, com poucos anos de diferença entre o pai e a mãe. Ela e um irmão mais novo foram criados por uma tia, irmã de sua mãe, que, por sua vez, faleceu 5 anos atrás. Estela marcou uma consulta no ano seguinte em virtude de um estado depressivo prolongado e dificuldades nos estudos universitários, bem como nas relações amorosas, que eram insatisfatórias e instáveis. Iniciou uma psicoterapia de esclarecimento de duas sessões semanais. O ritmo era adequado a seus temores de uma intensa dependência (critério técnico introduzido por Alexander, estrategicamente divergente da idéia de que, quanto mais intensiva uma terapia, melhor se elaborará a dependência). Ao longo do processo terapêutico, não surgiram necessidades de modificar esse ritmo. O processo avançou lenta e solidamente. O trabalho centrou-se nos lutos de tão difícil elaboração, nas dependências criadas em torno de figuras diversas, sobre as quais a transferência de papéis parentais era automática e intensa.

Centrou-se também nas inseguranças próprias da situação de desamparo precoce e nas fantasias maníacas compensatórias, que criavam auto-exigências desmedidas, ocasionando-lhe maior insegurança nos estudos e nas relações amorosas. Progressivamente, Estela saiu de sua depressão, adquiriu maior segurança em geral, reduziu sua auto-exigências, pôde iniciar uma relação amorosa mais satisfatória e estabilizada, formou-se. Teve dificuldades para iniciar seu trabalho profissional (que, quando apareceram, foram vistas como sobredeterminadas pelos entraves inerentes ao começo em plena crise social, com alto índice de desemprego, e por suas tendências regressivas não-resolvidas, exacerbadas na ocasião de ter de abandonar um papel infantil, mais dependente). Por fim, começou a trabalhar com bom desenvolvimento profissional e oito meses depois se casou. Na semana da sessão que depois relatarei, Estela teve de dedicar dias e noites, em horas extras, à elaboração do relatório de uma equipe de pesquisa. Um tema, freqüente nos dois últimos meses, era que agora tinha tudo para sentir-se feliz e, não obstante, estava deprimida, sem conseguir chegar a saborear realmente o que obtivera com bastante esforço. Trabalhamos sobre as culpas por estar viva e ocupar funções que eram de seus pais, assim como por deixar o irmão solteiro sem tanta proteção direta de sua parte. Trabalhamos também acerca de seu temor de uma melhora, que significaria perder a mim em função da alta. O mal-estar continuava, e não era claro o que mais pesava sobre ela. Quanto ao vínculo terapêutico, ambos o tínhamos entendido como um vínculo que, além de permitir-lhe elaborar seus problemas (e como condição para que essa elaboração fosse possível), deveria ser necessariamente um substituto das relações parentais. Numa relação de afeto natural, espontâneo, de confiança e comunicação plena, minha presença como pessoa não era regateada (essa mesma necessidade levara a descartar o uso do divã). No decorrer do processo, o carinho era mútuo e tinha aumentado.

Naquele dia, Estela chegou à sessão com um aspecto de grande esgotamento, quase não dormira, mas não queria perder a sessão. Sentou-se e se reclinou na poltrona enquanto expressava seu cansaço. Nesse momento, julguei oportuno e necessário oferecer-lhe algo especial, ligado a seu cansaço e ao esforço de adaptação adulta dos últimos meses, que podia tornar imprescindível para ela certa satisfação de necessidades infantis. Foi também algo ligado automaticamente (sínteses condensadas em todo impulso intuitivo do terapeuta) a um comentário de duas sessões anteriores sobre o não-desfrute do dia em que ela programara para si o prazer de ser atendida no cabeleireiro. Propus-lhe que se deitasse no divã para descansar; eu estaria ao lado, na poltrona que ela costumava ocupar; ela poderia olhar-me sem esforço. Hesitou por um momento e aceitou. Ao relaxar, fez exclamações de alívio, comentou seu cansaço, como seu trabalho era pesado, começou a falar aflita de dois colaboradores que não ajudavam muito, que todo o trabalho recaía sobre ela. Observei que não estava desfrutando o divã, que estava ansiosa, como se algo a impelisse a não relaxar. Falamos das novidades, bem como dos temores sexuais que a nova situação poderia criar-lhe. Eles não pareciam centrais naquele momento. Propus-lhe: "Procure relaxar e usufruir desse descanso, talvez agora não seja importante que você me fale tanto." Estela compreendeu, tentou fazê-lo, era visível o esforço, o conflito que relaxar lhe causava. De repente, disse: "Qual o sentido disso se vou ter alta?" – e ela mesma se surpreendeu com o que disse, porque era claro que nenhuma alta estava programada, ao menos para aquele ano. A partir disso, a sessão foi uma das mais produtivas e de clima mais profundo de que eu possa me lembrar. Foram numerosas as associações: fruir é perigoso porque depois vem a morte e pega a gente desprevenida (assim fora a experiência com sua mãe, uma ótima relação subitamente cortada); o medo mágico de sentir-se feliz, ligado ao fato de que cada vez que sua vida corre bem, ela relembra imediatamente alguma boa razão para não estar inteiramente contente. Vimo-lo, além disso, como uma depressão preventiva: não havia nenhuma desventura que pudesse tomá-la de assalto em pleno prazer. O resultado era claro: nunca se deprimia por completo. O preço disso era que nunca usufruía integralmente. Fez também ali associações com o medo, cada vez que deixava o marido, de que pudesse morrer; sempre que estava muito bem com ele, a tristeza de que podia perdê-lo a invadia. O clima da sessão era de muita fecundidade, de uma sucessão de *insights* dela e meus. A tremenda presença da morte em sua vida surgira com uma dramaticidade maior, vivenciava-a mais do que nunca. Nesse momento, rompeu num choro muito forte, como havia anos não fazia, e despejou pela primeira vez todas as suas angústias diante da morte do pai, que sempre parecera menos impactante do que a da mãe; recordações vívidas das circunstâncias dessa morte afloraram com intensidade. Depois se acalmou, pensou que gostaria de cochilar no tempo que restava da sessão. Não conseguia, porque imaginava que já era a hora e que eu a interromperia.

Animei-a a tentar cochilar, se era esse seu desejo, nos 10 minutos restantes, que isso poderia fazer-lhe bem e que poderia haver outras sessões daquele tipo, se fosse necessário. Estela conseguiu fazê-lo, com uma calma e uma placidez que, a meu ver, sugeriram que algo de seu medo inicial de entregar-se ao repouso e ao prazer de deixar-se cuidar já fora elaborado. Ao término da sessão, levantou-se com um gesto profundo e grato; o comentário foi: "Que sessão, sinto que me faz tão bem, é incrível!"

Até aqui o material. Trata-se de uma psicoterapia verbal, em que a totalidade das sessões fora feita com uma relativa imobilidade corporal, cada um em sua poltrona. Naquele momento de seu processo, incluir o corpo de ambos numa nova disposição espacial, a serviço de uma ação dramática, foi, segundo creio, condição de uma abertura importante.

A qualidade do material que emergiu, uma vez operada a mudança no vínculo mediante a ação, me pareceu superar em muito o conseguido em sessões anteriores "convencionais". O clima obtido foi de uma intensidade emotiva muito superior à daquelas sessões. Minha oferta inicial e minha insistência posterior em que ela procurasse desfrutar daquele descanso particular serviram para *colocar em estado experimental (ali, à vista) sua dificuldade diante do prazer*. A situação de intercâmbio verbal habitual na sessão dificilmente se presta a criar uma "oferta" de prazer similar, do nível regressivo que envolve o ser cuidada "no berço". Se minha oferta se detivesse naquele ponto, as resistências de Estela em função de seu profundo conflito com o prazer e com a morte teriam dado lugar a uma interrupção, cujas razões voltariam a emaranhar-se em nível verbal. Creio que a iniciativa do terapeuta, naquele contexto, consistiu também em incrementar ao máximo o conflito, alentar mais seu desejo de fruir o vínculo, para que então, logo depois, ele surgisse em toda a sua intensidade, bem como as fantasias a ele ligadas. Creio que aqui o papel ativo do terapeuta começou por apreender a possibilidade de que uma ação dramática, que encarnasse plenamente seu conflito, fosse ocasião de uma experiência particularmente rica para o processo. Em segundo lugar, consistiu em tomar a iniciativa para que essa ação fosse vívida. Em terceiro, em manter a iniciativa dramática diante das primeiras resistências da paciente. Em quarto, em esperar que as dificuldades para gratificar-se com o descanso oferecido fossem reveladoras do conflito profundo, e que, no caso de se obter finalmente essa gratificação, a experiência teria um valor simbólico retificador da ligação que prazer e morte adquiriram em seu mundo interno.

Esse tipo de ações de valor simbólico, expressivo e exploratório, acha-se na linha das dramatizações, sem chegar a ser ação psicodramática, com as características de disposição de uma cena cujo acontecer é, numa fase, centro de atenção e, depois, em outra fase, ocasião de elaboração em nível verbal e de interpretação. Eu diria que nesse contexto há uma entretecedura constante entre ação, interpretação e elaboração que orienta o curso imediato da ação, assim como do que vai sendo vivido na ação. O que de fato ocorre, tal como no psicodrama, é a introdução de algo mais a ser vivido, com sentido dramático, oferecendo outra maneira de "estar", de compartilhar, de dirigir-se aos outros, de pensar-se a si mesmo. Isso poderia ser ampliado, afirmando que a participação do corpo na comunicação muda o tipo de mensagem ou, ao mesmo tempo, que o outro adquire mais realidade, que mais elementos entram em jogo.

A ação no curso do processo poderá acontecer numa ampla gama de expressões corporais, verbais e gestuais do afeto e interesse pessoal pelo paciente, que irão exprimindo vicissitudes do processo, revelando aspectos deste e contribuindo para seu avanço.

Também poderá acontecer no uso livre do espaço, do ambiente de trabalho, que pode ser usado com flexibilidade de acordo com as necessidades de diferentes momentos do tratamento. Em presentes ou empréstimos mútuos. Em diálogos sobre temas diversos (culturais, políticos, artísticos). Em encontros fora do âmbito terapêutico e/ou em outros papéis[1].

Cada uma dessas experiências pode ser ocasião de uma abertura nova no processo terapêutico, dadas as defesas que costumam imobilizar-se no discurso verbal e na fixidez de contextos e papéis. Cada uma dessas experiências, tradicionalmente consideradas à margem do processo, ou como possíveis interferências neste, são com freqüência oportunidades para enriquecê-lo se compreendidas em toda a sua significação dinâmica. *Seu papel terapêutico reside não apenas no que depois permitem incorporar à elaboração verbal, mas também no vínculo que simbolicamente realizam no efetivamente vivido,* no "encontro" mais pleno que produzem na relação de trabalho.

Outro exemplo de ação a serviço do processo (de acordo com o que pudemos avaliar juntos depois) foi a leitura que Estela fez comigo deste capítulo, bem como o trabalho que compartilhamos para dar a minhas observações esta versão. Ela se sentiu positivamente impressionada ao ver abrangidos vários anos de sua evolução numa página; apreendeu-se numa síntese objetivante. Recordemos além disso que foi pouco o que Estela pôde compartilhar com o pai: o tempo dessa tarefa foi vivido com particular emoção, era algo original em sua vida.

Um aspecto da elaboração verbal da experiência merece ser enfatizado: a necessidade de dar tempo para que a ação se desenrole, não apressar a interpretação do que está ocorrendo ou do que significaria uma proposta de ação diferente. Apressar a verbalização poderia transmitir uma série de mensagens opostas aos fins do processo terapêutico: o temor

....
1. Essa linha enfatiza igualmente, em toda a sua importância, o papel terapêutico da experiência com os outros, fora da sessão, que pode por isso ser sugerida ou estimulada a partir da relação terapêutica.

do paciente ou do terapeuta com relação à ação vivida, recorrendo ao refúgio na palavra, enunciada a partir de corpos e espaços fixos; a desconfiança diante dos impulsos, simbolizados pelo corpo e por seus movimentos, sugerindo que todo movimento tem de passar pela autorização do superego a fim de dar garantias de racionalidade; ou então o temor da "manipulação" mútua, expressando uma desconfiança básica acerca da qualidade construtiva do vínculo que ambos vêm experimentando. Poder-se-á objetar que há iniciativas de ação no contexto terapêutico dominadas pelos impulsos e postas a serviço da repetição, mais que de uma elaboração. É verdade. Mas essas tendências ao *acting* psicopático não constituem o grosso das iniciativas de ação que podem emergir na experiência terapêutica.

Criar um contexto imobilizador blindado para proteger-se dessa proporção mínima de atuações psicopáticas equivaleria a montar uma defesa excessiva para situações que, quando emergem, são diagnosticáveis e controláveis. Correlativamente, seria impedir o exercício móvel de um espectro mais amplo de possibilidades para a outra enorme proporção de relações terapêuticas, nas quais a imobilização prejudica certos momentos necessários do processo, frustrando-o em alguma medida.

Há, além disso, elementos concretos para *saber em cada situação quais o risco e a fecundidade prováveis da ação proposta*: o conhecimento assentado do paciente, a qualidade do vínculo terapêutico, os conteúdos do processo que se foi desenvolvendo, assim como o momento desse desenvolvimento que torna a ação necessária e produtiva (o que, em psicodrama, se denominou fase de aquecimento seria aqui o emergente espontâneo de um processo que se estende no tempo).

Experiências desse tipo indicam, em minha opinião, que em determinadas circunstâncias, com condições dadas como as que acabo de enumerar, evitar a ação terapêutica (mediante propostas de verbalização exaustiva como alternativa à ação, ou como delonga resistente à ação) é, sem dúvida, *atuação*, e *atuação repressiva* a serviço do não-processo, do alongamento e da desvitalização do processo.

No debate sobre personalização do vínculo na relação de trabalho, delineia-se a necessidade de uma dupla tarefa: uma, na elaboração em nível verbal; outra, no exercício do vínculo terapêutico, em que um acontecer real entre ambos os participantes (com seus correlatos simbólicos) tem de produzir progressivamente *diferenciações* retificadoras ou compensadoras, essenciais ao avanço do processo. Dessa perspectiva, a criação de um contexto de imobilização, estático (em lugar de flexível a iniciativas de ambos os membros), frustra uma das vertentes do processo ao impor restrições no acontecer real do vínculo. Não só pode prejudicá-lo como, mais do que isso, introduz mensagens expressas por comportamentos reais (significantes de distanciamento, desigualdade, proibição, controle) que – particularmente em certos momentos ou fases do processo – visam a uma repetição, a um reforço de ansiedades e conteúdos transferenciais. Por essa via, esse contexto imobilizador pode suscitar regressão, estancamento ou alongamento da tarefa, visto que seus estímulos podem se mostrar opostos aos necessários nessa fase para o processo de elaboração. Um trabalho de elaboração verbal orientado para a abertura, o desenvolvimento, a ruptura de estereótipos nos papéis, o questionamento dos vínculos, por um lado, e, por outro, um contexto de interações concretas restringidas, imobilizadas em papéis fixos, podem configurar, segundo creio, sistemas de mensagens contraditórias em situações desse tipo.

Na direção aqui proposta, cabe uma profunda revalorização da intuição, do que emerge espontaneamente entre paciente e terapeuta em seu contato vivo na sessão. Não, por certo, para contentar-se com o empirismo, mas para ascender a uma criatividade original, liberando os recursos de um movimento cuja compreensão possa depois ser recuperada também em termos conceituais. Cada sessão deve ter algo de aventura: a possibilidade de que algo aconteça – e não apenas em nível verbal – entre ambos, algo não previsível em seu início, que obrigue a descobrir sentido.

A ação terapêutica constitui a experiência longamente elaborada pelas técnicas psicodramáticas (3), e um dos ingredientes importantes das técnicas de laboratório (2). O que é preciso, julgo, é resgatar todo o ensinamento dessas técnicas e incorporar o clima de liberdade que transmitem – pelo uso produtivo do corpo e do espaço – a toda uma outra série de técnicas psicoterapêuticas nas quais uma experiência exaustiva de trabalho com a palavra vem sendo freada em suas mais amplas possibilidades pela cristalização de contextos de não-ação. As linhas de trabalho citadas fornecem a plena evidência de que uma experiência vivida dramaticamente entre paciente e terapeuta instaura uma linguagem nova que fala não só a partir do cérebro, mas também, como queria Unamuno, "com o coração, com os pulmões, com o ventre, com a vida".

É preciso distinguir, então, quando a imobilidade corporal e a abstenção da ação servem funcionalmente para pensar e dialogar melhor, e quando, em contrapartida, impedem o terapeuta e o paciente de viver algo mais, juntos, para atingir uma compreensão mais profunda.

Creio, além disso, que o clima de intercâmbio verbal, quando a ação de vida entre os participantes é possível e aceitável para ambos, é um clima que conta a todo momento com a presença virtual de uma liberdade e de uma criatividade mais profundas. Esse clima engendra outras palavras.

Creio que, fundamentalmente, é preciso acabar com todas as dissociações rígidas entre o consultório e a vida, a vida das ruas. Há um adoecer na vida e também um recuperar-se na e com a vida. Todos os recursos criadores da vida têm de encontrar seu lugar numa psicoterapia genuinamente humana. Nesse amplo caminho aberto temos muito pela frente.

Referências bibliográficas

1. Bustos, D., *Nuevos rumbos en psicoterapia psicodramática*, La Plata, Momento, 1985.
2. Glocer, Florinda, "Laboratorios de interacción humana. Ideologías en la búsqueda de nuevas técnicas psicoterapéuticas", *Rev. Argent. de Psicología*, 14-5, 1973.
3. Martínez Bouquet, Carlos; Moccio, Fidel; Pavlovsky, Eduardo, *Psicodrama. Cuándo y por qué dramatizar*, Buenos Aires, Proteo, 1971.

4. Moccio, F., *Hacia la creatividad*, Buenos Aires, Lugar, 1991.
5. Pavlovsky, E.; Kesselman, H., *Espacios y creatividad*, Buenos Aires, Búsqueda, 1980.
6. Pavlovsky, E.; Kesselman, H., *La multiplicación dramática*, Buenos Aires, Gedisa, 2002.

Capítulo 13
Estratégias e articulação de recursos terapêuticos

Discutimos em vários capítulos aspectos do processo de uma psicoterapia individual, isto é, o vínculo bipessoal do paciente com uma técnica manipulada por *um* terapeuta. Nos últimos anos, o trabalho assistencial em instituições foi abrindo trilhas de uma experiência mais complexa: a relação de um paciente (ou de um grupo) com um conjunto de técnicas terapêuticas ministradas por uma equipe de profissionais, de modo simultâneo ou sucessivo. Essa multiplicidade de recursos terapêuticos ofereceu novas possibilidades, na medida em que neles se encontrou o caminho de uma potencialização original de efeitos cujos resultados investigamos (7); ao mesmo tempo, deu ocasião aos riscos de uma ação dispersa, incoerente ou internamente contraditória. Para evitar esses riscos e extrair benefícios da potencialização, surgiram recentemente os conceitos de estratégia terapêutica e de articulação das técnicas e recursos.

O delineamento de uma *estratégia terapêutica* parte de um diagnóstico exaustivo da situação. É preciso construir um modelo da situação que dá motivo à consulta, e para essa construção contribui com dados significativos cada um dos profissionais que, a partir de sua abordagem específica, entra em contato operante com a situação. Com base numa massa de dados, de início desconexos, fragmentários, vai lentamente edificando-se o modelo teórico da situação que permite compreender suas articulações internas, os dinamismos individuais, grupais e sociais que a regem. O processo consiste numa minuciosa indagação grupal, a da equipe assistencial, que deve realizar um árduo trabalho de confrontação interna, visto que o que detectam o terapeuta individual, o entrevistador da família e a assistente social, por exemplo, são recortes de fatos conceituados com diferentes categorias, específicas para cada um desses enfoques. É necessário encontrar um panorama comum pensando com uma linguagem compartilhada. A tarefa se complica porque, além disso, a aplicação de enquadres distintos, próprios de cada técnica, desvela facetas efetivamente diferentes da situação em estudo, o que ocasiona divergências e contradições que já não se devem às categorias, mas aos métodos empregados. Com o avanço desse processo de elaboração grupal, vai-se obtendo um quadro global provisório da situação. Nele, faz-se necessário ressaltar as vias de acesso à situação, suas resistências e também suas passagens "naturais" rumo ao interior de seus dinamismos. Podem-se então extrair desse reconhecimento do campo *linhas estratégicas*, isto é, *um programa de operações* simultâneas ou sucessivas a serem aplicadas sobre ele. Esboçam-se dessa maneira grandes etapas na abordagem da situação e se fundamenta sua seqüência.

Um breve exemplo: Inês, uma paciente de 68 anos, é internada com um episódio psicótico agudo, clinicamente diagnosticável como delírio sensitivo de auto-referência, com ansiedades persecutórias e depressivas muito intensas. A origem é no início obscura; nos três meses anteriores, os fatos mais significativos são um aborrecimento com um padre devido a tensões grupais criadas em torno da condução de assuntos paroquiais, nos quais a paciente intervinha com particular dedicação, e dificuldades legais com os inquilinos de duas propriedades suas, cujo aluguel era o meio de subsistência da paciente e de sua irmã de 70 anos (ambas viviam sozinhas havia muitos anos), tendo falecido o restante da família. Seu estado é de intensa ansiedade, com idéias delirantes referentes ao inferno e ao fim do mundo. Estudando-se mais detidamente a situação, emerge o fato de que havia com esse padre um vínculo de afeto muito idealizado de vários anos, carregado inconscientemente de fantasias conjugais (a paciente era solteira), e de que as desavenças com o padre criaram um forte ressentimento contra ele, bem como contra as pessoas que o apoiavam. À luz desses episódios, o significado da condenação ao inferno e do fim do mundo se tornava compreensível. Mas as *etapas* de uma abordagem estratégica tiveram de se encadear nesta seqüência: 1) Alívio da ansiedade que tornava impossível qualquer esforço de elaboração ou indagação com a paciente. 2) Aclaração da situação legal que ameaçava a subsistência da paciente e que aparecia como uma primeira situação ansienógena. 3) Começo de um trabalho de esclarecimento sobre os conflitos que ocasionaram aquela ruptura, a repercussão desse desenlace em seu mundo interno, as culpas por sua agressão exacerbada e suas fantasias eróticas encobertas, assim como a depressão pelas perdas (somava-se a essa ruptura a idade na qual ocorria). 4) Reelaboração de um estilo de vida que proporcionasse interesses substitutivos. Os *recursos* para realizar a primeira etapa consistiam no uso adequado de ansiolíticos, na criação de um vínculo terapêutico tranqüilizador e no trabalho de integração grupal da paciente no clima da enfermaria. A segunda etapa contaria com a ajuda da assistente social para constatar o estado da situação econômica e legal. A terceira etapa se centraria na psicoterapia individual e em entrevistas conjuntas com a irmã, que permitiriam levantar mais elementos biográficos e atuais. Na fase final, o terapeuta e a assistente social trabalhariam conjuntamente para traçar um panorama de possibilidades novas de atividades e interesses com vistas à reinserção da paciente na vida cotidiana.

O tratamento foi cumprindo essa seqüência; seus resultados foram favoráveis. (Sete anos depois deste episódio, Inês continua sem recaídas, sua vida transcorre de modo aceitável para ela, enriquecida desde sua internação por alguns discretos interesses novos.) O exemplo é simples, as etapas do tratamento bastante delimitadas (resolução da descompensação clínica, elaboração de determinantes psicodinâmicos envolvidos em suas crises, reinserção adaptativa).

Falamos até aqui de planejamento estratégico do *tratamento psiquiátrico*. Na estratégia do *processo na psicoterapia* havia também certas grandes fases previsíveis (criação do vínculo terapêutico, indagação de dados e tarefa de discriminação em cima desses dados até conseguir alívio suficiente da ansiedade e um aumento paralelo do potencial egóico disponível, para embrenhar-se depois numa fase interpretativa-elaborativa que pudesse ser retificadora; por fim, elaborar ansiedades próprias de sua etapa evolutiva e certo plano de vida). Em contrapartida, as seqüências na emergência do material e as áreas e intensidade das mudanças que poderiam surgir talvez não fossem igualmente previsíveis[1]. Isso se deve ao fato de que há modificações na situação focalizada que se movem ao longo de linhas de força internas, próprias da estrutura da situação. Da mesma maneira, deve-se vincular a dificuldade de uma previsão estratégica mais precisa com o que caracterizamos como encadeamento de influências e efeitos terapêuticos dotado de certa margem de desenvolvimento autônomo. É factível delimitar o *foco* terapêutico, revelando-se menos previsível o modo pelo qual esse trabalho sobre o foco se desenvolverá (5).

Ora, na medida em que se opera com um espectro mais amplo de técnicas, a programação dessas fases da intervenção terapêutica assume uma complexidade muito maior, e a avaliação dos efeitos parciais que vão sendo obtidos para adequar a eles os reajustes na programação se transforma num trabalho mais árduo. Abre-se então no traçado inicial de uma estratégia terapêutica e nos passos de sua aplicação progressiva uma tarefa de elaboração, avaliação e ajuste na programação que denominamos *articulação de recursos terapêuticos*. Incluirei em seguida o relatório de uma experiência[2] que realizamos no

....
1. Nesse sentido, a idéia de psicoterapias programadas (6) alude antes ao delineamento dos *objetivos* para os quais se orienta em função do *foco* que se delimitou do que para a antecipação do *processo*, previsível tão-somente em certas fases globais.
2. Essa tarefa foi realizada por uma equipe, sob minha direção, integrada pelos seguintes profissionais: psicoterapeuta individual (dra. Elsa Wolfberg e, depois, María Esther Tcherkaski), psicóloga (Tcherkaski), terapeuta do grupo familiar (dra. Felisa Fich), cinesiterapeuta (Cines. Leonor Corsunsky), terapeuta ocupacional (srta. Beatriz González Ortiz) e assistente social (sra. Julia Majlin).

Departamento de Internação, em que levantamos os problemas e possibilidades dessa articulação de recursos técnicos no tratamento de outra paciente internada. A tarefa tem início com base em certas interrogações fundamentais:

1) *Como podem entrelaçar-se efetivamente os recursos* que cada técnica oferece *no processo evolutivo* de uma internação, em cada um de seus momentos?

2) Se há situações passíveis de obrigar a modificar esse plano geral, a partir de que dados, oferecidos por qual ou quais das técnicas, se pode detectar essa necessidade de ajustes?; e, nesse caso,

3) Como se efetuam esses ajustes de maneira coerente, visto que cada técnica, uma vez em andamento, instaura processos parciais específicos dotados de uma dinâmica própria?

Em outras palavras, *como se articula a dinâmica própria de cada técnica com a necessidade de impulsionar uma dinâmica geral do processo terapêutico* composta pelo conjunto de estímulos parciais? Nossa equipe tentou explorar problemas e métodos vinculados a essas interrogações.

A paciente em tratamento é Adriana, solteira, de 21 anos, internada em virtude de um episódio psicótico agudo de caráter confusional e paranóide, com forte excitação psicomotora. É muito difícil coligir dados para a história clínica; é obscura a situação desencadeadora. A família (mãe, padrasto, irmã) também não fornece dados claros. Torna-se evidente a existência de conflitos sexuais intensos e de uma relação com a mãe de enorme dependência.

Seu pai abandonou o lar quando Adriana tinha 11 anos, e a mãe o proibiu de ver as filhas. Desde então, a paciente viu o pai às escondidas duas vezes. Quando tinha 17 anos, sua mãe se uniu àquele que é agora seu "padrasto". Pouco tempo depois, Adriana teve um primeiro episódio psicótico. Esse segundo episódio começou 3 anos depois, concomitante com o casamento de sua irmã. Ficou claro que a distribuição de papéis em sua família era confusa, e que havia um clima de promiscuidade ao qual Adriana reagia com confusão e graves conflitos sexuais.

Linhas iniciais de trabalho. Psicoterapia individual: explorar a situação desencadeadora e os conflitos básicos, ordenar os dados de sua história, o que já é em si atividade terapêutica, dados os transtornos de pensamento de Adriana. Entrevistas familiares: esclarecer a história grupal, manejar ansiedades ligadas à internação, ao tratamento e ao prognóstico. Iniciar psicodiagnóstico. Trabalho corporal (3, 4): explorar aspectos sexuais (ainda ligados de modo obscuro ao desencadeamento do quadro psicótico) e sua dependência, através de uma atividade que em princípio ataque a confusão, isto é, exercícios que favoreçam uma recuperação de sua identidade (trabalho com os limites do corpo, por exemplo). Terapia ocupacional: evitar tarefas que possam mobilizar seus conflitos sexuais (a experiência com outros pacientes mostrou que, em momentos confusionais agudos, essas tarefas desorganizam ainda mais o paciente); em contrapartida, considerar de fato o problema de sua dependência, oferecendo-lhe tarefas que impliquem escolha pessoal, diferenciação em relação ao resto do grupo.

No momento de traçar essas linhas iniciais, a equipe sente entusiasmo e expectativa no que diz respeito aos efeitos: a paciente vê-se colocada no centro de um conjunto de linhas de força que deverão entrelaçar-se e potencializar-se.

Há um primeiro mês de internação em que o trabalho segue essas linhas e é fundamentalmente exploratório. A *integração de dados e recursos* pode ser vista nesse momento: clinicamente, a confusão domina o quadro, realidade e fantasia do vínculo com o pai se sobrepõem sem cessar. Nas terapias individual e familiar, trabalha-se procurando discriminá-las, recortar os fatos, reconstruir minuciosamente a história da relação com o pai. No trabalho corporal, faz-se com que realize movimentos reais (por exemplo, ondular os braços), depois lhe propõem dar a esses movimentos o caráter de "agitar as asas de um pássaro"; por fim, trabalha-se mostrando o contraste entre o movimento real do braço e o simbolismo agregado. No âmbito da recreação, a paciente é estimulada a participar de esportes como situações em que sua participação exige concentração na ação real imediata. A terapeuta ocupacional detecta que nos gestos, em toda a sua comunicação não-verbal, Adriana parece mais bem conectada com a realidade da situação do que quando fala. Essa observação é tomada como aspecto a ser explorado pelos outros membros da equipe, na medida em que possa estar oferecendo vias de abordagem inicial mais eficazes que a palavra.

A psicóloga informa que no psicodiagnóstico aparece, com uma ansiedade persecutória muito intensa, a imagem de uma cabeça em que os nervos explodem e todo o seu conteúdo se esparrama. Esse dado é tomado pela equipe como indicador da necessidade de ajudar a paciente a reforçar controles, discriminação, colocação de limites; no trabalho corporal, decide-se concentrar a tarefa na cabeça e no pescoço, marcar o seu contorno e assegurar-lhe a solidez da caixa craniana; em termos de terapia ocupacional, ajudá-la a confeccionar um boneco de pano, dando especial atenção à forma da cabeça.

Depois de 45 dias de internação, Adriana comunica a seu terapeuta queixas por não dispor em sua casa de um espaço próprio. Nesse momento, incorporamos à equipe a assistente social para que estude o ambiente físico e as possibilidades oferecidas pela casa nesse aspecto, que tem importância estratégica (tentativas de individuação). Em terapia ocupacional, Adriana resistiu a fazer um objeto que fosse para ela e não para a mãe, chorou e se deprimiu diante da sugestão da terapeuta para que realizasse essa tarefa; isso aparentemente contrariava a reivindicação de um espaço próprio. Interpretamos, pelas distintas respostas que Adriana dava diante de técnicas diferentes (bom contato em psicoterapia e trabalho corporal, "pedido" de assistência social, recusa a separar objetos pessoais dos comuns com sua mãe), que o que ela estava sugerindo era uma necessidade de que *sua individuação fosse sendo esboçada por passos, por planos*, e não maciçamente; com base nessa hipótese, a equipe planejou atuar de acordo com esta seqüência: primeiro, ajudá-la a tomar consciência de si mesma (psicoterapia individual e grupal, trabalho corporal); depois, no momento oportuno também para o grupo familiar, a aquisição de um espaço próprio (assistente social) e, só mais tarde, elaboração dos objetos que povoariam esse novo âmbito (terapia ocupacional).

A fase confusional cede lugar a uma etapa de marcada depressão e retraimento. Elaboram-se linhas que possam contribuir para reforçar sua auto-estima e o contato com a paciente (medidas táticas), enquanto se mantém a estratégia geral de tratamento (trabalho sobre sua identidade-individuação-alívio da dependência materna e elaboração de seus conflitos sexuais).

A necessidade de contato, depois de um período de retraimento muito obstinado, tornou-se evidente na mesma semana para a terapeuta individual (pelos conteúdos e pelo tom de suas verbalizações nas sessões) e para a cinesióloga (através de gestos corporais de busca de carinhos, que se expressavam sem comentário algum). Essas coincidências de dados de observadores independentes adquirem um valor diagnóstico excepcional, revelam que o trabalho em equipe é o modo de objetivar mais profundamente o paciente.

As entrevistas familiares mostram uma forte resistência do grupo a qualquer mudança mínima. Resolve-se no entanto mantê-las pelos dados diagnósticos que possam fornecer, com vistas a utilizá-los na psicoterapia individual. Entendemos que é útil prosseguir com elas, sem expectativas de mudanças por *insight*, porque de qualquer forma oferecem uma continência grupal e permitem testar outros tipos de ação (informação, acordos sobre o reingresso de Adriana ao lar, contato cotidiano). Comprovamos mais tarde que essas entrevistas, por destacarem comportamentos patológicos do grupo, permitiam produzir em Adriana *insights* sobre a interação, de maneira vívida, direta, depois reforçados em sessões individuais.

Nesse momento, Adriana continuava retraída e falava que havia demasiada distância entre ela e a equipe. Pensamos se a distância acaso não provinha dos enquadres (horários, lugares, modos de trabalho) e da acentuada diferença de papéis paciente-terapeutas, que se superpunha bastante com o desnível de papéis sempre acentuado pela mãe: menininha-mãe onipotente.

Experimentamos então uma atitude de aproximação da equipe que tendesse a igualar os papéis (atitude tática e estratégia, na medida em que se tratava de mostrar-lhe outras possibilidades na relação mãe-filha através de sua vivência dessas possibilidades). Em terapia ocupacional, tal atitude consistiu em consultar mais a paciente sobre tarefas que lhe despertassem o interesse. Adriana decidiu fazer uma bolsa para si. No trabalho corporal, constitui em a cinesióloga fazer exercícios com a paciente, ambas no chão. Nessa sessão, Adriana pediu à cinesióloga que lhe ensinasse a dançar *beat*, fato original que exprimia preocupações muito mais adultas do que todas as vividas até então. Em psicoterapia, a inovação consistiu em a terapeuta convidar Adriana a dar um passeio, a tomarem um café juntas. Diante dessa experiência, Adriana comentou "assim estou muito bem, lá em cima, na sessão, com certeza me veria fraca e começaria a chorar". A terapeuta lhe disse que também ela gostava de que passeassem juntas.

A partir de então, a desorganização psicótica desapareceu do tratamento. Todos os membros da equipe constatavam avanços em suas tarefas com Adriana. Começou-se a pensar na alta. Percebeu-se a conveniência de que uma assistente social trabalhasse no próprio terreno onde devia ocorrer a reabilitação social e ocupacional. Entretanto, o grupo familiar mostrava resistência a qualquer "intromissão", o que tornou necessário trabalhar durante certo tempo, em entrevistas grupais, a situação persecutória vivida com o exogrupo, a fim de levar até lá nossas influências terapêuticas. Observe-se que esse *manejo progressivo, alicerçado em seqüências dinâmicas individuais e grupais muito específicas, é bastante diferente da administração, desde o início e simultaneamente, de um conjunto de técnicas* (modelo do "*total push*", muito em voga em numerosas instituições, particularmente nos Estados Unidos (2), com referência ao qual, a partir de nossa experiência – em especial a de comprovar o caráter delicado do manejo múltiplo e a sutileza de suas seqüências –, podemos nutrir fundamentadamente sérias reservas).

Dada a situação familiar, a tarefa que nos propusemos em psicoterapia grupal foi criar uma aliança terapêutica mais sólida como passo prévio a qualquer outro tipo de intervenção.

Na psicoterapia individual, Adriana mostrou-se mais ágil, sensível, expressiva e vital, condições que nos fizeram pensar na possibilidade de introduzir técnicas psicodramáticas, por exemplo o *role-playing* do vínculo mãe-filha, como modo de treiná-la para enfrentar esse vínculo na realidade, que, a partir da alta, por certo se transformaria no problema central. Comprovou-se uma boa resposta à linha de aliança terapêutica com a família, sugerida na semana anterior. Uma fórmula aplicada pelo terapeuta familiar consistiu em destacar que era injusto que a mãe se ocupasse de todos e que não houvesse reciprocidade (levar Adriana a descobrir também a possibilidade de inverter os papéis). Nessa semana, a cinesióloga pediu ajuda a Adriana para a tarefa que tinham em comum: ocupar-se de reservar o consultório onde faria os exercícios. Numa dessas sessões, propôs-lhe um exercício de atitudes contrastantes: primeiro descansar totalmente relaxada, depois levantar e ser ela quem segurava a cadeira, ou seja, passava a manipulá-la ativamente; Adriana realizou isso muito bem, imaginativamente e com prazer. Em terapia ocupacional, a paciente decidiu fazer uma bolsa para a mãe.

Adriana consolidou sua melhora; surgiram, como fatos novos em sua vida, uma sociabilidade espontânea e o prazer de escutar música. Teve uma participação muito boa nos esportes. Fez a bolsa em terapia ocupacional sem esperar instruções, por sua própria iniciativa e sem o caráter obsessivo que caracterizou seus primeiros trabalhos; não estava ansiosa nem deprimida.

As condições variaram o suficiente para treinar Adriana para a alta (longos fins de semana em casa) e fazer a assistente social participar desse processo. Uma primeira saída sem familiares consistiu na viagem de Adriana para casa com a assistente social. Na semana seguinte, depois de avaliada essa experiência, programou-se que Adriana viajasse sozinha e a assistente social fizesse o mesmo trajeto em outro ônibus.

A assistente social comprovou que Adriana não tinha um espaço próprio na casa, dormia com a mãe, ao passo que o padrasto o fazia na sala de jantar, que era onde devia dormir antes a paciente. Esse problema foi abordado com suas implicações, nas terapias individual e familiar, na medida em que sua resolução aparecia como premissa para uma alta mais sólida.

A alta ocorreu depois de 4 meses de internação. Como se depreende do relato, não se deu alta à paciente quando os sintomas cederam (2º. mês), mas só depois de terem sido trabalhadas minimamente as condições internas e ambientais que participaram de sua emergência. A equipe assistencial continuou a reunir-se para assegurar a continuidade de sua recuperação durante o acompamento ambulatorial. Após a alta, organizamos reuniões mensais de Adriana e sua mãe com toda a equipe que participou do tratamento para discutir a sua evolução. Seis meses mais tarde, Adriana era "outra pessoa", lúcida, desenvolta, expressiva, capaz de questionar opiniões da mãe (estabelecia com ela um vínculo muito mais igualitário). Só então, em virtude de ela ter começado a sair com um rapaz, revelou-se todo o clima incestuoso existente na casa até a época de sua crise psicótica (situações de solicitações eróticas por parte do cunhado e do padrasto). A oposição da mãe a que Adriana tivesse relações fora de casa foi vista como uma cumplicidade da mãe com esse clima promíscuo. Tratou-se a fundo do problema, com intervenção de toda a equipe. Adriana mostrou ter feito *insights* notáveis sobre a situação grupal e conduziu-se de forma muito adequada com base neles. Foi visível que seu tratamento consistira não simplesmente em normalizá-la em termos clínicos, mas em estimular um processo de crescimento. Sua aparência pessoal, seus gestos correspondiam então aos de uma jovem de 22 anos.

Algumas conclusões dessa experiência

O trabalho em equipe cria um instrumento diagnóstico particularmente valioso e original. Nenhuma das técnicas usadas, trabalhando com seus próprios instrumentos, pôde coletar a riqueza de dados oferecidos pelo conjunto em cada reunião semanal. A quantidade e a variedade de informações que se conseguiram sobre esses 7 dias da internação de Adriana eram impressionantes. A reunião de uma grande soma de informações era aqui particularmente necessária em virtude da obscuridade inicial do quadro, da história e da vida familiar em geral.

No aspecto diagnóstico, devemos reconhecer que todas as técnicas empregadas merecem igual posição hierárquica com respeito a seu poder "revelador"; não era possível saber de antemão qual das técnicas permitiria detectar, antes das outras, os dados-chave para compreender conflitos desencadeadores de cada etapa do tratamento.

Do ponto de vista da ação terapêutica, a presença de um conjunto de técnicas oferece a possibilidade de sua *potencialização*. No entanto, a experiência sugere que essa potencialização não ocorre de maneira automática, devendo-se atender, para que isso aconteça, a requisitos essenciais de *seqüenciação*. A necessidade de encadear elos táticos obriga a avaliar cuidadosamente qual das técnicas deverá produzir uma abertura para que as outras entrem em ação. Na ausência dessa avaliação, desse registro de *feedbacks* e da conseqüente entretecedura das técnicas, a existência desse conjunto pode produzir efeitos inversos; em lugar de potencializar-se, criar obstáculos, distorções, antagonismos diante de um *timing* estritamente individual e grupal. *Só por esse encadeamento progressivo é possível colocar em primeiro plano a evolução do paciente, e não o mero exercício simultâneo de várias técnicas. Apenas desse modo as técnicas se põem a serviço do paciente, e não o inverso.*

Por não cumprir cuidadosamente esse contínuo processamento dos dados oferecidos pelas diversas técnicas, como base para promover ajustes em seu manejo concreto, cremos que o ambiente de *"total push"*, criado pela coexistência de um conjunto de estímulos terapêuticos, constitui um sistema terapêutico obscuro, de efeitos dificilmente acompanháveis, potencialmente contraditórios e até iatrogênicos, fornecedor de dados em bloco cuja discriminação e avaliação se torna impossível, tanto para a equipe encarregada do tratamento como para o paciente. No caso de Adriana, se lhe tivesse sido oferecida essa espécie de *estimulação total* indiscriminada, não se teria feito outra coisa senão reproduzir o sistema familiar, em que os estímulos contraditórios e as superposições de papéis eram a regra.

Depreende-se de nossa experiência terapêutica que *não há técnicas* mais valiosas ou mais eficazes que outras para produzir mudanças (o que levaria uma vez mais a reconsiderar a valorização que nossa cultura psiquiátrica tende a manter, por exemplo, para as psicoterapias verbais). A eficácia de cada técnica depende da das outras também, e *qualquer uma delas* pode iniciar um ciclo de influências terapêuticas, assim como *qualquer uma delas pode revelar* a necessidade de uma retificação na linha iniciada.

O trabalho em equipe realizado dessa forma aparece como um sistema fecundo para a formação do pessoal. Limitado ao campo dos profissionais de saúde mental, ele se configura como o âmbito concreto de uma verdadeira experiência interdisciplinar, uma experiência mais minuciosa, de confronto mais metódico entre distintas técnicas, do que a que se pode conseguir em reuniões mais amplas de tipo geral (seminários, reuniões de estratégia).

Discutimos além disso o sentido desse tipo de tratamento intensivo nos quais uma equipe profissional concentra num paciente uma considerável quantidade de tempo assistencial. É provável que o sistema seja indicado especialmente em quadros graves, sobretudo para os momentos agudos de sua evolução. No caso de outras situações e outros momentos clínicos, sem dúvida a montagem de influências terapêuticas grupais tem, entre várias vantagens, as de tipo econômico. Para este outro enfoque assistencial, nossa tarefa pode ser vista como uma indagação de tipo clínico-experimental. O que resulta dessa experiência é a existência de necessidades individuais relacionadas com ritmos, seqüências e conteúdos muito específicos que deverão ser considerados nos métodos de ação coletiva como problemática cujas vicissitudes devem ser indagadas, evitando-se diluí-las numa ótica "grupal".

Referências bibliográficas

1. Barenblit, Valentín; Fiorini, Héctor; Korman, Víctor; Kuten, José, "Estratégias psicoterapéuticas en el tratamiento de pacientes psicóticos internados", *Acta Psit. Psicol. Amér. Lat.*, 18, pp. 244-55, 1972.

2. Bellak, Leopold, *Esquizofrenia. Revisión del síndrome*, Barcelona, Herder, 1962.
3. Corsunsky, Leonor, "La concienciación del cuerpo", *Rev. Argent. de Psicología*, II, 6, pp. 91-101, 1970.
4. Corsunsky, Leonor; Fiorini, Héctor, "Tratamiento de pacientes psicóticos internados mediante una técnica de sensibilización corporal", *Acta Psiquiat. Psicol. Amér. Lat.*, 18, pp. 95-104, 1972.
5. French, Thomas, "Planificación de la psicoterapia", in Alexander, F.; French, T., *Terapéutica psicoanalítica*, Buenos Aires, Paidós, 1965.
6. Kesselman, Hernán, *Psicoterapia breve*, Buenos Aires, Kargieman, 1970.
7. Sluzki, Carlos; Fiorini, Héctor, "Evaluación de efectividad de tratamientos psiquiátricos con internación. Resultados de una investigación", *Acta Psiquiat. Psicol. Amér. Lat.*, 19, pp. 87-99, 1973.

Capítulo 14
Psicoterapias e psicanálise

As relações entre as psicoterapias e a teoria e a técnica psicanalíticas são motivo de constante preocupação em virtude das sobreposições, das oposições e dos equívocos que as caracterizam (16, 1, 15). Do ponto de vista técnico, são discutidos no capítulo 3 ("Delimitação técnica das psicoterapias") certos aspectos fundamentais dessa relação feita de semelhanças e diferenças. Em primeiro lugar, é importante destacar as contribuições de grande alcance que a psicanálise deu ao conjunto das técnicas psicoterapêuticas.

Num segundo momento, é preciso assinalar as limitações da psicanálise para fornecer teoria e critérios técnicos a outras psicoterapias. A falta de um reconhecimento adequado dessas limitações conduz a um vasto repertório de extrapolações da psicanálise para as demais técnicas, enxertos em geral indevidos e contraproducentes, que merecem ser destacados. Por fim, é preciso considerar ao menos um outro aspecto, o das contribuições que as psicoterapias podem dar à teoria e à técnica psicanalíticas, contando também, evidentemente, com suas limitações.

Contribuições da psicanálise ao campo das psicoterapias

Em primeiro lugar, os desenvolvimentos teóricos de Freud e de seus continuadores constituem um corpo insubstituível de conceitos e hipóteses essenciais para a compreensão do comportamento humano. Enquanto psicologia e psicopatologia dinâmica, a psicanálise é uma escola obrigatória para toda tentativa de abordagem psicoterapêutica, sejam quais forem suas variantes técnicas. Conceitos como conflito, motivação, inconsciente, resistências, homeostase, transferência, estrutura significativa do relato, papel dos sonhos e da livre associação são alicerces para todo trabalho terapêutico, *quer o terapeuta decida trabalhar com eles ou não*, porque neste último caso esses conceitos estarão presentes nele a serviço de uma atenção seletiva, que atuará por meio de cuidadosos descartes. (São alicerces a tal ponto que, em certas escolas contrárias à psicanálise, é fácil detectar a impossibilidade de eludir esses conceitos, tendo elas de fazer verdadeiros malabarismos semânticos para designá-los com nomes diferentes.) Foi a certeza de seu alcance universal que levou Freud e seus continuadores a assegurar que toda psicoterapia terá de fundar sua teoria na psicanálise (16), afirmação repetida por décadas e que hoje já tem de ser questionada; retomaremos esse ponto mais adiante.

Do ponto de vista técnico, a psicanálise também contribui de maneira fundamental para o campo das outras técnicas: o uso do relato como "material", a busca do *insight* através da interpretação, o papel do silêncio e da discrição do analista como telas de projeção, o reconhecimento da contratransferência, a noção de processo engastado nesse prolongado encontro dialógico, o critério de *timing* em função da organização das defesas, o reconhecimento da "manutenção" ou continência oferecida pela continuidade do vínculo terapêutico; o papel de um tempo aberto não afetado pela premência de separações fixas e não programado por diretivas de aplicação imediata, e a noção de um processo aberto de curso livre e, de certa forma, interminável. As técnicas de psicoterapia, em seu amplo leque, se nutrem dessas aquisições técnicas da psicanálise de um modo peculiar: aplicando algumas delas com usos similares e opondo-se a elas mediante recursos técnicos diferenciados, que encontram porém, naqueles instrumentos, a ocasião de um confronto que os delimita de modo mais claro, e o desafio que obriga a uma busca exaustiva de fundamentos para seus próprios manejos.

Para a formação de todo terapeuta, a experiência do próprio tratamento psicanalítico constitui uma bagagem de conhecimento vivenciado, fruído e sofrido na própria carne, de enorme importância.

Não há contexto terapêutico em que o vivido na própria análise não desempenhe um papel no íntimo do terapeuta – papel evocador, sensibilizador, facilitador do registro dos aspectos contraditórios, ambíguos, conflituosos, da experiência humana.

Há também uma contribuição crítica da psicanálise para as técnicas de psicoterapia, baseada em considerações dinâmicas sobre o tipo de processo que estas desenvolvem. Especialmente a partir de conceitos derivados da teoria do processo analítico, é possível elucidar (1) certos aspectos de risco, limitados e inconclusos do processo nas psicoterapias; estão entre eles:

a) As gratificações proporcionadas na relação terapêutica aos impulsos dificultariam sua irrupção na consciência, não permitindo ao ego utilizá-los de outra maneira.

b) Certas manipulações técnicas, do tipo sugestão ou orientação, podem criar uma relação de dependência que não evolua.

c) As limitações da agressão transferencial dificultam uma experiência reparadora do ego (a possibilidade de agressão primitiva contra o objeto sem destruí-lo nem destruir-se), experiência que possa depois dar lugar a introjeções reais construtivas em relação com o ego.

d) A diminuição ativa da culpa implicaria o risco de enfraquecer o superego sem ajudá-lo a evoluir.

e) A presença do terapeuta como objeto estável e seguro deve ser vista como a introjeção espontânea do objeto bom de estabilidade e destino incertos. Comparada com a introjeção estável e duradoura do objeto bom que é resultado de uma prolongada elaboração analítica (em particular pela interpretação sistemática do objeto perseguidor), aquela introjeção do objeto bom que não passa por esse processo poderia basear-se numa dissociação do objeto perseguidor, colocado fora do vínculo terapêutico com os riscos de um retorno ulterior.

f) A possibilidade de incorporar uma imagem idealizada do terapeuta, com um potencial de proteção fantasioso, se revelaria limitadora. A identificação com o terapeuta como pessoa, por outro lado, poderia realçar um *self* enfraquecido; com o que se agregaria de algo, mas sem estimular um desenvolvimento.

g) O *insight* obtido mediante o esclarecimento seria qualitativamente distinto do conseguido por meio da interpretação e da elaboração analítica, no sentido de que tende a produzir uma "dissociação terapêutica" que afasta o ego sadio de suas atitudes neuróticas, ao passo que o *insight* analítico tende a produzir maior participação do ego diante da reativação dos conflitos mais penosos.

Esses assinalamentos críticos formulados a partir da concepção psicodinâmica do processo terapêutico são de particular riqueza. Formulam limitações e problemas significativos que podem afetar o processo em psicoterapias. Ao mesmo tempo, é necessário precisar o *status* epistemológico desses questionamentos. Estes se efetuam a partir da experiência de um processo impulsionado pela técnica psicanalítica que induz, tendo em vista suas condições peculiares, um aprofundamento de fenômenos regressivos (dependência, idealização, perseguição) que são depois especialmente assinalados como problemas para técnicas psicoterapêuticas não indutoras de regressões similares. Por outro lado, no panorama de riscos assim traçado, ignora-se o efeito dinâmico de toda uma outra série de recursos técnicos próprios das psicoterapias não operacionalizados pela psicanálise (estimulação especial de funções egóicas de controle, objetivação, planejamento; papel da ação provedora de outros estímulos de mudança; relativização de sintomas e modificações correlativas dos intercâmbios grupais, entre outros). Também se fundamentam em premissas kleinianas sobre distribuições dinâmicas de objetos perseguidores, idealizados e bons, detectadas nas condições regressivas do processo analítico e que, em condições de vínculos mais adultos, devem ser revistas. Por fim, cabe observar que não existem estudos de acompanhamento cujo projeto permita testar aquelas hipóteses sobre riscos ulteriores de processos de mudança parcial. Feitas essas ressalvas, e no estágio atual, não há dúvida de que os citados questionamentos constituem uma contribuição crítica valiosa que obriga a realizar estudos mais aprofundados do processo em psicoterapias. Porque será necessário um esforço de investigação sistemática para poder dar respostas mais claras àqueles problemas.

Limitações da contribuição psicanalítica para as psicoterapias

Já discutimos anteriormente os problemas derivados do fato de a teoria psicanalítica ter conseguido ser antes uma concepção psicopatológica que uma teoria da saúde. Em termos muito gerais, uma teoria da neurose com dificuldades para constituir uma teoria da personalidade. Dificuldades que se exprimem em obstáculos teóricos múltiplos: desequilíbrios gerados por uma facilitação no sentido de detectar aspectos negativos do desenvolvimento ou situações psicodinâmicas destrutivas mais do que as respostas construtivas a essas situações e seus mecanismos (17); da mesma maneira, para detectar antes o repetitivo do comportamento do que o adaptativo capaz de produzir novidade, mudança; visto de outro ângulo, pelo fato de que na teoria psicanalítica se enfatiza quase unilateralmente o componente adaptativo defensivo do comportamento, ao passo que outros processos adaptativos, relacionados com o manejo da realidade e com as capacidades independentes de impulsos e defesas, não têm senão um lugar virtual.

Em contraposição, as técnicas de psicoterapia operam com modelos implícitos da personalidade nos quais os componentes de saúde e doença, o balanço entre interferências, distorções e capacidades encontram um maior equilíbrio numa perspectiva integradora. Tanto em suas formulações diagnósticas como em suas operações concretas, é evidente que o trabalho psicoterapêutico com o paciente, suscetível de inserção em contextos múltiplos, incorporando o grupo familiar, sua ocupação, recursos recreativos, papéis comunitários, emprega modelos de doença e de cura que superam (embora nem sempre forçosamente contradigam) os modelos psicanalíticos correspondentes. Consideremos uma dessas facetas: a incorporação progressiva do enfoque interacional nas psicoterapias vai ampliando paralelamente seu horizonte teórico, psicopatológico e terapêutico; produz-se toda uma passagem que acarreta uma mudança teórica, movimento este destacado por Sluzki (14):

> Quando, para estudar os comportamentos humanos, se desloca a ênfase das intenções para os efeitos, opera-se uma modificação qualitativa que afeta por inteiro a visão de mundo de quem leva a cabo. Passa-se de uma perspectiva fundamentalmente retrospectiva, introspectiva, explicada amiúde por meio de labirintos de construções hipotéticas e, contudo, empanada às vezes por um causalismo linear, a uma perspectiva predominantemente preditiva, centrada em observáveis consensuais, rigorosa e mais próxima do experimental. E quando se acentuam os fenômenos interacionais em lugar dos intrapsíquicos, ou melhor, quando se conciliam e complementam ambas as abordagens, expande-se drasticamente a compreensão do comportamento humano: a psicologia e a psicopatologia tradicionais passam a ser uma espécie de anatomia descritiva que pode dar conta de elementos e de suas relações mas que serve pifiamente para descrever e explicar o processo do comportamento do homem.

Na discussão de um modelo teórico de foco psicoterapêutico (cf. capítulo 8), sublinhou-se a necessidade de fundar a compreensão diagnóstica e as operações terapêuticas numa delimitação de *situações*. Estas se articulam segundo uma pluralidade de determinações enquadradas numa teoria antropológica totalizadora. No interior de situações assim estruturadas, as contribuições psicanalíticas, destacando dinamismos intrapessoais e seu jogo no nível de vínculos interpessoais, iluminam tão-somente alguns dos veios constitutivos. Entendo que foi nessa perspectiva que se pôde afirmar, a partir da própria psicanálise, que as psicoterapias configuram "um campo teórico mais abrangente" [Spurgeon English citado por Wallerstein (16)]. Por essas razões, a proposta de transformar a teoria psicanalítica em *a teoria* básica de todas as outras formas de psicoterapia é hoje questionável. Em contrapartida, continua vigente o fato de ela constituir uma das teorias importantes para a sustentação desse amplo campo teórico e técnico.

Também do ponto de vista técnico as limitações da contribuição psicanalítica devem ser identificadas. Em psicoterapias breves, por exemplo, o essencial do processo não pode ser compreendido em termos de desenvolvimento da transferência, nem de elaboração, nem de luto pela alta precoce. A interpretação não é o instrumento privilegiado de mudança, mas tão-somente um entre muitos. A relação terapêutica, definida como relação de trabalho, contém uma série de ingredientes alheios ao vínculo específico da "relação analítica" (realidade do terapeuta como pessoa, e "personificação" do vínculo, manejo flexível da diretividade, não exclusão de vínculos extraterapêuticos) e inclui outros recursos, distintos da relação terapêutica (familiares, institucionais, comunitários). A melhora não se define pelos parâmetros que um analista empregaria para avaliar o andamento do processo.

Portanto, uma vez que são técnicas diferentes assentadas em alicerces teóricos distintos acerca do processo e dos mecanismos de mudança, é claro que não pode ocorrer facilmente o "empréstimo", de uma a outra, de recursos técnicos isolados. É o *problema das extrapolações* que se coloca, problema de certa magnitude na prática das psicoterapias, na medida em que pesa sobre grande parte dos terapeutas essa aprendizagem do ofício vinculada por muitas vias à formação psicanalítica. Bleger (3) destacava o problema: "Muitos de nós que tivemos uma formação psicanalítica encontramo-nos, ao final desta, com grandes resistências e dificuldades para encarar a adoção de técnicas breves, que consideramos inclusive, com ou sem razão, uma atividade em certa medida subalterna ou colateral ao que é 'o principal'." E Oremland (1) sintetiza isso da seguinte forma: "Sinto, com efeito, que não faço um bom trabalho quando não faço psicanálise."

De modo que as extrapolações contêm uma mescla de rejeição pela psicoterapia que seja diferente da psicanálise, um desconhecimento – vinculado, entre outras razões, a essa rejeição – do novo campo técnico e um desejo persistente de introduzir a técnica valorizada dentro da que se considera subalterna. Em conseqüência, não surpreende que as *extrapolações técnicas* da psicanálise em outras psicoterapias abranjam um vasto repertório. Indicarei as que se destacam por sua freqüência:

1) "Comportamentos de anonimato", fundados em atitudes de rigidez corporal, autocontrole, falta de espontaneidade, distância afetiva; e também contidos em evasivas diante da possibilidade de mostrar aspectos pessoais ou profissionais que interessem ao paciente, assim como na resposta a suas perguntas com perguntas ou com interpretações, e não primordialmente com explicitações.

2) Interesse centrado nos aspectos doentes e infantis do paciente, deixando de lado o jogo de suas contradições com outros aspectos mais sadios e mais adultos. Esse desequilíbrio de enfoque não só é em princípio iatrogênico para o paciente, como, ademais, conduz a conflitos do próprio terapeuta porque, com semelhante ênfase na doença e na regressão, é impossível aceitar altas em períodos breves ou moderados: toda separação será vivida como abandono ou fracasso terapêutico, e a recaída é a única coisa que se pode esperar. Essa ótica implica, ademais, que se for o paciente quem se dê alta, baseado num sentimento cabal de que certas conquistas para ele significativas foram atingidas, ele o faça com culpa persecutória diante do terapeuta, cujo desacordo percebe claramente.

3) Ênfase no assinalamento das transferências em detrimento de outros aspectos do comportamento relacional não-transferencial, em particular do novo, do que se vive pela primeira vez na relação terapêutica. A insistência no repetitivo pode desestimular todo o esforço do paciente orientado para a construção de relações diferentes, relações cuja originalidade procure afirmar a despeito de tudo o que nele tenda a produzir repetições.

4) Excessiva valorização das interpretações como se fossem *o* instrumento de mudança, e não um dos muitos que compõem o arsenal do terapeuta. Isso faz com que o terapeuta fique intranqüilo se não consegue interpretar; fique incomodado também caso não consiga modificar as interpretações do paciente. Faz com que, se tiver de dar um conselho ou emitir uma diretiva, se sinta transgredindo alguma suposta proibição de proceder assim. Que, se lhe ocorre sugerir um livro ou um filme, acredite estar degradando "a técnica".

5) Tendência à passividade, que pode assumir as formas do silêncio como estado natural (alheio às necessidades de uma relação coloquial), de deixar sempre ao paciente a iniciativa (com o terapeuta atuando sempre "de rebote"), de uma displicência geral quanto ao curso, à intensidade, ao ritmo do processo terapêutico, transformando cada um desses aspectos não em problema-tarefa do vínculo, mas em questões do paciente, uma delegação obscuramente ligada a certa idéia de modalidades-de-desenvolvimento-individual para as quais o terapeuta entenderia que seu papel consiste meramente em oferecer um quadro de referência.

A respeito de toda essa problemática das extrapolações de uma técnica para outra, Zetzel (16) formulou a seguinte advertência:

> É importante que nenhum terapeuta, analista ou não, parta do pressuposto de que, quanto mais perto a técnica usada pelo psicoterapeuta estiver da técnica da psicanálise tradicional, melhor será a terapia. Essa suposição levou a alguns dos mais sérios fracassos terapêuticos que encontrei como supervisora. Talvez devamos aprender que a psicoterapia mais científica para certos estados é a que difere, de forma muito radical, da técnica da psicanálise tradicional.

Ilustrando os vícios de um comportamento extrapolador, Jay Haley (9) reuniu um conjunto de *fórmulas infalíveis para fracassar como terapeuta*. Entre outras:

Seja passivo, silencioso, pensativo, desconfiado [...] insista em que o problema trazido pelo paciente não é o importante, despreze-o como mero sintoma e procure falar de outras coisas [...] sugira que, se o sintoma for aliviado com facilidade, outras coisas piores acontecerão [...] apegue-se a um método e considere intratável todo paciente que não responda a ele [...] não se preocupe em ter uma teoria do processo em psicoterapia, mantenha-a ambígua [...] insista em que somente anos de tratamento podem produzir alguma mudança e assuste o paciente que melhorar espontaneamente falando de patologia subjacente [...] não considere seu mundo real, atual, dedique-se a exaltar a primeira infância, as fantasias e dinamismos internos [...] não se preocupe em formular objetivos do tratamento e esqueça-se de avaliar resultados.

Nos capítulos anteriores, procurou precisar numerosas diferenças teóricas e técnicas entre os enfoques psicanalítico e psicoterapêutico; embora muitos aspectos do campo das psicoterapias ainda estejam em desenvolvimento, já há um bom número de questões nas quais o panorama vai se tornando nítido. Os conceitos vinculados à relação de trabalho, foco, ativação do ego em psicoterapia, relações entre mudanças e condições de vida, necessidade de um planejamento estratégico contam com fundamentos suficientes para que toda extrapolação se revele em última análise uma questão de ignorância. Isso não significa negar a necessidade de empregar nas psicoterapias certos recursos técnicos próprios da psicanálise (o silêncio atento do terapeuta, o emprego de associações livres, o assinalamento ou a interpretação transferencial). Mas trata-se então de um emprego discriminado, adequado ao contexto desta outra técnica, suscetível de fundamentação, e não de constituí-los em constantes, em postura técnica de base.

Contribuições das psicoterapias à psicanálise

A consideração de algum dos pontos já mencionados torna possível vislumbrar a direção na qual as psicoterapias podem dar contribuições para o desenvolvimento da teoria e da técnica da psicanálise. Sem dúvida, parte dessa possibilidade varia em amplitude segundo se pretenda fazer da psicanálise uma ciência do inconsciente ou se aspire a incorporá-la progressivamente a uma ciência do comportamento humano (que inclua obviamente suas determinações inconscientes). Comentarei brevemente a segunda dessas opções, que considero de alcance muito mais amplo. Nesse sentido, talvez seja útil recordar a distinção de acordo com a qual a psicanálise entende melhor os conflitos – isto é, a área dos motivos – do que os fatos. "Na situação bipessoal analítica, não se analisam fatos, fala-se sobre eles." "O único fato de que somos testemunhas é o fornecido pela situação analítica em si mesma." (13) Destacou-se em particular toda a limitação contida nesse enfoque metodológico quando se pretende observar outros fatos e processos relacionados com situações de realidade (17). Dessa perspectiva, as psicoterapias estão em condições de ampliar o campo de observação, de indagar mais detidamente os fatos, de produzir um espectro mais amplo de fatos, de recorrer a múltiplos contextos contrastados, a jogos mais flexíveis de papéis na relação terapêutica; em resumo: de transformar sua flexibilidade técnica em ocasião de uma multiplicação e de um entrecruzamento de situações e pontos de vista. É a partir dessa plataforma metodológica peculiar que as psicoterapias podem dar contribuições significativas, quer para detectar elementos que corroborem certas hipóteses psicanalíticas, quer para propor retificações ou ampliações destas últimas. Na medida em que operam com outro enfoque técnico, é também a partir do aprofundamento de sua prática que as psicoterapias podem oferecer ao método psicanalítico ocasiões de cotejo, de contraste, essenciais para o aprimoramento de suas próprias indicações e contra-indicações. Num plano teórico-técnico, o que se propôs aqui para entender o processo em psicoterapias, enquanto exercício de realizações simbólicas no vínculo terapêutico (cf. capítulos 7 e 12), constitui uma hipótese também aplicável ao método psicanalítico, seja para investigar nesse processo o papel desempenhado por esse nível do vínculo, seja para estudar os efeitos que exercem sobre o processo analítico as situações nas quais a satisfação de necessidades desse nível vê-se prejudicada por limitações inerentes ao *setting* analítico.

No mesmo sentido, aspectos dinâmicos que a prática psicoterápica põe em evidência – tais como a complementaridade de interações egóicas entre paciente e terapeuta (cf. capítulo 8) e a possibilidade de colocar a ação a serviço da elaboração (cf. capítulo 12) – podem suscitar reconsiderações da técnica psicanalítica *standard* com base no desenvolvimento de uma concepção psicodinâmica mais profunda do processo terapêutico.

É certo que também a contribuição das psicoterapias à psicanálise depara com *limitações*, porque é visível que cada contexto de trabalho ilumina certa área de fenômenos e deixa outras numa maior obscuridade. Para indagar o nível do desejo, do conflito, das transferências, do repetitivo, do sobredeterminado, estratificado e ambíguo dos vínculos, a situação psicoterapêutica costuma ficar longe das condições de observação obtidas pela relação intensiva e prolongada característica do contexto analítico.

Creio, não obstante, que a contribuição mais importante que as psicoterapias estão em condições de dar à psicanálise ocorre com a possibilidade, aberta nas primeiras em função da ampliação de seu quadro teórico e técnico, de dirigir-se à pessoa, a uma pessoa concreta considerada mais integralmente e entendida na estrutura fornecida pelas condições singulares concretas que configuram sua existência, uma totalidade viva que não se reduz a suas determinações infantis, a seus mecanismos de repetição, a seus lados conflituosos e defensivos, ainda que todos esses aspectos também intervenham em seu comportamento. As psicoterapias exibem já uma adiantada e vasta prática na qual podem respaldar essa contribuição. Depende essencialmente de os psicanalistas aceitarem essa oferta, que também vem sendo reivindicada teoricamente a partir do interior da psicanálise (17, 6, 12).

Esta breve passagem por alguns aspectos da relação entre as psicoterapias e a psicanálise sugere, segundo creio, a existência de certos pontos atualmente mais claros dessa relação. Entretanto, esta continua a ser consideravelmente complexa, e tudo o que ainda deve ser aprofundado em ambos os campos acrescenta dificuldades que solicitam de nós uma delimitação mais precisa.

Referências bibliográficas

1. Adler, Garma, Gumbel e outros, "Mesa redonda sobre psicoanálisis y psicoterapia", Congreso Psicoanalítico de Roma, 1969, *Rev. de Psicoanálisis*, tomo XXVIII, l, pp. 73-89, 1971.
2. Bernardi, R., "La focalización en psicoanálisis", in *Psicoterapia focal. Intervenciones psicoanalíticas de objetivos y tiempo definidos*, Montevidéu, Roca Viva, 1995.
3. Bleger, José, prólogo a Kesselman, H., *Psicoterapia breve*, Buenos Aires, Kargieman, 1970.
4. Calvo, M. C.; Fiorini, H., *Narcisismo, identidad y crisis identificatoria*, Buenos Aires, Tekné, 1991.
5. Calvo, M. C., "Sistemas complejos: potenciar aperturas en los procesos psicoterapéuticos", Seminário de Cátedra de Clínica Psicológica e Psicoterapias, UBA, 2002.
6. Caruso, Igor, *Psicoanálisis dialéctico*, Buenos Aires, Paidós, 1964.
7. Fiorini, H., *El psiquismo creador*, Buenos Aires, Paidós, 1995.
8. Fiorini, H., "Que hace a una buena psicoterapia psicoanalítica", in *Psicoanálisis. Focos y aperturas*, Montevidéu, Psicolibros, 2001.
9. Haley, Jay, "The Art of Being a Failure as a Therapist", in Barten, H., *Brief Therapies*, Nova York, Behavior Publ. Inc., 1971.
10. Jiménez, J. P., "El psicoanálisis en la construcción de una psicoterapia como tecnología apropiada", in *Psicoterapia focal. Intervenciones psicoanalíticas de objetivos y tiempo definidos*, Montevidéu, Roca Viva, 1995.
11. Kernberg, O., "Psicoanálisis, psicoterapia psicoanalítica y psicoterapia de apoyo: controversias contemporáneas", in *Psicoanálisis. Focos y aperturas*, Montevidéu, Psicolibros, 2001.
12. Langer, Marie (org.), *Cuestionamos*, Buenos Aires, Granica, 1971.
13. Rodrigué, Emilio, *Biografía de una comunidad terapéutica*, Buenos Aires, Eudeba, 1965.
14. Sluzki, Carlos, prefácio a Watzlawick, P.; Beavin, J.; Jackson, D., *Teoría de la comunicación humana*, Buenos Aires, Tiempo Contemporáneo, 1971.
15. Rangell, Leo, "Psicoanálisis y psicoterapia dinámica. Similitudes y diferencias" (1953), *Rev. de Psicoanálisis*, tomo XXVIII, l, pp. 73-89, 1971.
16. Wallerstein, Robert, "La relación entre el psicoanálisis via psicoterapia. Problemas actuales" (Introducción a la mesa redonda sobre psicoanálisis y psicoterapia, *Rev. de Psicoanálisis*, tomo XXVIII, 1, pp. 25-49, 1971.
17. White, Robert, "El yo y la realidad en la teoría psicoanalítica", Buenos Aires, Paidós, 1973.

Capítulo 15
Linhas de trabalho e problemas abertos

Observando agora a direção de conjunto assumida pelos capítulos precedentes, parece-me possível delinear panoramicamente algumas linhas de trabalho ainda abertas em seus desenvolvimentos e as problemáticas que enfrentam e, ao mesmo tempo, suscitam.

Um primeiro aspecto a ser assinalado: boa parte desses desenvolvimentos deverá localizar-se no esforço próprio de um momento hipotético, de construção teórica, no arroteamento de um campo bastante carente de teoria. Várias de nossas proposições realizam a etapa inicial de um processo que terá de ampliar e aprofundar imediatamente seu momento de verificação, com a conseqüente abertura da complexa problemática metodológica própria da investigação em psicoterapias.

Os capítulos iniciais concentram a busca no âmbito das psicoterapias breves. Estudos ulteriores foram nos mostrando que outras psicoterapias, de duração intermediária e prolongada, compartilhavam com as psicoterapias breves demasiados elementos essenciais (eixos do processo, instrumentos técnicos, contexto de interação terapêutica, influências de mudança, delimitação de objetivos, orientação para um planejamento estratégico) para que se pudessem estabelecer diferenças qualitativas entre psicoterapias de duração distinta. A partir dessa comprovação, o que de início consistiu em indagar teoria e técnica de psicoterapias focalizadas passou progressivamente a ser uma busca em teoria e técnicas de psicoterapias. Contudo, esse momento de unificação de um campo mais amplo deixa aberta a possibilidade de que novos estudos possam propor subdivisões com base em outros parâmetros significativos, por exemplo diferenças de processo que possam relacionar-se com influências dinâmicas de uma temporalidade diferente atribuída a este. Eis um dos aspectos a serem aprofundados.

A preocupação com o nível da técnica que se nota nesses desenvolvimentos é, em primeiro lugar, uma tentativa de precisar os dados de uma prática complexa. Não há dúvida de que o registro desses dados é, nestes capítulos, parcial. Isso obedece, por um lado, a limitações em nossa teoria que nos dificultam a percepção nessa prática de outro conjunto de elementos que apenas intuímos vagamente. Além disso, enfrentamos uma constante expansão e diversificação de modalidades dessa prática psicoterapêutica, motivo pelo qual o trabalho de descrição e conceituação de suas operações permanece inteiramente aberto. Acreditamos, contudo, que a tarefa de descrição de tipos de intervenção terapêutica (capítulos 3, 7, 10), conceituados em termos não estritamente ligados a uma teoria de base, mas a várias, e mantidos em estreita relação com dados observáveis, propõe também um método útil para a abordagem teórica de novas técnicas.

Pensamos, além disso, que a prática psicoterapêutica chega a constituir uma prática técnico-científica caso seja possível fundamentá-la em termos teóricos. Nesse sentido, vários dos capítulos anteriores procuram sustentar a teoria dessa prática. Essa teoria (referente a tipos de intervenção terapêutica e seus dinamismos de influência, ao processo de mudanças que estimulam, ao objeto a que se aplicam) não chega a constituir um sistema, mas o esforço de sua busca é sistemático. Nossas proposições se enquadram num conjunto de linhas, abertas em várias direções, apoiadas em várias teorias psicológicas de base (psicodinâmica, comunicacional, psicossocial, adaptativa), bem como na crítica ideológica e epistemológica dessas teorias. O trabalho teórico nessas direções, particularmente na articulação destas, é apenas inicial. Por exemplo, o conceito de situação (capítulo 6), fundamento de uma delimitação de foco, aqui entendido como totalização em cujo interior se articulam diferentes níveis de determinantes (ou talvez, com maior precisão, diferentes séries de significantes-significados), constitui uma primeira abordagem para uma compreensão social estrutural da psicologia e psicoterapias de indivíduos e grupos. O trabalho teórico em direções estruturalistas (Lacan) terá de produzir remodelamentos e aprofundamentos na linha teórica aqui esboçada.

Os desenvolvimentos deste volume visam sustentar uma fundamentação geral de ordem teórica-técnica para um conjunto de práticas e processos terapêuticos. Suas proposições, de caráter geral, requerem ajustes e especificações segundo condições particulares de aplicação. Essas situações diferenciais deverão ser caracterizadas de acordo com configurações de variáveis (psicodinâmicas, sociais, evolutivas, prospectivas) a ser investigadas. Essa passagem, de uma orientação geral à tipificação de suas variações, abre a necessidade de estudos ulteriores. Essas especificações deverão também definir progressivamente com maior precisão áreas de indicação e de contra-indicação, correlacionadas com as correspondentes a outras técnicas, assim como suas oposições ou complementações (com métodos socioterápicos, psicodramáticos, de laboratório, sintomáticos, pedagógicos, ocupacionais ou com a psicanálise estrita). Também para esses fins fica inteiramente aberta a necessidade de estudos que avaliem resultados diferenciais, com métodos que permitam cotejar amostras às quais se apliquem técnicas simples e combinadas em diferentes períodos de tempo e que contem com uma teoria dos processos de mudança terapêutica suficientemente abrangente para tornar comparáveis resultados de diferentes técnicas.

Por último, toda referência nesses desenvolvimentos à inserção social e às significações ideológicas contidas na prática psicoterapêutica mostra que a elaboração teórica e as modalidades técnicas nesse campo permanecem inteiramente abertas a novos remodelamentos condizentes com o processo histórico numa época de importantes transformações sociais. Como terapeutas, como trabalhadores de ciências humanas, teremos de exigir o máximo de nossas investigações e submeter nossos desenvolvimentos à revisão crítica que esse movimento, que permeia todas as nossas práticas, implica.

Referências bibliográficas

1. Fiorini, H., "Ampliando las fronteras de la interpretación con la indagación de dinamismos inconscientes, cognitivos y creativos", in *Estructuras y abordajes en psicoterapias psicoanalíticas*, Buenos Aires, Nueva Visión, 1993.
2. Fiorini, H., *Nuevas líneas en psicoterapias psicoanalíticas. Teoría, técnica y clínica*, Madri, Psimática, 1999.

Apêndice

Psicoterapias psicanalíticas: focalização em situações de crise

Comentarei duas situações clínicas de crise, que me permitirão destacar maneiras de abordagem focalizadas nessas situações.

Telefona-me para marcar uma consulta Ana, uma mulher de 42 anos, que perdeu o marido por morte súbita (por infarto do miocárdio) faz 4 meses. Diz que a consulta tem por motivo Cecília, sua filha mais velha, de 18 anos. "Está insuportável, não a agüento mais em casa." Propõe comparecer à consulta com a filha.

Chegam juntas. Estão tensas, em clima de briga. "Minha filha está insuportável", diz Ana. "Eu também não suporto minha mãe", acrescenta Cecília. Começam uma discussão, depois de comentar brevemente as circunstâncias da morte do pai de Cecília. Acusam-se mutuamente de incompreensões, comportamentos arbitrários, falta de cooperação. O tom da briga sobe. Fico triste (o que depois compreendi como um indício contratransferencial) pensando naquele homem, de 42 anos também, que perdeu a vida em instantes, com filhos jovens, um casamento e uma empresa em andamento. Invade-me a tristeza. Depois de um tempo escutando-as manifestar suas raivas, digo-lhes que penso que a briga entre elas deve ter a função de evitar a tristeza pelo marido e pai morto. Ana começa a chorar. Cecília se mantém dura, numa atitude muito defensiva. Ana expõe-me sua inquietude: "Ela está com uma rebeldia que não suporto mais. À infelicidade por que passamos se soma esta. Cecília era uma menina tranqüila, nós nos dávamos bem. Há dois anos começou a retrair-se, tornou-se reservada, contestadora. Começou a namorar faz 7 meses, praticamente mora na casa do namorado, vai para lá e nem sequer me telefona. Não quer ficar em casa. Meus outros filhos, Clara, de 16, e Sebastián, de 12, também sentem sua falta, precisam dela, perguntam-me por que desaparece, não sei o que responder-lhes. Não pode ser que nos abandone. A família tem de estar unida para enfrentarmos isso juntos. Além disso, tenho de me ocupar da empresa que era de meu marido e preciso de ajuda em casa; é necessário cozinhar, passar roupa, arrumar as camas. Ela não pode ir embora." Cecília responde: "O problema é que você não pára de gritar e de me dar ordens; o clima que você cria é insuportável. Não quero ser sua escrava. Na casa de meu namorado, o clima é bom, eu me sinto bem. Bem, você quer que eu me trate, está bem, aceito, mas você também tem de ver como encara nossa vida, você é muito autoritária."

Combinamos trabalhar certo tempo com Cecília, mas intercalando entrevistas com as duas juntas para avaliar o andamento da vida em comum.

Cecília bloqueara suas emoções, dava a impressão de um estado de luto defensivamente detido, posto em suspenso. Ela se sentia a preferida do pai, e eles se entendiam sempre. "Minha mãe, ao contrário, tem um caráter difícil, é fechada, entrava em choque com meu pai, ela não o entendia. É muito fechada, só dá ordens, não lhe importa o que está acontecendo com a outra pessoa." Tive a impressão de que a rivalidade edípica (recíproca) que, de acordo com a mãe, já era palpável dois anos antes, ganhara agora um peso enorme. Pensei que num plano inconsciente Cecília disputava com a mãe o lugar de viúva legítima do pai. Cecília se via atropelada, tirada do lugar desse luto e posta no papel de mucama; algo do mito da Gata Borralheira era revivido com ódio.

Cecília conseguiu aceitar essa interpretação dois meses depois, e eu pude abordá-la com ela e a mãe. A grande pressão de confrontação começou a ceder. Abriu-se um espaço para negociações: Cecília aceitou colaborar nas tarefas da casa e nela permanecer um período de tempo maior. Para ela, estar em casa era "triste". Ficava em casa, mas não tanto tempo quanto a mãe pedia. E passava na casa do namorado boa parte do tempo, mas não tanto quanto ela própria desejava. Cecília pôde começar a verbalizar nas sessões parte de sua vida emocional, que estava bloqueada e negada. Começou a ocupar-se de sua decisão vocacional, que estava confusa já havia um ano; estava indecisa. Inclinou-se a estudar ciências da comunicação em Ciências Sociais. Colaborava em algumas tarefas na empresa familiar. Seis meses depois, mãe e filha consideraram que houvera avanços, que podiam concluir o trabalho terapêutico, uma vez que também havia algumas dificuldades de tempo e dinheiro. Cecília estava começando suas aulas para ingressar na faculdade.

A psicoterapia manteve um foco: as reações dos membros de uma família ante uma crise acidental traumática. As reações de rejeição e negação de processos de luto, a mobilização de conflitos regressivos com reações regressivas de ódio perante a insuportável dor psíquica. O trabalho focalizador orientou-se para favorecer o contato com essas defesas, com a dor que ocultavam, para estabelecer laços de comunicação que se achavam restringidos e, através da interpretação, produzir ligações compartilhadas ali onde o traumático produziu ruptura, desligamento. Restabelecer trabalhos de eros ali onde o tanático ocupara o maior espaço no vínculo entre as duas. Essa focalização nos levava a um enquadre flexível, individual com Cecília e vincular com ambas. Essa alternância era decidida segundo momentos e conteúdos do processo. Meses depois, tivemos duas entrevistas de acompanhamento: o processo iniciado viu-se corroborado, restabelecera-se uma aliança entre as duas. Suportavam melhor suas diferenças e não as ocultavam. Tinham de sustentar entre si os trabalhos da adolescência de Cecília e a readaptação de todo o grupo familiar.

O próximo comentário clínico tomará, em contrapartida, aspectos de uma crise evolutiva e vocacional. Alberto tem 16 anos. Consulta-me porque está numa "grande crise com a música, com o violino. Estudo violino desde os 8 anos, com muitas horas de dedicação. Mas o violino me foi imposto e me é imposto por meu pai. Ele é médico, e sua segunda vocação, a que não pôde seguir, era ser músico, e esta ele empurrou para mim. Minha mãe não diz nada, aceita a pressão dele. Tenho um irmão, dois anos mais velho, entrou em Medicina; ele não tem problemas, está tudo perfeito. O violino é muito difícil. Estou muito angustiado, quero largar, mas quando lhe digo isso, ele fica louco, não me aceita. E o que complica ainda mais as coisas é que eu gosto de violino!"

A decisão a tomar, as vicissitudes do estudo e da interpretação foram o eixo temático central dessa análise. Em torno desse eixo, muitas questões foram trabalhadas. A submissão e a rebeldia diante da imposição paterna de uma vocação. Trabalhamos no momento oportuno as ansiedades de submissão homossexual que essa invasão pelo desejo paterno mobilizava. As identificações envolvidas no projeto vocacional de ser músico. A relação com um ego ideal onipotente que lhe exigia obter resultados perfeitos. As qualidades especiais do ideal estético musical, que exige que se busque a perfeição e que se suporte não atingi-la enquanto absoluto.

Um constante trabalho de discriminação entre desejos paternos e gostos e desejos próprios. Os conflitos ambivalentes com seu professor de violino que aparecia como figura rígida, implacável para avaliar suas conquistas.

Houve um momento em que Alberto pediu que eu escutasse gravações de um violinista que para ele conseguia o som exato, aquele que ele procurava alcançar. Deu-me mais informações sobre o som do instrumento, as variantes de qualidades a serem obtidas, os problemas da execução. Levou-me essas gravações, escutei-as, compreendi melhor sua busca.

Alberto se preparou para um concurso que lhe permitia estudar com outro professor, de elevadíssimo nível musical e, em sua opinião, mais solícito com os alunos. Tinha dificuldades com a interpretação de uma sonata. Pediu-me para executá-la no consultório, de modo que pudesse fazer-me saber, ou chegar a saber comigo, quais eram essas dificuldades. Fizemos isso, ele se detinha em passagens que lhe suscitavam maior angústia, podia falar-me desses momentos da interpretação. Conseguiu prestar o exame, obteve o lugar desejado. Com o novo professor, estabeleceu com efeito um ótimo vínculo e fez grandes avanços.

Não realizei entrevistas com os pais. Consultado a esse respeito, Alberto se opôs: "Não quero minha família aqui, quero pensar com você sem a invasão do meu pai, este lugar é meu!" No terceiro ano desse tratamento, chegou um dia à sessão muito animado. Disse-me: "Pela primeira vez sinto que toco para mim, que o violino é meu!" Conseguiu uma bolsa para estudar música de câmara na Europa. Lá desenvolveu uma carreira musical. Aceitar ser parte de um conjunto significara renunciar ao ideal de ser solista, um intenso trabalho de elaboração dessa castração. Tínhamos atingido certos marcos, etapas de um processo, no trabalho desse foco vocacional e evolutivo.

Referências bibliográficas

1. Anzieu, D., "Crisis y creación", in *El cuerpo de la obra*, México, Siglo XXI, 1993.
2. Eiguer, A., "Crisis de la adolescencia, crisis familiar", *Rev. Psicol. y Psicoter. de Grupo*, Buenos Aires, 1984.
3. Fiorini, H., "Intervenciones en crisis en psicoterapias psicoanalíticas", in *Nuevas líneas en psicoterapias psicoanalíticas: teoría, técnica y clínica*, Madri, Psimática, 1999.
4. Kaes, R.; Anzieu, D. e outros, *Crisis, Ruptura y Superación*, Buenos Aires, Ed. Cinco, 1990.

O foco na análise do caráter

Nas últimas décadas, houve uma abundância de estudos sobre o caráter. Em parte, isso se deveu à prevalência de correntes psicopatológicas centradas na consideração de mecanismos (defesas como repressão, projeção, cisão) que deixam de lado outros fenômenos molares da organização psíquica: traços, formações, reações diante dessas formações, estratégias de transação e adaptação, reações do sujeito ante a existência desses traços em seu comportamento. Trata-se de considerar não só fenômenos "latentes" como também comportamentos observáveis perante "existentes". No caráter, entram em jogo estratégias para o manejo de emoções nos vínculos que mobilizam impulsos e conflitos. Estratégias também para manter a coesão do *self*, da organização narcísica.

Freud (em "A disposição à neurose obsessiva", 1913) já destacara que na neurose se observavam o fracasso da repressão e o retorno do reprimido, ao passo que no caráter a repressão não intervém, ou o reprimido é substituído por formações reativas e sublimações. "Isso torna os processos de formação do caráter muito menos transparentes e acessíveis à análise do que os processos neuróticos." Os traços de caráter instauram modos de ser, fatos, automatismos, hábitos de comportamento.

Fenichel definiu-o com clareza: "O caráter é a reação do ego ante a neurose", "é a forma fundamental que as defesas assumem diante de conflitos básicos". O estudo do caráter analisa o ego por sua expressão nas resistências e nos comportamentos habituais (não mais nos sintomas), onde as formações do inconsciente participam como formações de compromisso egossintônicas. Nesses traços, desaparece a linha de demarcação entre personalidade e sintoma, a forma adotada não é estranha ao ego (como o é o sintoma), apresentando-se com menor freqüência o fracasso das defesas do que sua elaboração secundária. Em sua consideração sobre os "tipos de defesas contra os sintomas", Fenichel inclui: 1) a negação do caráter psicogênico dos sintomas, 2) as formações reativas contra os sintomas, 3) a repressão dos sintomas, 4) o isolamento dos sintomas, desconectando-os do restante da personalidade, 5) o controle dos sintomas, fazendo-os passar por comportamentos normais (perante si mesmo e os outros). Como se pode observar, trata-se de um amplo espectro de operações, funções, reações e formações de compromisso compreendidas no ego de funções formulado por Freud em sua segunda teoria tópica do psiquismo (*O Ego e o Id,* 1923). Fenichel enfatiza assim que "uma caracterologia psicanalítica estuda o método, a maneira pela qual o ego admite, rejeita ou modifica a presença do pulsional conflituoso, e faz tentativas de se desenvolver dentro de uma condição neurótica já estabelecida". Essas reações instauradas geram restrições à liberdade e à flexibilidade do ego diante de diversos planos de realidades a ser enfrentados, manifestando-se por padrões de comportamento rígidos, estáticos e repetitivos. Postula-se nesses casos a existência de um grande gasto de energia em contra-investimentos, o que limita o emprego de energia psíquica no desenvolvimento de potenciais evolutivos e em projetos. "No caráter, em lugar do conflito atual entre impulso e defesa, aparecem restos congelados de conflitos antigos, que já não são percebidos como estranhos." "Em lugar de uma guerra de movimentos (neurose), mantém-se uma guerra de posições em imobilidade." Uma luta entre pulsões e defesas ficou estacionária.

A formação do caráter requer funções sintéticas do ego, mediadoras e integradoras, que devem dar conta ao mesmo tempo de pressões da realidade, do Id e do Superego. Patologia do caráter é deformação nos modos de combinar essas respostas em distintas frentes. Essa deformação se manifesta nos modos constantes de reação diante de situações diferentes. Por exemplo, traços de tipo evitativo (fóbicos) ou reativo (obsessivos) constituem "defesas de caráter" quando têm um modo inespecífico de reação indiscriminada diante de uma diversidade de estímulos.

Uma psicoterapia psicanalítica do caráter terá de realizar numerosas e árduas tarefas. Procurar-se-á identificar, na consulta, que situações, movimentos e processos (individuais, vinculares, evolutivos) criaram uma egodistonia ali onde a organização desse caráter conseguira anteriormente evitar o conflito entre o Ego e seus modos de ser. Localizar em que planos aparece como atual um derivado de conflitos antigos.

Quando falamos de "foco" nesse trabalho terapêutico, destacamos que num processo a tarefa irá se concentrando, por etapas, em atingir certos objetivos:

1) Fazer um levantamento geral de um modo de ser, de estar no mundo, consigo e com outros.

2) Registrar os modos pelos quais o ego defensivo reagiu diante de angústias básicas e de possíveis sintomas. Destacou-se que, nessa tarefa, primeiro se assinalarão as modalidades das defesas e só ulteriormente se poderá ter acesso ao que estava defendido.

3) Indagar que tipo de situações mobilizam e atualizam conflitos básicos que o caráter mascara.

4) Procurar identificar os pontos de maior e os de menor rigidez, aqueles em que o sistema defensivo se apresenta mais frágil, mais instável (pontos de maior mobilização de emoções e comportamentos habitualmente rejeitados).

5) Centrar a atenção na detecção de modalidades prevalentes de transferência e de resistência. Sobre o trabalho com esses materiais clínicos, os de resistência e transferências, recomendamos o excelente volume publicado por Ralph Greenson: *Técnica y Práctica del Psicoanálisis*.

6) Buscar emoções bloqueadas, insistindo no registro de seus modos de expressão e de evitação de sua expressão. Trata-se de criar contatos entre um novo observador crítico e uma experiência emocional antiga e atual, bem como de intensificar a experiência desse contato, dessa comunicação com a experiência psíquica.

7) O processo desenvolverá um trabalho de interpretação, de significação e re-significação de todos esses planos de experiência, angústia, defesa, emoções, bloqueios, buscas, aberturas e fechamentos.

8) O processo ressaltará a existência de vários modos de ser, suborganizações do caráter, que estabelecem entre si rela-

ções complexas. Um músico de jazz, Charles Mingus, dizia: "Eu sou três. O primeiro é uma pessoa extremamente amável, carinhosa, confiante, que suporta ataques, deixa-se enganar e deseja destruir-se ao descobrir-se tão estúpida. O segundo é um animal assustado, que ataca por medo de ser atacado. O terceiro está no meio, imóvel, despreocupado, observando os outros dois, esperando exprimir o que neles vê. Qual é o verdadeiro? Os três." O aparecimento nesse processo de modos de ser que tinham estado ocultos, até então, para a consciência do sujeito deu lugar ao que Jung denominou o "encontro com a sombra". Trata-se de um impacto emocional e vivencial de grande intensidade, uma comoção para o "eu oficial" até então empregado, que ignorava toda uma zona de seu psiquismo. O trabalho com a sombra transforma-se num eixo central da análise do caráter.

9) Pôr em jogo a compreensão da trama de vínculos (atuais e antigos) nos quais se desenvolveu esse modo de ser e sobre o qual atuou o modo de ser dos outros. A análise do caráter é necessariamente uma análise grupal, na rede do grupal; os fenômenos individuais são lidos como parte dessa rede. É também uma análise de histórias transgeracionais: em sua formação não intervêm só os pais e a relação do filho com pais e irmãos, mas muitas histórias de várias gerações.

10) Pôr em andamento o tratamento do caráter significa também dar a essa busca uma intensidade, um ritmo, um acesso a freqüências e velocidades. O trabalho requer uma intensificação de energias capazes de penetrar, mobilizar, alterar, desequilibrar uma economia psíquica destinada a ser inalterável. A etimologia de "caráter" vem do grego *charaxos*, que designa "o que está gravado". Essa gravação se tornou marca corporal, esquema corporal, motor e postural. Wilhelm Reich descreveu a "couraça caracterológica" como obstáculo, bloqueio e cortes ao fluxo da energia em todo o corpo e em suas diferentes zonas. A orientação bioenergética iniciada por Reich, continuada por Lowen, Pierrakos e outros autores, mostrou a limitação do trabalho verbal para enfrentar os problemas do caráter e, por esse caminho, também a exigência de que o trabalho verbal encontrasse seu tom, sua força, sua

energia de trabalho. Mas mostrou além disso a importância da mobilização corporal e vincular daquilo que o caráter tendeu a manter imobilizado.

11) A insistência na busca, na evidência, na confrontação com os traços de caráter terá de levar a produzir fenômenos de saturação, de estranheza, de egodistonia para o observador crítico desenvolvido com o paciente.

12) Uma crescente egodistonia visará produzir processos de desidentificação: o sujeito crítico emocional integrado e alinhado com o trabalho do psiquismo sobre si mesmo terá a possibilidade de uma decisão: distanciar-se cada vez mais de seus modos antigos e habituais de reação e ensaiar comportamentos alternativos. O processo se abre nesta etapa para um amplo campo de experimentação.

Com fins expositivos, procuramos delimitar etapas de um processo difícil, visando definir como focos as tarefas que cada etapa enfrenta e os objetivos processuais que procuram atingir. No trabalho clínico com cada estrutura de caráter, os planos de nossa análise se sobrepõem, os vários objetivos se interpenetram, se esfumam. É um processo para o qual Fenichel pôde esboçar estes trabalhos:

> [...] trata-se de derreter energias congeladas na rigidez das defesas, retificar deslocamentos, anular isolamentos. Tomar vestígios de efeitos antigos e atuais e dirigi-los para outra direção: registrar sinais de conflitos latentes e outorgar a esses sinais uma objetividade (concentrando nesses sinais as máximas capacidades de atenção e percepção) para neles reconhecer derivações de conflitos cuja experimentação foi negada, rejeitada, cindida. Encontrar os pontos de menor rigidez e buscar as situações que tornem mais visíveis os conflitos (onde apareça mais viva uma luta entre impulsos e defesas).

Seguindo uma orientação bioenergética e transpessoal, Susan Thesenga, com os ensinamentos de John e Eva Pierrakos, desenvolveu uma perspectiva de processo no trabalho com o caráter que também define tarefas e etapas. Em sua obra *Vivir sin máscaras*, ela distingue três zonas: a da máscara (modo de ser da couraça do caráter); por baixo desta, a do "ser inferior" que contém o traumático, o conflituoso, as feridas da infância e as defesas que as mascaram; por cima, o "ser superior", a capacidade de reparar, transformar, evoluir para si e para os outros (domínios e forças que em outros estudos denominamos "psiquismo criador"). Nesta última zona, constitui-se o trabalho do observador, que vai enfocando cada um dos elementos que surgem nas três zonas à medida que vão emergindo no processo.

Thesenga assinala como etapas:

– Reconhecer e aceitar as próprias modalidades defensivas (cortes, bloqueios, cisões).
– Decidir unificar-se.
– Desenvolver o observador.
– Reconhecer como construímos presentes segundo modelos e emoções passados.
– Reconhecer nesses modelos a criança, o ego adulto e potenciais que transcendem ao ego.
– Compreender o ser da máscara (função de couraça e de fachada, compreender como e para que se usa).
– Enfrentar o ser inferior, oculto sob a máscara e a couraça. Encontrar ali as feridas da infância.
– Encontrar-se com o ser superior: os próprios potenciais de crescimento transformador.
– Abandonar apegos ao ser inferior: enfrentar trabalhos de desidentificação.
– Assentar-se progressivamente em modos do ser superior, construindo apoios saudáveis.

Destaca-se nesses estudos que a desidentificação supõe um longo e concentrado trabalho centrado em:

– Identificar um traço de caráter como problema, como fonte de sofrimentos.
– Experimentar o sofrimento ligado a esse traço, torná-lo carne.

– Chegar à saturação, ao desespero, chegar a odiar – sendo ele, como é, essencial ao ego – seu ser defensivo.

– Experimentar o apego que se tem a ele, o amor a esse traço, a esse modo de ser, como se conta de modo automático com esse modo de agir e reagir.

– Experimentar comportamentos livres desse traço, ousar ensaiá-los e avaliar essas experiências.

– Confrontar com tenacidade o contraste entre esses dois modos de ser, com e sem esse traço como organizador do comportamento.

Stephen Johnson, da Califórnia, numa orientação dinâmica e bioenergética (*Character Styles*, 1994, Nova York, Norton & Co.), considerou dimensões ou problemas, em cada organização de caráter estabelecida, como camadas de ordem evolutiva diferente. Numa "teoria caracterológica do desenvolvimento", ele distingue transtornos de contato, apego e vínculo primário para caracteres esquizóides e orais; transtornos na conformação do si mesmo para problemáticas simbióticas e narcísicas; conflitos no si mesmo, já organizado como sistema, para os caracteres de traços neuróticos histéricos, fóbicos e obsessivos. Stephen Johnson aborda então esses caracteres de acordo com camadas de conflitos e ansiedades de uma ordem evolutiva diferente. Uma compreensão psicopatológica evolutiva é essencial para ampliar os quadros de interpretação das dificuldades e precisar o tipo de intervenção necessária para dar impulso a cada processo.

Referências bibliográficas

1. Bergeret, J., *La personalidad normal y patológica*, Barcelona, Gedisa, 1983.
2. Fenichel, O., "Trastornos del carácter", in *Teoría Psicoanalítica de las Neurosis*, Buenos Aires, Paidós, 1964.
3. Jung, C., *El hombre y sus símbolos*, Barcelona, Carait, 1976.
4. Jung, C., *Las relaciones entre el yo y el inconsciente*, Barcelona, Paidós, 1993.
5. Lowen, A., *Bioenergética*, México, Ed. Diana, 1979.
6. Lowen, A., *La traición al cuerpo. Análisis bioenergético*, Buenos Aires, Era Naciente, 1995.

7. Naranjo, C., *Carácter y neurosis. Una visión integradora*, Vitoria, Imp. Iru., 1994.
8. Nunberg, H., *Carácter y neurosis*, Buenos Aires, Amorrortu, 1987.
9. Reich, W., *Análisis del carácter*, Buenos Aires, Paidós, 1972.
10. Thesenga, S., *Vivir sin máscaras*, México, Pax, 1997.

Impresso por :

Graphium
gráfica e editora

Tel.:11 2769-9056